VdN



Für Marcel Reich-Ranicki
in großer Verehrung!

[illegible]

München Januar 2000

Gerd

# Thumser

# Journalistengift

## Events und Begegnungen

Mit einer Vorrede
von Dieter Hildebrandt

Verlag der Nation

Die Deutsche Bibliothek – CIP-Einheitsaufnahme

Ein Titelsatz für diese Publikation ist bei
Der Deutschen Bibliothek erhältlich



Satz: Fotosatz Husum GmbH
Druck und Verarbeitung: Husum Druck- und Verlagsgesellschaft
Postfach 1480, D-25804 Husum – www.verlagsgruppe.de

ISBN 3-373-00508-6

# Inhalt

# Ein sentimentales Gefühl für Anständigkeit

*Eine Vorrede von Dieter Hildebrandt*

Ich muss erklären, dass ich in dieser wegwerfenden Zeit ein völlig aus der Mode gekommenes sentimentales Gefühl für Anständigkeit als Ballast mit mir schleppe, das ich, obwohl es ein Gepäckstück ist, nicht aufgeben möchte.

Wie erklärt man den Menschen, dass das nicht alltäglich ist? Ein mir sehr vertrauter Verwandter, der die Gesetzestafeln des Boulevard-Journalismus schon oft auf den Kopf bekommen hat, sagte mir, dass das Wort Anstand wohl beachtet wird von den Verursachern, doch nicht auf dem Treppchen steht. Nicht unter den ersten drei.

Sie sind jetzt sicherlich davon überzeugt, dass das nur die giftige Phantasie eines Kabarettisten sein kann. Von hier zu Gerd Thumsers »Journalistengift« ist es nur ein Katzensprung. Es kann Ferment der Zeit sein. Und es muss nicht immer todernst daherkommen.

Warum klären wir morgen, übermorgen oder überhaupt nicht? Zeitungen haben ihre eigene Poesie.

Fabian, die von Kästner selbst dargestellte Figur eines Journalisten, stürzt sich von der Brücke, um einen Ertrinkenden zu retten, und ertrinkt. Später erst kommen Kollegen darauf, warum. Fabian konnte nicht schwimmen.

Wir brauchen unparteiische, freidenkende und handelnde Journalisten. Stürzt euch nicht von der Brücke! Wir brauchen Journalisten für die Weile, die die Menschen brauchen, um zu begreifen, dass man auch eine Zeitung mit Anstand machen kann.

Ein Journalist, der versucht,
sich einem Milieu anzupassen,
ist ein Idiot.

Tom Wolfe

# Von Rosemarie Nitribitt zu Monica Lewinsky

*Die Zeitung als Rutschbahn*

Das Gesicht des obersten Zeitungsbosses lief feuerrot an. Seine Augen schleuderten Mega-Blitze auf mich. Berstend vor Wut schlug er mit der flachen Hand auf seinen Schreibtisch, sprang hoch und stürzte auf mich zu. »Die Sensation des Jahres einfach verschlafen ... Ahnungslos und borniert ... Kein Gespür haben Sie für diesen Superknüller. Keinen Nerv. Nicht die leiseste Ahnung. Sie sind ein Idiot, ach was, unfähig sind Sie ... total ungeeignet.« Dann deutete er mit dem Zeigefinger auf mich und brüllte: »Rauswerfen werd ich Sie. Klopfen Sie Steine, oder machen Sie sonst was. Aber Journalist ... das sind Sie nie« – seine Stimme steigerte und überschlug sich fast – »nie ... und nimmer!«

Ich fragte cool, welche Sensation des Jahres er denn da meine. Bei der Durchsicht der Agenturmeldungen der letzten Nacht war mir überhaupt nichts, nein, rein gar nichts aufgefallen, und ich machte diesen Job nun schon seit Jahren. Ich war Chef der »Nachtausgabe« der Zeitung, die am frühen Nachmittag herauskam, und aus der Stammausgabe bestand und einigen neuen, aktualisierten Seiten mit Fotos und Kommentaren, die ich obendrein auch noch selbst schrieb. Ich war Nachrichtenchef, Kommentator und Layouter gleichzeitig. »Wo ist da die Nachricht des Jahres?«, blaffte ich ärgerlich. »Ich sah keine!«

»Das zeigt, wie ahnungslos Sie sind«, donnerte der Boss zurück. »Da wird die Edelhure des Jahrhunderts ermordet. Halb Bonn ist in die Geschichte verwickelt, und Sie bringen das nicht mal mit einer Zeile.« Er pumpte sich erneut auf. »Rosemarie Nitribitt hat einer umgebracht! Verstehen Sie, was das heißt!?

Und Sie gucken nur blöd und knallen das nicht auf die Titelseite! Rosemarie Nitribitt ermordet – das wäre die Schlagzeile des Jahres gewesen!«

Nun war ich erst richtig verblüfft. »Ich kenne keine Rosemarie Nitribitt«, maulte ich. »Und außerdem, Prostituierte werden ständig gekillt. Das ist doch kein Aufreger!«

Jetzt wurde der Zeitungsboss noch wütender. »Sie werden doch nicht behaupten wollen, dass Sie diese Meldung des Jahres auch noch weggeworfen haben?«, giftete er zurück. »Das wäre ja ... na, das wäre jetzt die Schande des Jahrhunderts. Sie ... Sie blamieren ja das ganze Blatt bis auf die Knochen!«

Ich ging zum Papierkorb. Obwohl ich mich an nichts erinnern konnte, kramte ich darin. Ich schleuderte den Inhalt des Korbes mit all den ungedruckten News auf den Schreibtisch und begann zu suchen. Es waren viele viele Seiten aus dem Fernschreiber. Nach wenigen Minuten eine kurze dpa-Meldung von fünf Zeilen: »Rosemarie Nitribitt in Frankfurt ermordet.« Wer das war, stand nicht drin. Nur eine vage Andeutung, es habe sich um eine berühmte Prostituierte gehandelt. Vage blieben auch die Gerichtsakten von damals, die im Sommer 99 freigegeben worden sind. Ein paar Namen. Keine Fakten über Rosemaries »Kunden«. Nichts, was neue Erkenntnisse ergeben hätte.

»Sehen Sie«, sagte ich. »Die wissen auch nichts. Und wenn eine Prostituierte ermordet wird – das interessiert doch kein Schwein!« Prostituierte leben gefährlich. Morde an ihnen waren damals Zeitungsalltag. Ein US-Soldat hatte in Franken eine Hure umgebracht, sie zerstückelt und die Leichenteile an der Autobahn Würzburg–Frankfurt aus dem Auto geworfen. Das ging durch alle Medien. Aber dieser simple Prostituiertenmord. Das war keine Zeile wert.

Trotzig und wütend ging er aus dem Zimmer, donnerte die Türe zu und brüllte mir nach: »Verschwinden Sie! Sie sind entlassen und betreten nie mehr die Redaktion!«

Am nächsten Tag klotzte er seine Meldung in satten Lettern auf die Titelseite: »Rosemarie Nitribitt in Frankfurt ermordet.«

Ich verstand immer noch nicht. Was sollte das? Inzwischen

kamen Kollegen bei mir vorbei. Keiner von ihnen wusste etwas von Fräulein Nitribitt. Einer meinte, vielleicht sei der Boss Kunde bei ihr gewesen, wenn er sie schon so gut kennt, ja, wenn ihm ihr Name überhaupt was sagt. Alle grinsten. Einer lachte schallend. Der Zeitungsbote war Rudolf Heizler.

»Dich deshalb rauszuwerfen, nur weil du Fräulein Nitribitt nicht kennst, das ist ein Witz«, sagte der Chef der Bildredaktion. Seine Begründung war stark. »Ich kenn den Namen auch nicht. Es gibt nämlich kein Foto von der«, meinte er. »Und wenn ich von jemand kein Foto habe, dann gibt es den auch nicht!«

Aber er täuschte sich. Es gab bald schon Fotos von Rosemarie Nitribitt.

Am nächsten Tag lag tatsächlich die Kündigung auf meinem Schreibtisch. Drei Zeilen. Sie hatten aber eine unerwartete Wirkung. Dieter Stolze, Heizlers Stellvertreter und für die Besetzung der einzelnen Ressort-Posten zuständig, lehnte meine Kündigung ab. In einem Gespräch machte er Heizler klar, dass er für mich keinen gleichwertigen Kollegen finden könnte. Ich müsse unter allen Umständen bleiben. Die »Nachtausgabe« sei sonst gefährdet. Heizler lenkte ein. Ich war gerettet und seitdem mit Dieter Stolze in herzlicher Freundschaft verbunden.

Noch weitaus schlimmer waren die Erfahrungen meines Freundes und Kollegen Karl Stankiewitz mit Heizler. In jener Zeit hatte der so genannte »Wunderheiler« Bruno Gröning mit einigen verblüffenden Anfangserfolgen viel Aufsehen in Norddeutschland erzeugt. Er gab bekannt, seinen Wirkungsbereich auch auf Süddeutschland, speziell München und Oberbayern, auszudehnen.

Heizler war alarmiert. Er setzte die für damalige Verhältnisse Wahnsinns-Prämie von 50 DM für denjenigen von uns aus, der als Erster eine Reportage über das Thema »Bruno Gröning in Bayern« anbringen würde. »Stanki«, wie wir Stankiewitz nannten, schaffte es. Er hatte Glück und interviewte den Wunderheiler vor allen anderen. Seine Reportage leitete in Bayern die Sensations-Berichterstattung über Gröning ein, der monatelang die Schlagzeilen beherrschte.

Heizler setzte den Bericht von Karl Stankiewitz mit riesigen Lettern auf die Titelseite. Den Händlern riss man die neue Ausgabe aus den Händen. Wir mussten nachdrucken.

Alle rieben sich die Hände. Auf seine Erfolgsprämie wartete Stanki vergeblich. Als er sich nach einiger Zeit an Heizler wandte, wies dieser ihn schroff ab. Er werde keine Mark bezahlen. Als Stankiewitz schließlich erneut einen Vorstoß machte – 50 Mark waren damals sehr sehr viel Geld – jagte ihn Heizler mit den Worten weg: »Ich will Sie nie wieder sehen.« Stankiewitz bekam keinen Auftrag mehr und musste sich einen neuen Job suchen. Heute ist er ein gefragter Sachbuchautor. »Sieben Wochen meines Lebens war ich reich« ist sein neuester Buchtitel über Künstler-Biographien in Bayern.

Warum hat Heizler das Preisgeld nicht ausbezahlt? Das fragten wir uns lange. Möglicherweise hatte er gar nicht die Vollmacht über eine so hohe Summe und nicht den Mut, diese vom Verlag einzufordern. Stanki fand auch keinen Dieter Stolze, der sich für ihn eingesetzt hätte, wie bei mir. Es war ein mieser, dreckiger Stil, wie man ihn gemobbt hatte.

Ich war über die Geschichte verblüfft. Mein Lehrer Hans Habe, von dem später noch die Rede sein wird, meinte zwar zum Thema Kollegialität unter Journalisten, es spreche für die Noblesse des Berufes, dass hier eine weit größere Kollegialität anzutreffen ist als in jedem anderen vergleichbaren Metier. Stimmts? Heute ist von »Kannibalismus« in den Redaktionen die Rede. Jeder gegen jeden. Nicht überall. Mobbing wie überall in Wirtschaft und Industrie.

Wohl wahr. Es gab noch nie allzu viel sozialen Halt für Journalisten, und deutlich besser ist es nur bei großen Unternehmen geworden. Steht dieser Beruf in der gesellschaftlichen Rangstufe bei Umfragen meist deshalb ziemlich abgeschlagen so weit hinten?

Die Kollegen meinten, sie hätten auch alle nichts gewusst, ja, es sei erstaunlich, woher der hohe Boss sein Geheimwissen habe, argumentierten sie. Und nun guckte er ziemlich dämlich und hielt von da an seinen Mund.

Und doch hatte er natürlich Recht. Es wurde die größte Glitzer-Sünden-Story der Nachkriegszeit. Auch wenn ich bis heute nicht begreifen konnte, warum er sich damals so aufgeblasen und groß geredet hatte. Aber es war offenbar was dran an dieser Hexe, deren Ermordung mich beinahe aus meiner Journalistenlaufbahn hinauskatapultiert hätte.

Es war eine Menge dran, weil das Mädchen Rosemarie die Phantasie von Medien- und Filmleuten wie ein Wirbelsturm bewegte. Obwohl oder grade weil es kaum Fakten gab.

Zwei Filme. Seitenlange Reportagen und Serien. Erich Kuby, der ein brillantes Drehbuch für »Das Mädchen Rosemarie« mit Nadja Tiller schrieb. Bernd Eichinger und Nina Hoss 20 Jahre später. Top-Einschaltquote bei SAT 1. Wenn ein Weib im Pelzmantel diesen weit öffnet und sie ist nackt darunter, dann gibt das eine super Kamera-Einstellung. Wenn ein reicher Mops viel Geld für ein Mädel rauswirft, dann wispert alles. Und sie im Daimler SL-Coupé ihre Freier aufreißt, dann muss an dieser Todsünden-Rosy was dran gewesen sein. Wenig Fakten und viel Phantasie. Das war die Nitribitt. Und das blieb sie bis heute.

Ich bin nie so recht mit Nitribitt klar gekommen. Fehlte mir einfach ein Nerv für Sensationen? Ich hatte jedenfalls eine Stinkewut. Weil ich durch sie blöd dastand. Und ich beschloss, irgendwann mal, und wenn's in tausend Jahren war, diese Sünden-Rosy auf meine eigene Weise mental zu bewältigen. Ich wusste nur noch nicht wie. Eines Tages gelang es mir. Satirisch. Nitribitt als Lachnummer. Bingo. In Bayern gehen die Uhren hinterfotzig.

Die Medien-Kabbala arbeitet langsam, und kommt dann ganz stark. Genau genommen, standen wir nach der Nitribitt-Affäre alle dumm da. Ich, weil ich nichts gewusst hatte. Der Zeitungsboss, gerade weil er was gewusst hatte. Nicht weil er vielleicht selbst bei Rosy gewesen war. Sondern weil er sich möglicherweise in ihrem Umkreis bewegt und erfahren hatte, was mit diesem Pretty Woman lief.

Warum ich die Geschichte erzähle? Sie zeigt uns, wie kontrovers Themen innerhalb einer Zeitung gewichtet werden können. Der eine glaubt was zu wissen, der andere weiß nichts. Hinter den dicksten Headlines können tausend verschiedene Einschätzungen stehen. Nitribitt entwickelte bald ihre ganz spezielle Dynamik. Zwei Verfilmungen, obwohl ihr Tod niemals restlos aufgeklärt wird. Nitribitt blieb die schillernde Dunkelseite der strahlenden Wirtschaftswunderzeit.

Ist Jornalismus überhaupt nur eine subjektive Veranstaltung? Die Frage in diesem Zusammenhang muss gestellt werden. Die einen in der Redaktion, wie gerade gesagt, wussten nichts. Einer wusste was. Ich ließ die Meldung weg. Der andere machte sie zur Schlagzeile. Wer heute an die Nitribitt denkt, sieht nur das Gesicht von Nadja Tiller oder Nina Hoss aus der Neuverfilmung. Nicht das Bild der Ermordeten, die gesichtslos blieb. Nitribitt – nur eine subjektive Medien-Schimäre?

Naturgemäß kann eine Reportage nur subjektiv sein, schreibt Rudolf Augstein. Reporter müssen »freie Hand« beim Schreiben haben. Eine Zeitung schreibt beispielsweise, sie stelle eine »subjektive Auswahl« von Neuheiten der Buchmesse vor.

Aber wie stehts mit den harten Facts? Den Kriegen? Millionen von Arbeitslosen? Dem Rücktritt der Regierung? Einem Bomben-Attentat? Den »Realitäten« (Thomas Mann). Sie sind durch keinen Subjektivismus zu erschüttern.

Der oberste Zeitungsboss, von dem hier die Rede ist und der mich mobben wollte, war Rudolf Heizler, von seiner mentalen Struktur her eigentlich der geborene Journalist. Ein – wie man in Bayern sagt – »Gifthaferl«, der immer mit seiner Giftspritze zugange war. Immer misstrauisch und überkritisch witterte er überall Verrat, Unrat und Verschwörung. Er suchte Streit. Wenn einer ausbrach, ging er in Stellung. Schoss massiv zurück und beschäftigte ständig eine ganze Reihe von Anwälten. Verspritzte Gift und Galle. Aber seinem Konzept von Krieg und Rache lag ein Denkfehler zu Grunde, den Zeitungsleute niemals machen sollten. Er schoss am liebsten nur in eine Richtung, anstatt die Gegenseite auch nur anzuhören oder gar im Blatt zu Wort kommen zu lassen. Wer sich ihm in den Weg stellte, den verfolgte er mit alttestamentarischer Wucht. Das kann gut sein. Es kann aber auch falsch sein, wenn man sich nur Feinde macht und ganz ohne

Freunde dasteht, die man vielleicht doch einmal braucht. Ganz am Ende war Heizler isoliert.

Vieles wird nur für den nächsten Tag, die nächste Ausgabe gedacht. Auch dies führt zu Fehlern im Blatt.

Heizler verfügte über einen enormen Nerv für Themen, die in der Luft lagen, was er ja in der Nitribitt-Affäre auch bewiesen hatte – woher er immer auch seine Kenntnisse gehabt haben mochte.

Er spann gerne im Hintergrund seine Fäden. Intrigierte, was ihm später zum Verhängnis geworden ist. Er bewegte sich in allen möglichen Kreisen und Zirkeln der bayerischen Staatspartei. Dies verschaffte ihm die Bekanntschaft des »Ochsensepp« Josef Müller, einem Politik-Urgestein. Heizler powerte im Blatt bald seinen Freund. Als man ihn zum Münchner Oberbürgermeisterkandidaten aufstellte, ergriff er massiv dessen Partei und giftete gegen den blutjungen SPD-Kandidaten Hans-Jochen Vogel, der einen haushohen Sieg einfuhr. Mit 68 Prozent den höchsten Wahlerfolg der Nachkriegszeit in München.

Der »Ochsensepp« war politisch tot und Heizler mitsamt seinem Blatt bis auf die Knochen blamiert. Sein Journalistengift war also völlig unwirksam gewesen. Heizler fühlte sich dennoch stark. Er habe es denen im Rathaus mal richtig gezeigt, jubelte er.

Die Geschichte aus München ist von grundsätzlicher Bedeutung: Auch in der großen Politik verrennen sich Journalisten häufig in falsche Fährten oder scheitern mit ihren Kampagnen.

Sollen Zeitungen also lieber kein Risiko eingehen, um nicht danebenzuschießen? Nicht kritisieren? Angreifen? Zum Rücktritt auffordern? Keineswegs. Aber Zeitungen sollen sich nicht blindlings verbeißen in ihr Thema. Ihre Meinung sollen sie laut und deutlich sagen. Aber objektiv bleiben dabei. Das wär's eigentlich schon.

Heizler scheiterte an sich selber. Sein Intrigantentum verführte ihn dazu, nach dem Besitz der Zeitung selbst zu greifen. Das misslang. Er verschwand aus München und ging nach Köln, wo er erneut die Chefredaktion einer Zeitung übernahm.

Zeitungsbosse und Redakteure sitzen immer auf dem Schleudersitz. Oder zwischen allen Stühlen.

Im Rathaus blieb Heizlers Kampagne nicht ohne Wirkung auf mich. Jetzt galt ich im Rathaus als Außenseiter und mieser Hund, weil ich auf der falschen Seite gestanden hatte. Dabei war ich nur der Vollstrecker von Heizlers Ideen gewesen. Der neu gewählte Bürgermeister Vogel gab sich aber unberührt von den Angriffen der »Abendzeitung«.

Der neue Kaschmir-gewandete »Medienkanzler« in Bonn brachte neue Elemente in den Umgang mit Presse- und Fernsehleuten. Obwohl er nach seinen ersten 100 Regierungstagen total zermanscht worden war, stand er allen kritischen Blättern doch für Interviews zur Verfügung. Die paar Giftspritzer, die er abbekommen hatte, störten ihn offenbar nicht.

Als ich Heizler vorschlug, durch ein Gespräch die Beziehung zum Rathaus auf eine neue Basis zu stellen, zischte er mich an: »Verräter!« Ich musste wohl froh sein, dass er nicht den Versuch machte, mich erneut rauszuwerfen. Also kein bisschen sentimentales Gefühl für Anständigkeit, wie es Hildebrandt vorschwebt.

Als der Gruner & Jahr-Zeitungsvorstand Bernd Kundrum kürzlich einen Headhunter einschaltete, um einen Chefredakteur für seine »Hamburger Morgenpost« zu finden, erklärte dieser: »Wir suchen jemand, der wahnsinnig ist.« Heizler war es irgendwie.

Das Wie der Darstellung und ihre Interpretation in den Medien werden immer subjektiv geprägt sein. Das wird sich niemals ändern. Voll Gemeinheit. Oder Sympathie. Das müssen wir hinnehmen. Journalisten sind Menschen mit Vorlieben, eigenen Ideen und Ideologie-Konzepten. Mit Liebe und Hass. Der Königsweg im Nachrichtendickicht ist verschlungen. Es gibt keinen. Wir können uns freuen und ärgern. Aber wir können, ja wir müssen als Leser uns gerade deshalb unsere eigene Meinung bilden. Unabhängig von allem Geschreibe. Manche Kritiken sind zum Kotzen. Manche Fernsehberichte hundsmiserabel. Mancher Ausstellungsbericht gemein und mies. Aber wir selber waren dort und sind ganz anderer Meinung als der Kritiker.

Der ganz subjektiv war? Jawohl. Wenn wir davon ausgehen, schrumpfen Überspülung und Medienmacht auf Normalmaß zurück. Leser haben etwas, was ihnen niemand nehmen kann. Die eigene Meinung! Und die zählt mehr als alle Medien der Welt. Nicht manipulieren lassen. Dieser Habe-Satz gilt für Journalisten, aber viel mehr noch auch für seine Majestät den Leser! Er hat außerdem eine nicht zu unterschätzende Waffe in der Hand: den Leserbrief. Wenn Ihnen was nicht passt – schießen Sie zurück!

In den angelsächsischen Ländern stufte man schon immer die Lesermeinung weitaus höher ein als bei uns. Die »Times« brachte Zuschriften auf Seite 1. Inzwischen sind viele große Blätter auch bei uns dazu übergegangen, mehr und mehr Platz, oft ganze Seiten, wie etwa die »Frankfurter Allgemeine«, für Briefschreiber einzurichten. Volkes Stimme. Leserbriefe demonstrieren, was Leser denken.

Dabei gilt, dass das Echo umso interessanter ist, je bemerkenswerter das Niveau der im Blatt veröffentlichten Beiträge! Oft sind Leserbriefe stärker als der Originalbeitrag. Wenn Politiker sie lesen würden, wüssten sie, was das Volk wirklich denkt.

Nach der Nitribitt hatte ich bald die nächsten Affären am Hals.

Ich setzte eine Headline aufs Blatt über den Münchner Polizeichef, der alkoholisiert in eine Polizeikontrolle geraten war und den Beamten erklärt hatte, sie wüssten wohl nicht, wer er sei. Nötigung im Amt. Weg war er.

Ich deckte auf, dass in einem Klinikum Schwestern rausflogen, weil sie ihre Kittel ohne lange Ärmel trugen. Statt der Mädchen flog die Oberin und die Mädchen konnten weiter ärmellos pflegen. Fast jede Veröffentlichung brachte und bringt Ärger und Probleme, und kaum einer ahnt sie voraus. Dauerkrieg in der Redaktion.

Nie Langeweile! Das turnt an! Die beste Ausgabe für den Leser von morgen. Beliebt wird man da nicht. Man muss es auch nicht werden. Was jeden Tag in der Zeitung steht, muss nicht immer richtig sein. Falsche Spuren. Auch Zeitungen werden reingelegt. Benutzt und missbraucht.

Es herrscht Sturmwind in den Verlagen. Große Männer verschwinden spurlos in der Versenkung und kommen nie mehr hoch. Kleine fliegen hinterher. Das hat sich nicht geändert. Mobbing der brutalsten Art.

Und doch keimt Hoffnung auf. Bei BILD in Hamburg hatte sich ein leitender Redakteur missliebig gemacht, war in Ungnade beim Verlag gefallen und sollte auf einen unwichtigen Nebenposten im Hause abgeschoben werden. Die Redaktion solidarisierte sich mit ihm. Der Herausgeber und Chefredakteur des Blattes drohte mit dem Rücktritt. Der Vorstandsvorsitzende des Verlages, der die Abschiebung betrieben hatte, musste nachgeben. Die Affäre schlug hohe Wellen und endete mit einem glatten Sieg der Redakteure, und der Vorstandsvorsitzende musste gehen. Journalisten sind eben keine »Seitenvollschreiber«, wie Peter Bönisch, selbst einmal Chef dieses erfolgreichen Blattes, dazu meinte, und schreiben aus ihrer »inneren Pressefreiheit«. Journalisten nehmen daher eine ganz besondere Stellung ein. Würden nur offizielle Nachrichten abgedruckt, wären – so Bönisch weiter – Zeitungen »sterbenslangweilig« und mit Sicherheit für die Verleger auch kein Geschäft mehr.

Langweilig wird es im Medien-Haifischbecken jedenfalls nie, sondern von Jahr zu Jahr aufregender und nerviger! Dies zeigte sich im Juli 1999. Ein Absturz beim »Stern«. Sabotage beim »Tagesspiegel« in Berlin.

Die »Absetzung« des mit viel Vorschuss-Lorbeeren überhäuften »Stern«-Chefredakteurs Michael Maier war eine Bombe. Der Grund: Statt des erwarteten Aufschwungs ein rasanter Absturz der Auflage unter Maiers Regie. Blutlos und leer seine Editorials und Blatt-Inhalte. In der einstigen »Wundertüte« von Henri Nannen nicht mehr viele Appetizer. 1,9 Millionen Leser waren es mal: fasziniert vom Nannen-Feuerwerk an Einfällen und Ideen. Von Schreibkunst und Bildbrillanz. Jetzt versucht man wenigstens die Linie von einer Million zu halten. Die Feuerwerke brennen woanders. Der »Spiegel« hat den »Stern« überrundet und von Markworts »Focus« wird das Blatt erbarmungslos bedrängt. Knapp 800000 Käufer hat sein »Focus« inzwischen. Lauter enttäuschte und übergelaufene »Stern«-Liebhaber?

Eine Zeitung hat auch mit Zuwendung zu tun. Natürlich braucht's die Aufreißer, Giftmischer, Scharfschützen und eiskalten Macher. Es braucht aber auch Menschen mit Instinkt und Freude am Leben. Magier wie Augstein, Nannen, Springer und Friedmann! Die ihre Hand nah am Puls ihrer Leser haben. Ins Gefängnis gingen, wie Augstein. Themen muss man riechen. Oder sind die Millionenerfolge der »Gründerväter« einfach auf die Sehnsucht und den Wunsch der Menschen jener Jahre zurückzuführen, endlich verstanden zu werden? Gleichklang und Freiheit gefunden zu haben nach Jahren der deutschen Staats-, Verordnungs- und Parteipresse? Gefragt sind neue Konzepte immer.

Die Luft ist rauer geworden. Alle Printmedien haben zu kämpfen, von der Balgerei des Fernsehens um Quoten und Werbeeinnahmen einmal abgesehen. Das geringe Wirtschaftswachstum (Deutschland bei den Schlusslichtern), die hohe Arbeitslosigkeit, Kaufzurückhaltung und steigende Kosten sind auch an den Medien nicht spurlos vorübergegangen. Die Leser drehen jede Mark zweimal um. Die Wirtschaft verteilt ihre Werbung nur noch ganz gezielt an Sieger in einer Konkurrenz, die brutal geworden ist.

Dennoch könnte es beim »Stern« bald wieder aufwärts gehen. Zwei neue Chefs sind berufen. Einer kommt aus München. Besuchte die Deutsche Journalistenschule und begann – na, wo wohl? – bei der »Abendzeitung« als Polizeireporter.

»Petzi«, Andreas Petzold, hat schon eine erfolgreiche Karriere hinter sich, die ihn in interessante Positionen trug. Cleverness gehört natürlich zum Journalistenberuf, aber auch Konsensfähigkeit ist angesagt. Auch daran scheiterte Maier, der den Mann, der jetzt einer der beiden Bosse des Blattes ist, eigentlich mobben wollte. Es sieht vielleicht bald wieder besser aus bei einem Blatt, mit dem man sich als Leser über Jahrzehnte verbunden fühlte. Der »Stern« wird in München einen neugierigen Leser mehr haben.

Besser jedenfalls ein Zeitungsboss, der als Polizeireporter seine Laufbahn begann, als einer, der bei einer Kirchenzeitung anfing und Nacktfotos nicht ausstehen kann.

Auch in Berlin krachte es. Der liberale Giovanni di Lorenzo, der in München die Lichterkette gegen Ausländerhass erdacht hatte, sah sich als neuer Chefredakteur des »Tagesspiegel« einer Art Dallas-Affäre gegenüber. Jemand hat am Computerdrucker manipuliert. Den Sinn eines Artikels durch ein Wort ins Gegenteil gewendet. Das Neue daran: Die Sabotage kam aus den eigenen Reihen! War's wieder mal der Neidfrosch? Di Lorenzo hatte im ersten Halbjahr seiner Tätigkeit bereits die Auflage seiner Zeitung in Berlin leicht steigern können. Ein Wunder in der neuen Hauptstadt, wo Zeitungsauflagen zurückgehen!

Der nächste Kandidat auf dem Schleudersitz an der Redaktionsspitze war Klaus Besser aus Köln. Er folgte ebenfalls bald seinem Vorgänger, weil er getitelt hatte »Eßt mehr Benzin«. Das fand er selbst offenbar äußerst witzig.

Die Headline spielte darauf an, dass die Spritpreise fielen und die Lebensmittelpreise stiegen. Die Leute sollten also billigeres Benzin kaufen, statt der teuren Lebensmittel. Es war zu sehr um fünf Ecken gedacht. Besser machte dennoch Karriere: Er stieg zu einem der ersten Gourmet-Ayatollahs in Deutschland auf. Er roch die neue Lifestyle-Welle.

Schließlich übernahm Werner Friedmann (1909–1968) selbst die Leitung des Blattes. Holte mit Udo Flade an der Spitze eine neue Crew von Redakteuren. Die Zeitung hatte ihre Flegeljahre hinter sich und wurde seriös. Friedmann war Vollblutjournalist. Er trieb die Auflage rasch in die Höhe. Er produzierte die Ideen am Fließband. Das Blatt blühte auf. Udo Flade ist heute beim Aufbau der Ost-Presse wieder an führender Stelle dabei.

Friedmann baute die Zeitung total um – aber eine Oldtimerin wollte er behalten. Das war die Feuilleton-Chefin Dorothea Federschmidt, die selbst ein Stück Münchner Kultur darstellte. Sie stand mit den Kulturhoheiten in den Ministerien in Kontakt, wurde von Fritz Kortner kontaktiert und wusste, was sich an den Theatern hinter den Kulissen abspielte. Das Feuilleton der

Abendzeitung ist in seinen Grundelementen, die Dorothea Federschmidt schuf, bis heute eine exzellente journalistische Veranstaltung geblieben. Dorothea gab mir eines ihrer Essentials mit auf den Weg: »Schreiben Sie nur dann, wenn Sie ein Thema restlos durchschaut haben!« Ha ha, wenn's nur immer so wäre! Ja, dann.

Ponkie, Deutschlands originellste Fernsehkritikerin, begann ihre Karriere bei Dorothea Federschmidt. Von ihr wird später noch die Rede sein.

Die Zeitung blieb ein Irrenhaus. Wir mussten krötig, giftig und verschlagen sein, wie wir es in unserer Bibel gelesen hatten, dem Bestseller »Sensationen für Millionen« von Hugh Cudlipp über den Aufstieg des »Daily Mirror« – heute »Mirror« – zur größten Zeitung der Welt in jenen Jahren. Heute hat »Sun« die gesamte Konkurrenz überrundet. Auch den »Mirror«, der beinahe von Springer erworben worden wäre.

Wir wollten genauso werden wie die boys von der Fleet Street und unsere Leitsätze lauteten bald wie beim »Mirror«: »Veröffentlichen – komme, was da mag« und »Vorwärts mit dem Volke«, der pathetische Satz, der als Motto gleich unter dem Zeitungstitel stand.

Nach dem Vorbild des »Mirror« klotzte ich jedenfalls täglich meine Schlagzeilen auf das Blatt und war schon bald wieder nach dem Nitribitt-Eklat erneut in meiner komplizierten Position. Niemand kümmerte sich zwar um mich. Aber ich musste die Auflage nicht nur halten, sondern steigern. Und dies war Knochenarbeit. Meine »Nachtausgabe« erschien nur im Raum München am frühen Nachmittag.

Das hat Vorteile, weil alles drinsteht, was in der Nacht und am Morgen passiert ist. Die Fernsehkonkurrenz ist übergroß. Höchstgeschwindigkeit fahren ist eines der Rezepte gegen die Übermacht der bewegten Bilder. Hinzu kommt immer mehr das Internet als Konkurrenz. Es wird eng.

Zum Glück bekam ich immer öfter News-Angebote von Free Lancern (Freien Mitarbeitern). So hatte ich viele Informationen schon am Morgen exclusiv.

Es gibt nämlich eine Menge fleißiger Menschen, die sich durch ihre Mitarbeit bei einer Zeitung ein Zubrot verdienen, obwohl sie gar keine Reporter sind. Einige hörten nachts den Polizeifunk ab. War irgendwo in der Stadt was los, rasten sie hin und schossen Fotos, die sie mir am nächsten Morgen auf den Tisch knallten. Dies wurde einem hohen Münchner Rundfunk-Kommentator durch meine Schlagzeile zum Verhängnis.

Er, der Moral predigte, verdrosch nachts seine Frau und prügelte sie aus dem Haus. Ich bekam von einem »Freien« den Bericht und veröffentlichte ihn. Der Rundfunk-Mann flog. Der Schleudersitz! Viele meiner freien Mitarbeiter waren Studenten, wie Jürgen, der später als Staatsanwalt hervortrat und als Jurastudent Nachtclubs auf der Jagd nach aufregenden Fotos durchstreifte oder Bilder von Massenkarambolagen im Morgengrauen heranschaffte.

Ein anderer freier Mitarbeiter setzte sich stundenlang geduldig in die Säle abgelegener Gerichte und Ausschüsse, wo oft Sensationen hochkochten. Die Berichte brachte er mir. Er studierte Jura und Volkswirtschaft und amtierte später als Chef der Münchner Olympiapark Gesellschaft.

Eines Tages kam ein »Grischperl« (für Nichtbayern: ein klappriger Dürrling), der mir seine Mitarbeit anbot. Er sei in Schwabing Zeitungsausträger, gestand er mir, und dies sei wahnsinnig interessant. Ich empfand ihn von unserer ersten Begegnung an als Münchner Original. Da lag was in der Luft mit ihm. Das spürte ich.

Sein Job als Zeitungsausträger habe ihn auf die Idee gebracht, für die Zeitung selbst zu arbeiten, nachdem sowieso nur Blödsinn drinstehe, wie er freundlich lächelnd meinte. Oho, wehrte ich ab. Starker Tobak! Das wäre vielleicht woanders Selbstmord gewesen, aber der Junge sagte dies mit viel Charme. Es war komisch und nahm mich irgendwie ein für ihn.

»Haben Sie denn irgendeine berufliche Ahnung?«, fragte ich, weil ich ihm helfen wollte. »Nein nein«, meinte er. »Ich will ja auch gar kein Reporter werden, sondern Schauspieler.« Er habe auch schon gespielt. In Würzburg. »Aber in München will mich ja keiner«, grinste er. »Aber ich brauche Geld.«

Und jetzt hatte er eine Art Dackelblick und lachte. Aber es war kein gewöhnliches Lachen, sondern hintergründig und irgendwie gewinnend! Ich fand das alles ziemlich absurd. So verquer hatte sich ja noch nie jemand bei mir beworben. Er wolle als Journalist arbeiten und eigentlich Schauspieler werden. Ich fand das aberwitzig und nur schwer unter einen Hut zu bringen. Journalist wirst du nie, durchfuhr es mich. Du gehörst ganz woanders hin! Andererseits – so eine originelle Schwabinger Type wäre eine Bereicherung fürs Blatt, fand ich.

Um irgendetwas zu sagen, erklärte er jetzt, er kenne jemand vom Feuilleton. Damit konnte ich ihn loswerden, fiel mir ein. Für diesen Schwabinger Wirrkopf konnte ich beim allerbesten Willen nichts tun. Aber ich mochte ihn. Seine Komik. Sie war entwaffnend.

»Na prima«, rief ich ihm jetzt zu. »Dann gehen Sie rüber ins Feuilleton. Vielleicht werden Sie ein berühmter Kritiker!« Ja ja, meinte er irgendwie erleichtert. Vielleicht werde er ein berühmter Kritiker, und ging hinaus. »Könnten Sie mir mal Ihren Namen sagen?«, rief ich ihm nach. Er: »Ganz einfach. Fischer. Helmut Fischer.« War er nur eine Art Schlawiner, ein Vorstadt-Strizzi? Ein Luftikus, Schwachkopf oder Stenz, wie man in München sagte? Der mich reinlegen wollte? Es sah beim ersten Hinsehen fast ein wenig so aus. Sollte ich es trotzdem mit ihm probieren? Vielleicht konnte er sogar schreiben? Aber man müsste wohl sein Foto dazustellen. Dann hätten die Leser was zu lachen.

Sie hätten dann schon lange, bevor er der »Monaco Franze« und ein berühmter Volksschauspieler wurde, der uns »Sternstunden des Fernsehens« (»Spiegel«) schenkte, durch seinen Anblick viel Spaß gehabt.

Ich folgte ihm bis zur Treppe und hatte einen Einfall. »Wissen Sie was?«, sagte ich ihm. »Sie könnten doch vielleicht als Reporter für mich arbeiten. Wir haben eine tägliche Spalte über München-Besucher, die in einem Hotel abgestiegen sind. Sie könnten ein paar Interviews mit denen pro Woche machen. Es gibt da interessante Menschen. Berühmtheiten.«

Jetzt wehrte er heftig ab. »Um Gottes willen, das ist überhaupt nichts für mich«, tönte er angstvoll. »Nein nein! Jemand Wildfremden einfach ansprechen und womöglich ausquetschen, nein ... das bring ich nie fertig. Das ist nicht mein Ding. Da bin ich einfach ... zu schüchtern!« Das kam etwas vernuschelt und strohtrocken aus seinem Mund, und jetzt dachte ich an Karl Valentin. Ich höre heute noch seine Stimme, seinen Tonfall, der unverwechselbar war.

»Dann ist es vielleicht doch besser, wenn Sie lieber Schauspieler werden«, sagte ich ernüchtert. »Aber Schauspieler gibt es ja mehr als Kiesel in der Isar! Das wird schwer für Sie werden!«

Jetzt stand er wieder am Treppenabsatz. Wieder hatte er, wie ganz am Anfang, seinen bekümmerten Dackelblick mit einem ganz eigenen Lächeln in den Mundwinkeln. Ein wenig Don Quichote. Oder Soldat Schweijk.

Ein wenig Strizzi, Bazi und Heiratsschwindler. Das konnte vielleicht die Rolle für ihn sein. Seelchen und Hallodri zugleich. Er war keiner, der auftrumpfte. Seine Kraft, die in ihm steckte, kam aus einer inneren Ruhe und Bescheidenheit. Das nahm für ihn ein.

Ich lief die Treppe hoch und der Gedanke durchfuhr mich, wenn sich diesen verqueren Typ ein Regisseur vielleicht etwas genauer ansah, könnte er als Schauspieler große Chancen haben. Aber das konnte lange dauern. Sehr lange. Die meisten Regisseure schauen nicht ganz so genau hin. Höchstens bei jungen Damen, die sie sich ja auch genau ansehen müssen. Auf der Besetzungscouch. Sonst könnten sie ja nie die passende Rolle für sie finden. Und sie zum Star machen.

Eines Tages schaute einer bei Helmut Fischer doch ganz genau hin. In ihn hinein. Spürte den Valentin, Don Quichote und Soldat Schweijk, den Strizzi, Bazi und Heiratsschwindler. Das Seelchen. Den Münchner Stenz und den Hallodri.

Aber es hat lange gedauert, bis es so weit kam und Helmut Fischer eine Berühmtheit als Schauspieler war.

Helmut Dietl machte den Zeitungsausträger und Beinahe-Journalisten Helmut Fischer zum Star, weil er Begabungen riecht und ihnen die Chance geben kann, von denen andere ein Leben lang vergeblich träumen. Aber vorher hat der später so berühmte Publikumsliebling doch eine ganze Reihe ausgezeichneter Filmkritiken für die »Abendzeitung« verfasst, die im Archiv ihren Ehrenplatz haben.

Dietl machte ihn zum »Monaco Franze«, der keine wildfremden München-Besucher anquatschen musste für die Zeitung und nie Reporter war. Sondern ein Münchner Original, das sich in die Herzen von Millionen spielte und uns viel zu früh verlassen hat. Es wird so schnell nicht wieder einen Monaco Franze geben. Oder gar nicht mehr.

Als ich ihn Jahre später traf, war er berühmt. Als »Monaco Franze«. Ich gratulierte ihm. »O mei«, meinte er grantig. »Wenn dich als Schauspieler niemand kennt, das ist schlimm. Aber wenn du berühmt bist, das ist ja gleich noch viel schlimmer!« Und er sah mich an mit seinem unvergleichlichen Dackelblick.

Die Zeitung blieb ein Tollhaus, und wir tanzten »Kir Royal«. Das ahnte freilich keiner. Aber all die Figuren um mich herum gaben eines Tages die Vorlage für die gleichnamige Helmut Dietl-Fernsehserie ab, seinen größten Hit!

Wir tanzten Kir Royal, spielten »Baby Schimmerlos«, spuckten auf karriere-geile Typen, über die wir berichteten, und sahen als Vollendung der Weltkunst den Film »Casablanca« mit Ingrid Bergman und Humphrey Bogart so oft an, dass wir ganze Szenen in der Redaktion nachspielten.

Wir waren mit dem Herzen dabei und schrieben jeden Tag ein Stückchen davon in die Zeitung. 70 Wochenstunden waren selbstverständlich. Wir liefen über glühende Kohlen, waren hundsmiserabel bezahlt, doch wir betrieben, ohne es zu wissen, sowas wie die erste journalistische Hochrüstung der Nachkriegszeit. Spiel's noch einmal, Sam.

Hunter holte einen Hauch Sunset Boulevard, Bel Air und Hollywood-Life ins Städtchen. Durch ihn gab es in der Republik auf einmal so etwas wie eine Society, die es zuvor so nicht gegeben hatte und die sich Hunter selbst herbeischrieb. Es gibt eigentlich so gut wie keine Society. Sie ist die Erfindung der Society-Reporter, die sie hegen und pflegen. Wenn niemand über Promis berichten würde, gäbe es diese Spezies von Zweibeinern auch gar nicht. So einfach ist das.

Hunter war ein Raubautz aus dem oberbayerischen Mühldorf, von wo auch der Baulöwe Josef Schörghuber herkam. Sein spärliches Jurastudium hatte sich der Metzgersohn Johann Baptist Obermaier mit Schwarzhandel finanziert. Sicherlich nicht die schlechteste Voraussetzung für einen Society-Maulwurf. So wie der Vater seine Schweinebäuche auseinander geschnitten hatte, tranchierte Hunter bald seine VIP's und Promis. Respektlos schaute er Politikern aufs Hosentürl und giftete gnadenlos gegen geschmacklose Abendkleider von unförmigen Ministergattinnen, die als Flusspferde aus Hintertupfing aufs Münchner Parkett stolperten.

Er entlarvte Filmleute als geile und korrupte Gockel und in seiner Glanzzeit fischte er Neureichen-Partys nach Gaunerei und Bazitum ab. War dabei, als die Millionärsgattin Münemann im Abendkleid in einen Pool stürzte, und registrierte die bizarren Liebschaften von Töchterchen Angela. Das war neu.

Hunter begriff obendrein bald, dass Busen- und Betten-Reporter ihre Gestalten selbst aufbauen und hegen müssen, um immer wieder ausreichend Spielgeld für ihren medialen Roulettetisch zu haben. So entstanden die ersten Society-Kasperl, ohne die heute eine gewisse Berichterstattung nicht auskommt, weil sie die Szene-Achterbahn irgendwie beherrschen.

Hunter entdeckte Kaiserin Soraya für die Menschheit und ihr Operetten-Schicksal, als Vorläuferin von Fergie und Lady Di. Die »Diamanten-Wally« und ihren Galan, den Halbwelt-Konsul Styler, Vorläufer des heutigen Society-Harlekins Moshammer, der auch aus der Textilbranche stammt, aber sich nebulos als Wiedergeburt von König Ludwig empfindet, dem die Presse jede, aber auch jede Eskapade abnimmt, die er immer neu für seine Selbstinszenierungen ausbrütet. Nichts ist zu grotesk, dass es ihm bestimmte Blätter nicht aus dem Händchen fressen würden. Einer seiner letzten PR-Tricks: Als er in Österreich mit seinem angeblich 450 000 Mark teuren Rolls einen Unfall hatte, verklagte er den österreichischen Staat auf mehrere Millionen Schadenersatz. Jetzt schickte das Bayerische Fernsehen das hippe Schneiderlein mit seiner pechschwarzen Mega-Perücke als Oktoberfest-Laienreporter auf einen neuen Zumutungstiefflug. Biertisch-Geschnatter.

Das ist eben an der Society-Berichterstattung so verblüffend, dass das Opfer bald selbst zum Täter wird und bald schon alles tut, sich immer neu interessant zu machen und in Szene zu setzen. Um dadurch noch anziehender und berühmter zu werden, und immer mehr vom Kokain des Gedrucktwerdens zu schnupfen.

Promi zu werden kann Jahre dauern und Knochenarbeit sein. Es kann aber auch über Nacht kommen wie bei Guildo Horn oder Sexmaus Verona Feldbusch. Dann erlebt man die Steigerung von Prominenz. Wird Kult. Und der dümmste Schlagertext von Guildo wird im Feuilleton gedruckt.

Es gibt Zeitgenossen, für die es total bedeutungslos, ja ärgerlich und unangenehm ist, irgendwo in der Zeitung zu stehen. Sie blocken die Medien ab. Doch für Show- und Bühnenstars, Firmenchefs, Politiker, Autoren oder Regisseure kann es durchaus förderlich sein, immer wieder mal irgendwo zu erscheinen und damit Freunden und Bekannten Prominenz vorzuspielen, wobei es auf den richtigen Zusammenhang ankommt. Erscheint ein bedeutender Mensch mal mit der Freundin und ein andermal mit der Ehefrau in derselben Spalte, so kann dies allerdings katastrophale Folgen haben, wie wir spätestens seit Michael Graeter wissen.

Dann klingt der Journalistenblues ganz schön giftig und wüst. Sich selbst gedruckt zu lesen, kann wie eine Droge wirken, die nach immer neuen Verlockungen des Gedrucktwerdens giert. Manche empfinden dies gar als die einzig mögliche öffentliche Anerkennung für ihre einmalige Großartigkeit.

Die ganz Großen, die Lenker und Herrscher im Hintergrund, tun dagegen angestrengt alles, um keinesfalls Giftspritzer der Zeitungen abzubekommen. So lassen sie die Vorhänge runter und treffen sich zu Zeiten und an Plätzen, wo garantiert keines der lästigen Schreib-Ekel hinkommt.

Undenkbar etwa, dass der Vorstand einer großen Versicherung nachts in einer Bar gesichtet wird und dort einem Klatschreporter vorjammert, er wisse nicht, wohin mit den vielen vielen Milliarden der Versicherten. Oder der Boss einer großen Bank, der sich mit Freundin beim Segeltörn in der Karibik aalt und die Reporter zum Daiquiri bittet. Wir erleben also die so genannte Society meist nur in ihrer mickrigen Schicki-Micki-Version, und ohnehin nur als verschwindend kleinen Bruchteil des Ganzen. Die Wichtighuber in den Klatschspalten sind unwichtig.

Die Klatsch-Verweigerer sind klüger. Ulrich Wickert wird sich so bald nicht mehr mit einer neuen Herzdame im Bademantel auf dem Balkon zeigen.

Im Neidland Deutschland kann es für Promis ganz schön gefährlich werden. Entführung, Überfälle, Erpressung und Verfolgung sind an der Tagesordnung. In einem Land, in dem ein Ost-Politiker allen Ernstes eine »Porsche-Steuer« fordert, ist es vielleicht besser, möglichst unauffällig zu leben.

Hunter vertat sich schließlich zwischen Betten und Bars, Nachtleben und Hinterher-Hechten nach seinen Promis, Spezis und Kumpels, nach Stars und Sternchen mit der Zeit so, dass er unglaubwürdig wurde und früh das Zeitliche segnete. Gastwirte und Journalisten werden nicht alt, sagt uns Erich Böhme.

Hunters Job war sein Schicksal. Wer wie er zu tief ins Glas guckt bei seinen nächtlichen Promi-Treibjagden, dessen Leber geht bald den Whisky-Bach runter. Auch das kann Journalistengeschick sein.

Wie er seine Geschichten zusammenrührte, konnte ich aus nächster Nähe erleben. Eine dicke Havanna rauchend, sah er aus wie ein Gangsterboss in einem schlechten amerikanischen B-Movie und brütete vor leeren Blättern. Ein erbarmungsloser Job.

Die Steigerung von Hunter heißt Michael Graeter. Er ist eine der schillerndsten Figuren im deutschen Mediendschungel. Urbild für den Baby Schimmerlos in Helmut Dietls Fernsehserie »Kir Royal«, und hinreißend dargestellt von Franz Xaver Kroetz.

Erfinder eines »Blatt im Blatt«-Journalismus, auch »anarchische Inseln« genannt. Und schließlich zum Märtyrer veredelt vom SZ-Magazin, der Nobel-Beilage der »Süddeutschen Zeitung«, beschrieben von seinem Ex-Chefredakteur Franz Josef Wagner, der einst gerade von diesem Blatt immer wieder »ausgepeitscht« (Zitat) wurde.

Diese unerwartete Veröffentlichung in einem eher feingeistigen Blatt erhebt den Dargestellten auf eine höhere Stufe des Seins. Wenn nun noch weitere Darstellungen des inzwischen zum Cafetier mutierten Graeter erscheinen, kann er sich schon mal einen Platz in der Ruhmeshalle hinter der Bavaria aussuchen. Seinem bescheidenen Selbstwertgefühl würde dies durchaus entsprechen.

Kurze Zeit darauf befasste sich das SZ-Magazin mit einem anderen meiner Mitgänger, dem, wie Graeter, ebenfalls aus dem Schwäbischen stammenden Michael Jürgs, heute ein bedeutender Sachbuchautor. Beider Karriereabläufe lassen an den von mir schon geschilderten Schleudersitz denken. Sie sind typisch für viele Medienlaufbahnen. Ich erlebte die beiden Michis in der Babyzeit ihres später so pompösen Schaffens.

Schon meine erste Begegnung mit Graeter verlief ziemlich rau und zeigte ihn so, wie er sein Leben lang war. Frech. Dickschädelig. Giftig. Anarchisch.

Bei einer Zeitung pressiert's immer. Ich hatte deshalb als Lokalchef ein System entwickelt, das ganz schnell zu druckreifen Nachrichten führte. Ich ließ mir von den Reportern ihre Geschichte erzählen, die ins Blatt sollte. Darauf gab ich ihnen Anfang und Länge vor und auch gleich die Überschrift dazu. Was herauskam, war dann zwar nicht Weltliteratur, aber ich sparte mir Zeit und Ärger.

Die Reporter setzten sich hin und schrieben in Windeseile ihren Bericht herunter, der auch meist so abgedruckt erschien. Wenn auch oft genug dennoch grausig gekürzt. Eines Tages Graeter. Sein erster Auftritt. Ich wollte mir seine Geschichte erzählen lassen, die er grade recherchiert hatte, und ihm Anfang und Länge dazu vorgeben, worauf er mich wütend anbrüllte: »Ich weiß schon selber, wie ich anfangen muss!« Hoppla, dachte ich, ein rotzfrecher Hund. Ein Anarchist! Aus diesem Großkotz konnte was werden!

Graeter wandte sich bald der Glitzerbranche und einer bestimmten jungen Darstellerin aus dem Niederbayerischen zu, was ich daran merkte, dass mir immer häufiger Hochglanzfotos der Dame auf den Schreibtisch zur Veröffentlichung flatterten. Bald ging Graeter nach Paris, und als er mal überraschend in die gemeinsame Wohnung heimkam, ging es ihm, wie so manch anderem Manne auch. Seine Hannelore aus Burghausen lag mit einem fremden Mann in den Federn, der obendrein auch noch den Bademantel des Michi anhatte. Erste Ansätze für »Kir Royal«!

Hannelore ist heute eine gefragte Darstellerin und sieht nach wie vor blendend aus als Kommissarin oder Geliebte. Sie hat eben schon frühzeitig gecheckt, wie man rasch nach oben kommt. Man muss sich den richtigen Männern öffnen.

Querkopf Graeter erreichte, wovon die meisten Journalisten ihr ganzes Leben lang vergeblich träumen: Er brachte es bei der BUNTEN fertig, durch seine »anarchischen Inseln« den gehassten Kürzungs-, Umschreibe- und Rauswurf-Versuchen für seine Beiträge zu trotzen und so bekannt zu werden, dass die meisten Leser das Blatt von rückwärts zu lesen begannen, weil in diesem Teil seine »Leute«-Beiträge abgedruckt waren. Und er setzte noch eins drauf. Er legte sich mitten in Schwabing sein »Café Extrablatt« zu und baute eine Kino-Kette auf. Der »Schleudersitz« ist für viele Kollegen Schicksal. Graeter flog zwar bei der BUNTEN wegen seiner eigensinnigen »anarchischen Inseln«. Aber bald setzte sogar eine Leserdiskussion darüber ein, ob eine Zeitung solche Inseln im Einerlei der Veröffentlichungen nicht doch brauche. Also keineswegs »Time to say goodbye«. Die Medien brauchen »anarchische Inseln«!

Michael Graeter jedenfalls ist noch einer, der für seine Berichte keine Phantom-Gebilde erfinden musste, sondern er gehört angeblich – O-Ton Franz Josef Wagner – zu den vier Welt-Spitzen-Superreportern zwischen Hollywood und München. Wagner weiß das einfach.

Diese Super-Top-Ober-Reporter haben wiederum eine Hand

voll von Airline-Managern, Hotel-Portiers und sonstigen Society-Spionen an der Hand und beziehen dadurch harte Fakten aus allererstem, nicht kontaminiertem Info-Ur-Quell. Es ist schließlich für die Weltöffentlichkeit nicht unwichtig, wo und mit welchen anderen bedeutenden Menschen Prinzessin Carolin und ihr Mann Ernst August im Winterurlaub ihre Drinks zu sich nehmen! Oder welches Abendkleid Sharon Stone bei einer Hollywood-Party anhatte.

So wusste Graeter vor allen anderen, dass Prügel-Prinz Ernst August von Hannover mit Prinzessin Carolin eine Liebesreise gebucht hatte, als der Rest seiner Mitbewerber noch obskure Millionärs-Söhnchen in ihr Bett hineinphantasierte. So erhielt Graeter an anderer Stelle der »Süddeutschen« gar den noch nie verliehenen Ehrentitel eines »Groß-Wesirs des Klatsches«.

Alles irgendwie total unwichtig oder was? Ja und nein. Klatschreporter müssen Kesseln. Eine Veröffentlichung über die Glitzermenschen auf dem Promi-Karussell ist nun mal spannender und amüsanter als eine Regierungskrise in Obervolta. Außerdem ist die Soziety-Berichterstattung eher bescheiden, im Vergleich zur Terror-Berichterstattung über Sport.

Ich werfe den Sportteil immer als erstes vor der Lektüre aus der Zeitung. Da steckt ein Trauma dahinter: Ich verlor sehr oft den größten Teil meines redaktionellen Platzes im Blatt an den Sport, der von Jahr zu Jahr immer weiter wuchert und uns mit Unwichtigkeiten überfüttert. Ich will zwischen Freitag und Sonntag nicht immer wieder sehen, wie Kalle oder Seppl sein Jahrhunderttor zwischen die Pfosten knallt, und dann blutüberströmt vom Platz getragen wird.

Klatsch ist jedenfalls die Schaumkrone auf den Wellen des Lebens. In Zukunft könnte es allerdings für diejenigen Adeligen und sonstigen Promis durchaus enger werden, die sich bisher gerne als Opfer einer überschäumenden und niederträchtigen Berichterstattung empört haben. Und zuschlugen. Oder vor Gerichten Feldzüge gegen unliebsame Presse-Erzeugnisse führten.

Nach einem Urteil des VI. Zivilsenats des Bundesgerichts steht die Freiheit der Berichterstattung höher als das Persönlichkeitsrecht. Auch bei der Sensations- und Klatsch-Berichterstattung. Die Leser haben, so der Senat, nicht nur ein Recht auf »wertvolle« Informationen, sondern auch auf das, was sich bei feineren Leuten als Sensationen und Neuheiten so abspielt. Dies ist neu und wird speziell dem Welfenprinzen und Caroline von Monaco-Gatten Ernst August von Hannover wenig behagen.

Eine Zeitung hatte Hintergründe seiner Scheidung publiziert. Ernst August hatte darin eine »Verletzung der Privatsphäre« erblickt. Doch er rutschte aus. Seine Klage von dem schon erwähnten Senat abgewiesen. Durfte er sich da wundern, dass es anschließend eine satte und genussvolle Schlagzeile von BILD gab »Ernst August ein Ehebrecher«?

Die Schutzpatrone aller Promis und Berichtiger, die beiden Anwälte Matthias Prinz und Butz Peters in Hamburg, dürften von dem Urteil ebenfalls nicht gerade fasziniert sein. Sie sind ausgefuchste Kenner des Presserechts und haben bedeutende Erfolge auf ihrem Gebiet eingefahren. Prinz, Sohn des früheren BILD-Chefs Prinz, wird natürlich alles tun, um dieses neue Urteil wieder zu Fall zu bringen. Ich dagegen finde, es verschafft den bedrängten Medien endlich Luft und ermöglicht eine Erweiterung ihres Angebots.

Bei weitem nicht so großmächtig wie Graeter trat Michael Jürgs in Erscheinung. Ich erzähle deshalb von ihm, weil ihn sein Können von 1986–1990 als Chefredakteur an die Spitze des »Stern« führte.

Könnte es sein, dass Adel, gelangweilte Erben und Geld-Mogule die Treibjagd auf Journalisten als einen amüsanten Zeitvertreib empfinden, ähnlich Golf, einer Fuchsjagd oder Tontaubenschießen? Als Spielchen, um sich ein wenig aufregen und entrüsten zu können? Man weiß nie! Es kann durchaus deprimierend und langweilig sein, unbeachtet zu leben. Und dies wollen so manche Persönlichkeiten des so genannten öffentlichen Lebens nun auch wieder nicht. Das Kokain des Gedrucktwerdens. Es ist eine nicht ganz ungefährliche Droge mit Risiken und Nebenwirkungen. Denn die einmalige Großartigkeit kann ja nur durch die Medien ins Bewusstsein der Nichtwisser und sonstigen

Versager im Leben dringen. Aber wie sie steuern? Erfolg braucht Erfolg. Nur die Medien künden davon. Die Promis brauchen die Medien dringender als Kaviar und Champagner zum Frühstück.

Politiker, Promis und sonstige »Medienpartner« werden sich in Zukunft sogar sehr sehr warm anziehen müssen. In ihrem Festvortrag »50 Jahre Pressefreiheit« aus Anlass des 50-jährigen Jubiläums der Deutschen Journalistenschule im Münchner Prinzregententheater zitierte Jutta Limbach, die Präsidentin des Bundesverfassungsgerichts, aus neuen Urteilen ihres Hauses. Da ging ein erleichtertes Aufatmen durch die Reihen, und die prominente Rednerin bekam immer wieder prasselnden Beifall und am Ende Ovationen.

Nach diesen neuen Urteilen dürfen Journalisten absolut »direkt und dreist« vorgehen, wenn es ihr Informationsgegenstand rechtfertigt. Das Informationsrecht der Bevölkerung und ihrer Mittler, der Journalisten, habe einen sehr hohen Stellenwert im öffentlichen Leben und dieser sei hart und korrekt in den vergangenen Jahrzehnten erarbeitet worden.

Deshalb forderte Frau Limbach auch, das Pressegesetz »weit und großzügig« auszulegen, denn die Nachkriegspresse habe sich nicht nur bewährt, sondern sei zu einem festen Eckpfeiler der deutschen Demokratie geworden.

Vor Jürgs war schon Herbert Riehl-Heyse, ein anderer großer Münchner Journalist auf dem Chefsessel des »Stern«, nicht klargekommen. Riehl-Heyse, für mich ein Schreibvirtuose der allerersten Kategorie, kam bald wieder nach München zurück. Sein Bruder Hans Riehl war mein Nachfolger auf dem Redakteursstuhl der AZ geworden. Er brachte bald die tz als Chefredakteur nach vorne. Die Riehl-Brüder sind Ur-Begabungen, und Hans fand jetzt sogar einen guten Titel für seinen Samstag-Kommentar in der tz. Er agiert dort berechtigterweise als Münchner »Stadtschreiber«.

Unvergessen ist mir Jürgs, als er – kaum bei uns angelandet – erstmals die kümmerlichen Reste seines eh höchst bescheidenen Anfängersalärs einbüßte. Er stand ohne einen Penny im Münchner Großstadtlabyrinth, nicht ahnend, dass er eines Tages vom »Stern« eine Millionen-Abfindung bekommen würde. Eine von mir unterstützte und für ihn spontan eingeleitete Spendensammlung half ihm aus der Klemme.

Jürgs startete durch zu seiner steilen Karriere, nachdem er in Schwabing, ähnlich wie vor ihm schon Wedekind und Ringelnatz, als Bänkelsänger auf sich aufmerksam gemacht hatte.

Anders als der rausgeflogene Michi Graeter, der als Kino-Unternehmer und Cafetier in Berlin sein Auskommen hat (München hat er mittlerweile veräußert), schuf sich Michael Jürgs einen großen Namen als Autor von Sachbüchern über Axel Springer, Romy Schneider und andere Zeitthemen. Jetzt hätte Michael erneut Chefredakteur des »Stern« werden können. Aber er verzichtete darauf. Er wollte keinen »Aufpasser« vor der Nase haben. In einem Leserbrief an die »Süddeutsche Zeitung« hat Peter D. Koch, der Sohn des wegen der Hitler-Tagebücher gefeuerten »Stern«-Chefs Peter Koch, den Vorwurf der »Zensur« durch den Verlag erhoben. Das Blatt habe dadurch seinen Charakter verloren.

Jürgs macht sich neuerdings Sorgen um den Journalistenberuf. Und nicht nur er. Er ist Purist, der sein Handwerk beherrscht. Er fürchtet, der Journalismus verkomme immer mehr zum »Rummelplatz für Dilettanten«. Übel die neue Tour von Privatsendern. Sie setzen ein Dummerle vor die Kamera, das nicht mal den Teleprompter korrekt ablesen kann. Dies sieht ein bisschen wie Journalismus aus, hat aber damit nichts, gar nichts zu tun. Es ist zum Kotzen.

Ich denke oft an das etwas geschwollene Wort vom Film »Qui mange du film, en meurt.« Wer vom Film nascht, stirbt daran. Wer an der Zeitung nascht, stirbt nicht daran, er lebt weiter. Aber die Leidenschaft für das Flair und die Ausstrahlung eines druckfrischen Blattes wird er nie ganz los.

Drei weitere, später bedeutende Gestalten hatten in jenen Jahren in der Abendzeitung ihre ersten Auftritte. Der eine war Peter Moosleitner, der inzwischen mit P. M. ein eigenes, äußerst erfolgreiches Presseerzeugnis schuf, ein Wissenschafts-Magazin, das jetzt auch noch durch einen historischen Ableger verstärkt wird.

Aus der Federschmidt-Talentschmiede auch Fritz Rumler,

später eine große Nummer beim »Spiegel«. Auch Dieter Stolze, später Herausgeber der ZEIT und erster Pressechef Helmut Kohls in Bonn, startete in jenen Jahren in München seine Karriere.

Sind in Hamburg die Journalisten und in München die Literaten, wie Willi Winkler vermutet? Peter Moosleitner, Fritz Rumler und Dieter Stolze hatten in Hamburg Chancen, die sie an der Isar niemals bekommen hätten, und sie nützten sie.

München gewann in jenen Jahren langsam etwas mehr Bedeutung, und wir berichteten über internationale Stars und Superfrauen, Markt- und Barfrauen, Attentate und üble Politiker.

Im »Spiegel« schrieb der Münchner Ernstl Hess alias Peter Brügge was von der »heimlichen Hauptstadt«, die München inzwischen geworden sei. Das kommt davon, wenn ein Münchner von Hamburg aus das Städtchen sieht. War da was Irrationales wie Heimweh im Spiel?

Wir schrieben über Abgeordnete, die sich auf Toiletten Bestechungsgelder zusteckten. Den Erlebnis-geilen Provinz-Onkel, von Mario Adorf in »Kir Royal« phänomenal dargestellt, und die »Adabeis«, die im »Madame« – und sonstigen dubiosen Clubs sich aufbrezeln und Fangermandl spielen wollten.

Wie die anderen »Adabeis«, die auch alle aus ihren Provinznestern neugierig in das für einen Sündenpfuhl gehaltene München herbeikrochen. Eines der großen Missverständnisse jener Jahre. München blieb trotz aller Entwicklungen bieder und gemütlich. Und darin besteht sein Zauber.

Ich hatte mir bei der ersten und einzigen Münchner Presseausstellung die Nase an den großen Glasscheiben im Ausstellungspark platt gedrückt, hinter denen die Redaktion tätig war, und plötzlich Flugzeuge im Bauch.

Genauso wie die bärtigen Männer da unten in der Redaktion zwischen Setz-, Druck- und Kopier-Maschinen, die im Stehen ihre Berichte in uralte, klapprige Schreibmaschinen hineindroschen, genauso wollte ich auch leben, schreiben und Zeitung machen. Und eines Tages die ganzen Geschichten auf die Bühne bringen. Auch diesen Traum hatte ich schon sehr früh!

Es war die »Tageszeitung«, die Tag für Tag im Telegrammstil ihre News ausspuckte. Kurz gefasst. Schnell. Das steckte mich an. Sie informierte, kommentierte und schlug auf Nachkriegs-Schieber und Halunken ein.

Das Blatt lebte auch nach der Ausstellung weiter und mutierte zur »Abendzeitung«. Jetzt brauchte Gründer Werner Friedmann neue Männer für sein Zeitungs-Land. Er gründete sein neues Institut, die »Lehrredaktion«, aus der die Deutsche Journalistenschule hervorgegangen ist.

Genau 1700 junge Menschen meldeten sich für diese Ausbildungsredaktion. Auch ich hatte mich beworben und kam unter die letzten 20. Peng! Plötzlich saß ich unter einem bunten Haufen von Mädchen und Männern, die alle Journalisten werden wollten. Aber viele schafften es nicht. Nur ein kleines Häuflein blieb und ging den steinigen Pfad durch Institutionen, Redaktionen und Sensationen. Begabung, Berufung und Schreibkunst gehören wohl doch zu dieser Profession.

Wer Reporter oder Journalist werden will, muss rennen können, wie die Reklame-Männchen im Fernsehen, und, kaum am Ziel, darüber schon einen fesselnden Bericht entspannt aufs Papier bringen, als hätte er Jahre dafür Zeit gehabt.

Wir liefen wie die Reklame-Männchen und schrieben entspannt, so gut wir konnten. Unser Glück waren unsere Lehrer in der neuen Fünf-Sterne-Lehrredaktion gewesen. Da war der geniale Werner Friedmann selbst, der dieses Institut ins Leben gerufen hatte, Hans Wallenberg, ein Berliner aus der Ullstein-Zeit, Robert E. Lembke, Egon Jameson, Redakteure der »Süddeutschen Zeitung« und viele amerikanische Professoren, die auf ihren Europa-Trips für uns dozierten.

Ein Haudegen mit immenser internationaler Erfahrung war George Maranz, der – ähnlich wie später Peter Arnett von CNN – an allen möglichen Kriegen und Scharmützeln der Nachkriegszeit vor Ort gewesen war und uns – unter ungeheuerem Ausstoß von Zigarettenqualm – aufregend davon erzählte. Maranz war Korrespondent in Paris.

Wir fühlten uns bald herausgehoben, als wir erkannten, unser

Erscheinen konnte Freude, Angst, Abwehr oder gar blinden Hass und Wut auslösen.

Unternehmer, mehr aber noch Behörden und Politiker schotteten sich vor uns ab, als würden Überschwemmungen und Taifune von karibischem Ausmaß ins Haus stehen. So ist es geblieben, und da wird sich nichts dran ändern.

Will ein Reporter etwa kurz vor dem 1. Mai ein Interview bei einem leitenden Staatssekretär ergattern, und dessen Bürochef erklärt, der Herr Chef sei bis Ende Juni in Urlaub, würde anschließend zur Kur gehen und dann eine Dienstreise zu den Fidschi-Inseln antreten, weiß man, was läuft: Wir sollten uns zum Teufel scheren und die Leser ging das Thema sowieso einen feuchten Dreck an.

Ist es da verwunderlich, wenn Journalisten zu Zynikern werden? Die nur darauf lauern, den hohen Herren eines Tages mit ihrer Giftspritze zu erlegen?

Verlogenheit, Schönreden und Unwahrheit sind keine guten Rezepte für den Umgang mit den Medien.

Wir jagten weiter, fanden uns toll, als wären wir selbst der Mainstream. Wir igelten uns gegen Fans und Beschwerdeführer ein, und die beiden Portiers im Verlagshaus, die unerbetene Besucher, so gut sie konnten, abwimmelten, reiften mit den Jahren zu Philosophen von buddhistischer Gelassenheit, deren letzte Einsichten in dem Satz gipfelte »A Zeitung is a Gaudi«. Das stimmt. Eine Zeitung ist – um ein Wedekind-Wort abzuwandeln – eine Rutschbahn.

Ein wunderbarer Lehrer war Hans Habe (1911–1977), eine der bedeutenderen Gestalten auf der Medienbühne der Nachkriegszeit. Ihn liebten wir allein schon wegen seines Lebenslaufes. Er euphorisierte uns immer neu für diesen geliebten und verdammten Journalistenberuf.

Habe war 1932 über Nacht als Reporter weltberühmt geworden, weil er in Braunau, Hitlers Geburtsort, herausfand, dass dieser eigentlich Schicklgruber hieß. Habe konnte nachweisen, dass Hitlers Vater Alois, als uneheliches Kind der Maria Anna Schicklgruber geboren und von Pfarrer Ignaz Rueshofer getauft worden war. Wegen einer Erbschaft hat er seinen Namen in Hitler abändern lassen. Diese Enthüllung Habes erschien in der Wiener Sonn- und Montagszeitung mit insgesamt nicht weniger als sieben fast gleichgroßen Schlagzeilen übereinander auf der Titelseite.

Eine davon lautete »Hitlers Vater: Klerikaler, Judenfreund und Preußenhasser«, und eine zweite – man stand in Deutschland unmittelbar vor der Reichspräsidentenwahl – »Generalfeldmarschall Hindenburgs Gegenkandidat hieße ohne Namensänderung des Vaters heute noch Schicklgruber«.

Es war eine Sensation, die um die Welt ging und zu einer Millionen-Auflage des Wiener Blatts führte, das den Händlern auch in Deutschland aus der Hand gerissen wurde. Der junge Reporter Habe war über Nacht ein Star.

Er schilderte mir selbst, nach seinem Bericht habe man sich in Wien lange Zeit mit »Heil Schicklgruber« gegrüßt und sich herzlich über den närrischen Österreicher in Berlin amüsiert, der die Welt revolutionieren wollte und den man für einen Verrückten hielt.

Habe war äußerst hochnäsig und gab sich zunächst wenig mit uns ab. Er sah uns als der auch in den USA erfolgreiche Autor wohl als arme Teufel und Vertreter eines bornierten Volkes, das immer wieder mitten in Europa Kriege anfing. Deshalb ging auch eine gewisse weltmännische Distanz von ihm aus, die ich erst viel später verstand und akzeptierte. Ein wenig von der Überheblichkeit des Siegers ließ er immer spüren. Dass er uns aber doch mochte, war beinahe schon verwunderlich.

Jahre später traf ich ihn in einem Münchner Hotel wieder. Wir sprachen ein paar Sätze über vergangene Zeiten. Dann sagte er: »Sehen Sie das SZ-Magazin vom Wochenende in der Süddeutschen Zeitung ... ich lese es regelmäßig. Das habe ich begründet! Es wird bleiben.« Es wird bleiben. Auch von seinen Büchern sind viele heute noch immer ein Begriff wie »Off Limits« oder »A thousand shall fall« (»Ob tausend fallen«), ein Anti-Kriegs-Roman, den Hemingway lobte, und der ein Welterfolg war.

Dann wandte er sich mir nochmals zu. »Hier liegen noch ein paar Bücher von mir in einer Kiste. Hätten Sie Interesse? Ich habe einfach keine Möglichkeit, sie wegzuschaffen. Ich habe sowieso viel zu viele Bücher.« Er gab mir einen Zettel. »Wenn Sie den dem Hotelchef zeigen, wird er Ihnen die Kiste aushändigen!«

So geschah es. Als ich die Bücherkiste öffnete, lagen da etwa 60 Stück eng beisammen. Ich warf fast alle weg. Nur vier davon behielt ich. Sie enthielten die besten Reportagen Habes aus seiner Zeit vor der Flucht nach Amerika. Mit der Enthüllungsgeschichte über Herrn Schicklgruber. Ich schrieb Habe, um mich zu bedanken. Als ich den Brief einwerfen wollte, kam die Nachricht von seinem Tod.

Habe musste in den 30er Jahren – vom Hass der Nazis wegen seiner Veröffentlichung bedroht und verfolgt – nach Genf als Völkerbund-Korrespondent fliehen.

Von Genf ging er in die USA, lernte dort eine der reichsten Erbinnen der Welt kennen und lebte im weitläufigen Ferienpalast der Schwiegereltern »Mar al Lago« in Florida, das heute Donald Trump gehört.

Hans Habe ist der Begründer der deutschen Presse nach dem Krieg. Er hat dies in seinem Buch »Im Jahre Null« dokumentiert. Seine Bücher erreichten eine Auflage von 10 Millionen.

Nun schuf er als Muster für die deutsche Presse die »Neue Zeitung«, die aus dem zerbombten Nazi-Verlagshaus an der Schellingstraße kam und Berichte und Kommentare nach US-Vorbild streng trennte. Sie hatte eine Auflage von täglich 2,5 Millionen.

Er sammelte Journalisten wie Wallenberg, Lembke, Alfred P. Hora und viele andere um sich. Er brachte schließlich sogar seinen Lehrer, die Kritiker-Legende Alfred Kerr, für einige Zeit nach München.

Habe war als Hauptmann im Stab des Kommandeurs der 12. amerikanischen Heeresgruppe von General Omar N. Bradley nach Europa gekommen und übernahm im Kugelhagel der abziehenden deutschen Truppen die Leitung von Radio Luxemburg. Von dort ging es weiter nach Deutschland, wo er viele neue Zeitungen ins Leben rief. In München gründete er dann die »Neue Zeitung« und holte die Weltspitze der Autoren als Mitarbeiter, wie Sherwood Anderson, George Bernard Shaw, Carl

Zuckmayer, Sigrid Undset, Antoine de Saint-Exupéry und die Brüder Heinrich und Thomas Mann. Mit Erich Kästner baute er ein modernes Feuilleton auf, und in der Neujahrsnummer 1946 standen jene Zeilen Kästners, die längst Literatur sind: »Wird's besser? Wird's schlimmer? fragt man alljährlich. Seien wir ehrlich: Leben war immer lebensgefährlich.«

Die »Neue Zeitung« gilt als Modell eines demokratischen Blattes von Niveau. Habe hatte es geschafft, für die erste Ausgabe sogar von General Eisenhower, dem Sieger des Krieges, einen Beitrag zu bekommen, den er höchstselbst in einer Besprechung bei ihm einforderte, den er aber unbekümmert zusammenstrich. Der General hatte mehr als 20 Manuskriptseiten voll geschrieben oder schreiben lassen.

Die Vorlesungen dieser Ikone der Nachkriegs-Journalisten waren für uns spannender als jeder Krimi. Habe verstand es Ereignisse zu Events aufzuschäumen. Er war von einem atemberaubenden Fleiß, schrieb Zeitungsartikel, Romane, Reden, Reportagen und Vorträge in bunter Folge ausnahmslos mit der Hand. Viele seiner Romane wie »Die Tarnowska«, »Die Rote« oder »Palazzo« waren Besteller und sind verfilmt worden. Seine Bücher »Das Netz« und »Die Mission« erhielten von Reich-Ranicki glänzende Kritiken.

Herablassung und Distanz unseres damals längst berühmten Dozenten hätten übrigens durchaus einen realen Hintergrund haben können: Unter seinen Zuhörern in unserer Lehrredaktion saßen ein ehemaliger Major im Generalstab und ein ehemaliges Mitglied der Waffen-SS. Ich habe dies erst viele Jahre später erfahren, und Habe hat es wahrscheinlich auch nicht gewusst. Sonst hätte er mit Sicherheit bei den beiden seinen Standardsatz aus der ersten Nachkriegszeit gefaucht: »Wenn Sie ein Nazi waren, lasse ich Sie einsperren!«

Der Ex-Major aus dem Generalstab ist nicht mal Journalist geworden, sondern Anwalt, und der Mann von der Waffen-SS war zwar Journalist, hielt sich aber bei Meinungsartikeln zurück. Sie kamen aus einer zerrissenen Zeit. Wie Habe selbst.

In seinem Bestseller »Ich stelle mich«, von Thomas Mann hoch gelobt, hat Habe die Zerrissenheit all der Jahre zwischen den Kriegen und danach tief berührend dargestellt. Für mich zählt Habes Werk zu den bemerkenswertesten Büchern, die nach dem Krieg in Deutschland geschrieben woren sind.

Obwohl er fürs Society-Leben geboren schien, träumte Habe von einem Bauernhof mit Pferden und Hühnern im verregneten Salzkammergut an der Seite seiner Gattin Licci. Als er endlich dort eine neue Heimat gefunden hatte, zog er weiter ins wärmere Tessin, wo er den feudalen Lebensstil seines Nachbarn Erich Maria Remarque lebte. Seine Villa »Acacia« steht heute verlassen über dem Luganer See und der Wind weht durch die leeren Fenster ...

Habe war Snob und unfassbar eitel, was mit dazu führte, dass ihn der »Spiegel« in einer Titelgeschichte bissig in die Mangel nahm. Man verzieh ihm dort nicht, dass er die Seiten gewechselt hatte, plötzlich für Springer schrieb und die Gruppe 47 attakierte. Man hatte ihn vorher eher für einen Linken halten können, was er beileibe nie gewesen ist. Habe hasste »Gruppen« und »Kreise«. Er blieb Egomane und schrieb am liebsten für Zeitungen, die die höchsten Honorare anwiesen. Als Rudolf Augstein in Haft kam, trat Habe dennoch unerschrocken öffentlich ein für ihn. Dies müssen wir ihm gutschreiben, denn es war zur damaligen Zeit nicht ungefährlich. Der prominente Häftling saß als »Landesverräter« ein.

Habe führte ein stürmisches Leben. Der Selbstmord seiner Eltern in Budapest, die Ermordung seiner Tochter Marina, sein schlechtes Verhältnis zu seinem Sohn brachten ihn immer wieder in die Schlagzeilen. Nach seiner ersten Münchner Zeit versuchte er Ende der 50er Jahre wieder in Amerika Fuß zu fassen, was misslang, und statt in einer feudalen Villa landete er in einem stinkenden Appartementhaus von Hollywood. Habe kehrte zurück und erschrieb sich hier neue Bucherfolge und war ständig in Polemiken verwickelt. Das Wort Polemik scheint ausgestorben. Der Begriff kommt kaum noch vor. Alles überflutet von den Bildern? Es geht um Auflagen, Rendite, Einschaltquoten und den großen Werbekuchen. Augstein und sein »Spiegel« allein auf weiter Flur.

Ganz anders die Briten. Da haut einer rein und sieht uns Deutsche als »Hunnen«. Da rührt sich was!

Sein oberster Grundsatz war so uralt wie die Presse selbst: Gute Honorare sind die Grundlage guter Kunst, und in seinen Augen war »der Reporter der Künstler unter den Journalisten«, und das trieb uns an. Und Reporter ist der Mann, der enthüllte, dass Hitler eigentlich Schicklgruber hieß, immer geblieben.

Habe dozierte nasal mit Wiener Unterton, der aus dem »Café Größenwahn« hätte stammen können. Doch viele seiner Vorlesungen haben sich fest in die Erinnerung eingegraben. Er forderte uns auf: »Nie manipulieren. Nie manipulieren lassen«. Was ist seitdem daraus geworden? Es wird manipuliert und gefälscht. Im Fernsehen regnen vom Himmel in Rumänien Steine. In einer anderen Sendung ein Bericht aus der Pfalz über Ku-Klux-Clan-Treffen. Michael Born, der Mega-Fälscher, kam in den Knast. Es ist ein »obszönes Treiben« (Süddeutsche Zeitung) das damit bestraft wurde. Es gebe Blätter, »die ihr Geld damit verdienen, erfundene Interviews zu veröffentlichen« mit »exquisiten Lügen«. Natürlich war Born ein Extremfall. Aber im Kampf um Zuschauer herrscht Dauerkrieg! Dass Borns Berichte überhaupt gesendet wurden, charakterisiert das Denken vieler Privatsender!

Den Gipfel seiner immer heftig umstrittenen Berühmtheit erreichte Habe, als Robert Neumann seinen Stil parodierte, was auch viele andere seiner Kritiker versuchten. Als man eine Weile von Habe nichts hörte, dichtete Neumann in Anspielung auf den Luganer See, wo Habe später allerlei politisch Trübes absonderte: »Der See ist trüb, die Luft ist rein, / Hans Habe muss ertrunken sein!«

Born war eine Ausnahmeerscheinung, die dennoch die Glaubwürdigkeit der Medien ziemlich angekratzt hat. Leichtsinn, Geldgier und Sensationslust die Motive der Manipulierer.

Ich glaube aber nicht, dass es bei uns zu Verhältnissen wie in Italien kommt, wo man sich bereits ernsthaft fragt: »Wozu noch Zeitungen kaufen?« Nur jeder zehnte liest dort noch eine Zeitung, und vor allem die jungen Leute informieren sich überwiegend aus dem Fernsehen oder dem Internet. Der frühere Co-Chefredakteur von »La Repubblica« sieht gravierende Mängel durch aufgebauschte Berichterstattung und zu viele Gerüchte. »Die Zeitungen müssen umgestülpt werden wie eine Socke«, meinte er. »Sie müssen neue Inhalte finden!«

Die Auflagen der Tageszeitungen sind bei uns stabil. Sie steigen! An der Spitze die »Süddeutsche Zeitung« mit 1,11 Mio Lesern täglich! Ich bin mit Habe der Meinung, dass die elektronischen Entwicklungen das Gedruckte bei uns nie ersetzen werden. Jeder Dritte kauft sich in Deutschland seine Zeitung. Die tägliche Auflage der 370 Tageszeitungen betrug im vergangenen Jahr mehr als 25 Millionen Exemplare. Da viele Zeitungen an Bekannte oder Nachbarn weitergegeben werden, kann man annehmen, dass etwa 80 Prozent der Bevölkerung täglich Zeitung lesen.

Dennoch – auch bei uns zeigt sich, dass die jungen Leser weniger werden. Das Interesse lässt nach. Sie holen sich ihre News aus dem Internet, vom Radio oder im Fernsehen. Dies hat offenbar schon die Boulevard- oder Kaufzeitungen getroffen.

Ein Grund, dennoch optimistisch zu sein, sind gigantische Erfolge deutscher Zeitungsmacher in den letzten Jahren. Große Unternehmerwürfe. Ohne eine Subventionsmark aus Brüssel. So wie alle deutschen Printmedien. Die nichts aus dem großen Topf bekommen, sondern auch noch Geld erwirtschaften für Subventionen an andere.

Unzählige Arbeitsplätze sind geschaffen worden nur durch eine Idee und durch unternehmerischen Mut. Den Funken, den die Mediengesellschaft braucht und der die journalistische Rush hour antreibt.

Da stampft in Hamburgs Milchstraße Dirk Manthey seit Jahren eine ganze Hand voll von Blättern mit neuen Akzenten aus dem Boden. Nicht weit von der rabenschwarz angestrichenen Mode-Ideenschmiede Jil Sanders entfernt, die vulkanschwarz offenbar besonders schick findet. Macht schwarz sinnlich? Oder beflügelt es die Phantasie der Pöseldorfer für ihre trendigen Produkte?

In den erstarrten Markt blies Manthey seine Fernsehzeitschriften und sein grelles Lifestyle-Magazin »Max«, das durch seine

Graphik und Texte, aber auch durch neue Inhalte vor allem jüngere Leser anbaggert. Im Gegensatz zu den Alt-Illustrierten sind Mantheys Blätter breit und mächtig und innen großräumig. Alles spitze recherchiert und amerikanisch gestylt. Wow! Sex is in the air.

Das turnt on. Facts, Fun und Fantasy. Kondome und Busen. Die neue Moderatorin vom Max-TV, nackt und heavy fotografiert. Ihr Fundamental-Satz: »Ich bin auch vor der Kamera so wie ich bin!« Wer hätte das gedacht? Das hat Geist! »Fit for Fun« – ist das schon der »junge Stern«, den Manthey angeblich ausbrütet?

»Amica«. Ein weiblicher Max. Mit einem Extra »100 Singles zum Verlieben«. Andrea aus Werdau: »Mein Traummann muss erst gebacken werden.« Wie wär's mit Marco aus Brühl? Für den die Venus von Milo der liebste Designergegenstand ist?

Immer neue Projekte. Das ist Manthey. Bringt er sie aus dem sonnigen Kalifornien mit, wo er sich mehrere Monate im Jahr aufhält? Entsteht bald neben der Print-Kette eine Restaurant-Kette? Mit Graeter als Chef?

Ebenfalls in Hamburg ein anderer Ideen-Magier, Manfred Bissinger, der noch vor Riehl-Heyse und Jürgs Stern-Chef werden sollte, denn er war Henri Nannens Liebling und als sein Nachfolger ausersehen. Auch Bissinger hat nach allerlei Umwegen aus dem Nichts ein neues Presseprodukt hingestellt.

Bissingers »Woche«. Breitflächig haut er rein und schreibt Klartext. Gift gegen alles, was kreucht und fleucht. Bissinger und die Seinen haben sich etabliert. Die aus dem Osten von einem großen Verlag gesamtdeutsch weitergeführte »Wochenpost« dagegen, in der DDR ein Top-Blatt, ging hier unter.

Manthey, Bissinger und Helmut Markwort. Er wagte sich mit »Focus« in die Höhle des Monopol-Löwen »Spiegel«. Auch nur eine Idee am Start. Fakten, Fakten, Fakten. Markwort war schon immer ein Aufreißer. Ich war ihm immer irgendwie nah, als er in München Gong und schließlich das gleichnamige Radio ins Leben rief und zum Erfolg führte. Markwort nahm sich mit viel Journalistengift harter Themen an, und einmal recherchierte ich mit ihm eine üble Skandal-Geschichte zu Ende, die in der ZDF-Show-Redaktion spielte und mit der er den Sturz eines korrupten Redakteurs herbeiführte. Unsere Giftspritze traf ins Schwarze.

Die Zeit wird schneller. Die Medien sollen ihr voraus sein oder zumindest dicht auf den Fersen. Was gestern noch gut war, kann morgen falsch sein. Mit der Zeit haben sich auch die Präferenzen der Zeiten geändert. Themen wie Lifestyle und Lebenshilfe, Fitness und Fun, Geld und Genießen schieben sich in den Vordergrund. Oder sind sie bald schon wieder out? Es ist ein Geschiebe. Wegweiser durch den Electronic-Dschungel. Computergraphik und Häppchen-Journalismus, die neuen Themen.

Inzwischen ist »Focus« Exportartikel. Die brasilianische Medien-Gruppe Globo will Markworts Konzept übernehmen. Die Hamburger Konkurrenz hat inzwischen ebenfalls reagiert. Serviert jetzt auch Info-Snacks und Hors d'oeuvres vor oder neben der opulenten Hauptmahlzeit. Lesezeit ist knapp.

Jedenfalls wird in meinen Augen in der Bundesrepublik immer mehr gelesen oder zumindest so getan, je mehr sich das Fernsehprogramm zu Schwachsinn und Inkompetenz steigert. Die »Erneuerer« sind gefragt und erfolgreich. Kai Diekmann mit seiner üppigen »Welt am Sonntag«, Mathias Döpfner mit einer ideologisch entrümpelten »Welt« die neuen Umsatzbringer und Sieger im Auflagenkampf.

Manchmal stecke ich im Info-Labyrinth fest. Am Samstag ein paar Freunde. Ein Röntgendoktor. Ein Anwalt. Bernd, ein Chirurg. Herbert. Sie spotten über mich ... »du weißt ja wieder alles ...«. Aber ich weiß nichts. Sie wissen mehr. Bernd ist Chirurg und schaut den Rauchern in die schwarzen Bierbäuche. Herbert hat aus der Luft mit dem Hubschrauber ein Kaufhaus am Bahnhof vermessen. Frank ist viel in London. Die Presse dort! Ach, wie lieb sind dagegen hier alle!

Jeder hat seine Informationen. Sein eigenes Wissen. Seine Welt. Ist meine angelesene Welt gar die verkehrte? Oder ist meine »Info-Sucht« der Irrweg? Ich bin irgendwie süchtig. Ich weiß, wie schwer es ist, interessant zu sein. Zeitung machen heißt irren. Journalisten gehören zu den bedrohten Arten.

Dennoch: Her mit dem Journalistengift! Den Kritiken. Dem Zynismus. Den Aufregern. Den Katastrophen. Den korrupten Politikern, die in die eigene Tasche wirtschaften. Dem Kampagnen-Journalismus. Spannend, aufregend, brisant. Explosiv.

Alles übertrieben? Lasse ich mich zu sehr mitreißen? Da hat einer viele Jahre lang dem »Spiegel« als Chefredakteur sein Gesicht gegeben und sieht ihn jetzt, inzwischen 68, aus der Distanz. Ich reibe mir die Augen. »Wir waren eselhaft«, steht da in der »Wirtschaftswoche«. Der so spricht ist Erich Böhme, bekannt geworden als Talkmeister in SAT 1 von »Talk im Turm« und Ex-Spiegel-Chef. Für mich der beste von allen.

Er blickt zurück. Als er getitelt hatte: »Kohl kaputt«. Aber der Oggersheimer hielt sich 16 Jahre im Amt. Frage der Wirtschaftswoche: »Haben Sie sich damals grausam geirrt?« Ehrliches Böhme-Bekenntnis: »Ich habe mich mehrfach geirrt!« Und dann fährt Böhme fort: »Wir waren eselhaft ... wir haben die Grundregel, dass der Wechsel unbedingt zum demokratischen Spiel gehört, wie Kindsköpfe missachtet.« Zeitung machen heißt auch irren.

Umsonst kritisiert und eingemischt? Sich stark gemacht? Vielleicht gar alles, was so drinsteht in den Blättern »eselhaft«? Nicht doch! Nicht alles. Aber bestimmt allerlei. Journalistengift längst nicht mehr ganz so wirkungsvoll. Vor jeder Kritik müssen Misstrauen, Skepsis, Erkenntnis und Selbstkritik stehen.

Böhme drückt dies auch im Titel seines neuen Buches aus: »Ich traue der ganzen Bande nicht«.

Dann die Frage an den Ex-Spiegel-Chef, wie es heute um die »Meinungsführerschaft« des »Spiegel« bestellt sei. Ich mag das Wort »Meinungsführerschaft« nicht. Wir brauchen gar keine. Wir wissen sowieso alles und wissen nichts. Weil doch alles ganz anders kommt. Wir brauchen keine »Führerschaft« bei der Meinung. Wir bilden sie uns selbst!

Im Gegensatz zu Böhme bin ich auch der Meinung, dass der »Spiegel« im Urteil über Strauß überhaupt nicht »eselhaft« gewesen ist. Dieser war ein Meister der Ablenkung und Vertuschung. Erst jetzt, nach Jahrzehnten, zeigt sich, was damals wirklich gelaufen sein könnte. Eine Zeitung kann auch ganz anders Recht bekommen, als sie selber für möglich hält. Aber dennoch auf der richtigen Spur sein. Die ganze Wahrheit braucht sehr viel Zeit. Airbus-Affäre. Provisionen. Die Steueraffäre um den Bäderkönig Zwick. Wird die Staatsanwaltschaft Augsburg alles für eine mögliche Anklage gegen Amigos und Beteiligte der Affären zusammenbringen? Die Omertà. Holger Pfahls, einer der möglicherweise Angeklagten, ist abgetaucht. Der Fall könnte sich zu einer Staatsaffäre ausweiten, so der »Spiegel«.

Der »Spiegel« überhaupt nicht »eselhaft«. Die Wahrheit braucht Zeit. Journalistengift hat Langzeitwirkung. Manchmal kommt die Wahrheit überhaupt nie ans Licht. Aber die Suche danach ist immer das Ziel.

Es war viel Theorie in Friedmanns und Habes »Lehrredaktion« über mich hereingebrochen. Nun schickte man uns als Volontäre in die Redaktionen hinaus. Volontäre will bei den Medien keiner. Man braucht ausgebuffte Spürnasen dort, weil niemand Zeit hat, um groß Anweisungen oder gar Belehrungen zu erteilen.

Ich hatte erneut Glück. Ich landete in der Außenpolitik der »Süddeutschen Zeitung« und atmete plötzlich viel Duft der großen Welt ein. Man gab sich dort sogar ganz intensiv ab mit mir. Chef der Redaktion war Heinz Holldack, ein eleganter Zeitgenosse, der vorher Presse-Attaché an der Botschaft in Rom gewesen war und die meiste Zeit – wenn nicht gerade Redaktionskonferenz war – über seinen viel beachteten Leitartikeln brütete.

Ich wühlte in einer finsteren Ecke aus Nachrichtenbergen Meldungen heraus, die ich für wichtig hielt. Redakteur war Wilhelm Saeckel, der mich aus meiner Ahnungslosigkeit herausführte und zugleich aus den Geisteswelten meiner Lehrer auf den Boden des Zeitungsalltags herunterholte. Durch Saeckel begriff ich, dass Journalistenleben sehr viel mit Genauigkeit und Präzision zu tun hat. Daten, Namen einschließlich Vornamen. Schreibweisen entlegener Länder, das alles hatte zu stimmen. Es galten die eisernen Regeln von Punkt, Komma und Bindestrich.

Saeckel war beinhart zu mir, obwohl auch er wenig Zeit hatte, da er den ganzen Tag mit den Korrespondenten aus aller Welt telefonierte. Auf der Suche nach aktuellen Themen. Viele Korrespondenten kamen selbst in die Redaktion, wie Gustav René Hocke aus Rom und andere. Ausführliche Gespräche, neue Themen. Ich durfte Meldungen über Aufstände in der Mongolei und Unruhen in Malaysia redigieren, deren Veröffentlichungs-Quote allerdings gegen Null tendierte.

Saeckel war kein Erbsenzähler, aber ich arbeitete nie mehr mit einem Redakteur zusammen, dessen Augenmerk so gründlich auf Genauigkeit gerichtet war.

Ich erlebte aus nächster Nähe die Granden der Redaktion wie Hans Ulrich Kempski, W. E. Süskind, Erich Kuby, Ernst Hess, den späteren »Peter Brügge«, Hans Mollier und Wilhelm Hausenstein, der bald der erste Botschafter der Bundesrepublik in Paris werden sollte. Sie und viele andere prägten die Basis der »Süddeutschen« als einer großen, liberalen Stimme im deutschen Meinungs-Konzert. Ich selbst kam erst viel später ausführlicher darin zu Wort, als mich Franz Freisleder einlud, für seine Lokal-»Spitzen« aktiv zu werden. Das sind Münchner G'schichten, die es so als Einstimmung in die lokale Berichterstattung nur in München gibt. Gemüts-Journalismus, der den Flair der »Süddeutschen Zeitung« mit ausmacht. In München sind die Literaten.

W. E. Süskind, Thomas-Mann-Freund, Sprachforscher und Feingeist von Rang (»Vom ABC zum Sprachkunstwerk«) und Vater des »Parfüm«-Autors Patrick Süskind, war sich nicht zu schade, Zensuren an uns zu verteilen. Süskind fehlt heute. Er hätte in Zeiten unserer Sprachverwilderung viel zu tun. Ich lese mit Schaudern immer wieder das Wort »durchführen«, das Süskind so hasste, weil es aus dem Sprachgebrauch der Nazis stammte. Aber das Wort will nicht verschwinden.

Von der Außenpolitik ging ich meinen Weg weiter durch Redaktionen und Sensationen. Ich empfand meine Lehrzeit dort als positiv, doch ich wollte Bewegung. Draußen sein bei den Menschen und ihren Aktionen. Themen aufreißen. Spürhund spielen. So landete ich im obersten Stockwerk des Verlagshauses an der Sendlinger Straße, wo ein paar Redakteure in engen Räumen die »Abendzeitung« zusammenbastelten.

Chef des Münchner Teils war der Hans Habe-Schulfreund Friedrich Wilhelm Maschner aus Wien, einer meiner originellsten und fruchtbarsten Lehrmeister. Maschner war mit Habe in Wien zur Schule gegangen, wenn auch nicht in dieselbe Klasse, denn er war jünger als Habe. Doch die beiden kannten sich aus jener Zeit und seit den allerersten Nachkriegsjahren nach 1945 arbeiteten sie eng zusammen.

Maschner, ein Mann voller Witz und immer glänzender Laune, hatte seine Laufbahn in Wien als »Kolporteur« begonnen. So nannte man die Reporter, die die Zeitung auch selber verkauften. Maschner schrieb für das Boulevardblatt »Depeschen«, stellte sich an die Zufahrt zu einem Fußballstadion im Prater und hatte glänzende Verkaufserfolge.

Friedmann muss diese Art des Zeitungsverkaufs gekannt haben, denn eines Tages forderte er uns auf, unser Blatt sozusagen als »Kolporteure« auch selbst zu verkaufen, wobei er mit gutem Beispiel voranging und aus einem Kiosk heraus sein Blatt feilbot.

Heute haben wir nur noch stumme Diener als Straßenverkäufer.

Als der Krieg ausbrach, zog man den Kolporteur Maschner zur Wehrmacht ein, von der er 1945 in Bad Reichenhall »abgerüstet« wurde, wie er es nennt. Bad Reichenhall war neben München eine ganze Weile die bedeutendste Medienstadt im Süden Bayerns unmittelbar nach dem Krieg. Die Amerikaner hatten dort die umfangreichen Büros und Versorgungsgebäude der Nazis übernommen, die diese für ihre Parteibonzen, Bürokraten und Versorgungs-Dienststellen errichtet hatten, um Hitlers Anschluss an den Rest der Welt auf seinem Berghof am Obersalzberg komfortabel zu garantieren.

Die Amerikaner gaben in Reichenhall eine deutsch und englisch geschriebene Zeitung heraus, bei der Maschner anheuerte. Jede neue Nummer musste er vom amerikanischen Press-Officer in München vor Erscheinen genehmigen lassen. Er fuhr dazu jeweils am Freitag nach München, wo ihn hocherstaunt gleich beim ersten Mal sein Schulfreund Habe empfing. Beide waren erfreut, sich wieder zu sehen. Habe schleuderte aber auch

Maschner zum Empfang seinen Standardsatz entgegen, den ihm alle Deutschen beantworten mussten, ehe er ihnen überhaupt zuhörte: »Wenn Sie ein Nazi waren, lass ich Sie einsperren!«

Habe war freilich keinesfalls so einseitig, dass er als Chef der »Neuen Zeitung« gar nichts mehr mit den Nazis zu tun haben wollte. Im Gegenteil. Er veröffentlichte mit Vorliebe Berichte, die deren Niedertracht und Gemeinheit, aber auch ihr Wohlleben auf Kosten des Volkes, dem sie sich gerne als Helden voll Opfermut darstellen ließen, in den Blickpunkt rückten.

In Reichenhall wimmelte es zu Maschner Zeit unmittelbar nach dem Krieg von Nazi-Helfern, ehemaligen Mitarbeitern und Nazi-Dienstboten.

Maschner riss die Friseuse von Emmy Göring, der »Hohen Frau« und First Lady des Hitlersystems auf, interviewte sie und brachte seinen Bericht am Freitag Hans Habe mit. Der druckte ihn sofort ab, und damit nahm allerdings eine journalistische Nachkriegs-Darstellungsform ihren Anfang, die man nicht gerade zu den Glanzpunkten in der deutschen Mediengeschichte rechnen kann. Berichte und Geschichten über die Geheimnisse Hitlers und seiner Bonzen. Und die ihr unrühmliches Ende mit der Veröffentlichung der gefälschten Hitler-Tagebücher im »Stern« erlebte.

Die Berichte aus Reichenhall, die Maschner an Habe weitergab, waren freilich nicht erfunden, sondern sauber recherchiert und originell geschrieben.

Durch das Zusammentreffen kam es zu einer Zusammenarbeit mit Maschner für Habes »Neue Zeitung«. Die »Süddeutsche« war mit einigen wenigen Ausgaben pro Woche gerade gestartet und Habe kontrollierte sie vor Erscheinen genauestens. Dabei übersah er nichts. »Habe war in der Lage, über mehrere Seiten hinweg auf der vorletzten Zeile noch einen Satzfehler aufzuspüren, der allen anderen vorher entgangen war«, erinnert sich Maschner, der heute hochbetagt in München lebt. »Hans Habe war raffiniert und ausgekocht. Er bleibt für mich das Urbild eines Journalisten.« Als die Amerikaner ihr zweisprachiges Blatt in Bad Reichenhall einstellten, empfahl Habe seinen Schulfreund an Friedmann, der ihn zur »Abendzeitung« holte.

Diese hatte sich bis dahin etwas verkniffen und ziemlich giftig fast ausschließlich mit der wilden bayerischen Innenpolitik profiliert. Doch die allerersten Nachkriegsjahre waren mittlerweile vorbei und Maschner brachte neue Töne in die noch junge Zeitung. Er holte Witz und Wiener Schmusigkeit, freche Kommentare, Fotos, Charme und gute Laune in den Münchner Teil. Die Zeitung wurde aufregend.

Meine Berichte, die ich bald anbrachte, pepte er mit witzigen Überschriften auf. »Frühlingsfest wird morgen eröffnet«, hatte ich kalkig und trocken über einen Artikel geschrieben. Maschner titelte »Frühling – frisch lackiert«. »Gewitter vertrieb Festgäste« hatte ich meinen Bericht über unser Sommerfest, die »Nacht der Flamingos«, überschrieben. Maschner zauberte daraus »Münchens schönste Frauen im Hagelsturm«. Ein andermal meldete ich nüchtern und matt »Schwabing feiert wieder«. Bei Maschner hieß das in Anspielung auf ein Thomas Mann-Zitat »In Schwabing leuchten wieder die Sterne«. Die Zeitung blühte auf und wir mit ihr.

Aus Prag war Walter Tschuppik gekommen, dessen Boulevardblatt sich dort neben dem »Prager Tagblatt« und der »Deutschen Zeitung« nicht hatte halten können. Tschuppik war ein Verrückter, der immer haarscharf entlang der Wirklichkeit titelte. Als er eine Schlagzeile brachte, »Krieg gegen Tito«, und ganz klein darunter »Unmittelbar bevorstehend«, war seine Karriere zu Ende.

Maschner stieß unsere Nase auf neue Themen und Inhalte. Die Arbeit mit ihm war voll Leidenschaft und Feuer. Bald ergänzte Dieter Stolze dessen Lehrtätigkeit und nahm mich ins Rathaus mit. Maschners Temperament, seine Raffinesse im Umgang mit Lesern und seine Hinwendung an Alltagsthemen sind bis heute wichtige Zutaten für eine interessante Zeitung geblieben.

Tschuppiks unrühmlicher Abgang war eigentlich – das kann man so sagen – von Tragik umwittert. Mit seiner Art, Zeitung als »Revolver-Journalismus« zu machen, ging eine Periode zu Ende. Dabei war Walter Tschuppik zu Beginn der 30er Jahre Friedmanns Entdecker und Lehrer gewesen. Er leitete bis zu seiner

Flucht nach Prag die »Süddeutsche Sonntagspost«, ein in Bayern äußerst volkstümliches Blatt. Friedmann schrieb für Tschuppik, und als nach dem Krieg der Aufbau der Zeitungen neu begann, holte er seinen Lehrer zu seiner Neugründung, der »Tageszeitung«, die dann zur »Abendzeitung« wurde.

Tschuppik war fast sowas wie ein Zeitungs-Romantiker. Er hatte den »Abendzeitungs-Marsch« komponiert, den er jeden Morgen mit der Redaktion vor Arbeitsbeginn anstimmte.

Er war von der Allmacht der Presse felsenfest überzeugt. Wenn er dem roten Zaren Stalin in Moskau eins auswischen konnte und dies möglichst reißerisch veröffentlichte, jubelte er regelmäßig: »Da wird sich Stalin den Arsch aufreißen.« Er glaubte allen Ernstes daran, seine Aktionen und Enthüllungen würden in der Welt irgendwas bewegen. Dieser mediale Allmacht-Glaube ist gefährlich und kann zu verheerenden Trugschlüssen führen.

Obwohl Friedmann inzwischen weit höher stand als Tschuppik, verlor der Sanguiniker Tschuppik einmal bei einer Diskussion vor der gesamten Redaktion die Nerven und er verabreichte seinem einstigen Schüler eine schallende Ohrfeige.

Tschuppik war Kraftmeier und Zeitungs-Diktator und Friedmann ganz im Gegensatz dazu demokratisch, liberal und ausgleichend. Erst als die Tito-Schlagzeile kam, riss Friedmann die Geduld. Nach Tschuppik folgte Rudolf Heizler. Vergessen konnten wir den wilden Mann jedoch nie. Er verstand sich als Autokrat, auf den die Welt hörte!

Dieter Stolze, von dem noch ausführlich die Rede sein wird, ahnte den Wirtschaftsaufschwung mit einer boomenden Börse voraus. Sein Interesse galt daher immer stärker Wirtschaftsthemen, die er mit viel Geschick aufbereitete und in die Zeitung brachte. Stolze war der erste deutsche Journalist, der in einer Boulevard-Zeitung einen perfekten, leicht verständlichen Wirtschaftsteil etablierte.

Dies war ein großer Erfolg, der seinen weiteren Lebensweg bestimmen sollte.

Es ist nicht einfach, die Position zu finden, in der Journalistenarbeit Spaß macht und Erfüllung gibt. Es dauerte nicht lange, da übertrug man mir die »Nachtausgabe«, von der ich schon berichtet habe. Von da war es nur noch ein Schritt zur Leitung der Münchner Lokalredaktion der »Abendzeitung« selbst, die Friedmann gefordert hatte. Ich hasste erst diesen Job, denn nun saß ich erneut am Schreibtisch. Doch ich musste in den sauren Apfel beißen. Ich konnte ja trotzdem draußen immer wieder auch als Reporter auf die Pirsch gehen. Das sah ich bald als äußerst angenehm. Denn ich konnte meine Beiträge selber ins Blatt nehmen, ohne dass sie von einem hundsgemeinen Streich-Rambo verstümmelt wurden.

Zum Glück hatte ich bald einen kleinen Mann an meiner Seite, der ein Riese war. Er bleibt für mich der beste Münchner Polizeireporter der Nachkriegszeit, Rudolf (mit f geschrieben) Crusius. Mit seinem Rivalen Will Berthold von der »Süddeutschen« ständig im Clinch. Rudi hatte eine kolossale Eigenschaft. Er konnte Informationen auf der Gegenseite vom Schreibtisch ablesen, die sein Gegenüber gerade vor sich aufgeblättert hatte. Ein Polizeichef. Ein Arzt oder Anwalt. Dadurch wunderten sich immer mehr Menschen, dass Informationen bei mir im Blatt standen, die sie eigentlich fest unter Verschluss hielten. Crusius wusste einfach alles lange vorher und schaufelte mir täglich ein Panorama des Entsetzens auf den Tisch, Spiegel des Alltags.

Mord und Totschlag. Vergewaltigungen und Raubüberfälle. Attentate. Bestechung. Erpressung. Kindsmisshandlung und Unterschlagungen. Meineid und Bandenkriminalität. Väter, die ihre Kinder missbrauchten. Anwälte, die mit Mandantengeldern Highlife spielten. Detektive, die aus dem Kaufhaus, das sie sichern sollten, Wagenladungen von Waren wegschafften. KO-Tropfen in der Münchner Traditionsgaststätte. Banker, die Kundengelder verjubelten.

Frauen, die ihren Ehemann über Jahre mit Rattengift ruinierten. Ärzte, die Patientinnen in der Narkose vergewaltigten und der Zahnarzt, der seine tote Frau in einem Jutesack im Bodensee versenkt hatte.

Ein ziemlicher Schock für mich. Ja, fast so was wie eine Lebens-Wende. Ich liebte Rilke, Stifter, Thoma, Gottfried Benn, Brecht, Goethe. Gemüt und Herz. Zauber von Worten. Und jetzt das tägliche Trommelfeuer aus den Polizei- und Gerichtsberichten! Ich atmete tief durch und lebte mein Leben, um Rilke zu variieren, in ziemlichen Sprüngen.

Die Lokalredaktion der Zeitung ist ein Zentralbahnhof, auf dem die Züge aus allen Richtungen ständig ineinander krachen. Schlachtfeld mit Siegen und Niederlagen. Ständig Krieg ums »Drinstehen« und Veröffentlichtwerden. Oder nicht »Drinstehen«. Fotos, Artikel, Informanten, Mode und Modelle, Gerichtspräsidenten und korrupte Baureferenten, Bandenkrieg und Messerstechereien. Standlbesitzer und Konzerne. Die einen wollten im Blatt stehen. Für die anderen konnte dies tödlich sein.

Viele stürzten sich selbst in die Schlacht und trotz massiver Abschottung und Gegenwehr durch unsere beiden Portiers drangen sie in unsere Redaktionsräume vor. Künstler und solche, die es nicht werden konnten, machten vor Ort Eigen-PR. Ermano Sens-Rotholz, Opernsänger und letzter Schüler von Benjamino Gigli, der erst vor kurzem wieder Schlagzeilen machte mit seiner Idee eines Festspielhauses für Baden-Baden, mit dem er Salzburg und Bayreuth übertreffen wollte.

Er sprang auf meinen Schreibtisch und schmetterte »Lady of Spain«. Die Sens-Rotholz-Idee von einem Festspielhaus ist verwirklicht. Aber ohne ihn. Da waren zu viel Cleverles am Werk. Inzwischen hat sich herausgestellt, dass keiner hingeht. Das Haus steckt in Schwierigkeiten, die der gute Sens-Rotholz nicht ahnen konnte.

Ein andermal die bildhübsche Daphne, Mannequin ihres Zeichens. Sie kommt im Pelz herein, öffnet ihn weit und ist splitterfasernackt darunter. Genauso wolle sie ins Blatt, lachte sie schrill und mir blieb die Luft weg. Die buddhistischen Portiers hatten schon Recht. Die Zeitung blieb »a Gaudi«. Eine Rutschbahn.

Auch unter den Mitarbeitern Dauerkrieg. Ein glanzvoll geschriebener Artikel mit Exclusivfotos schrumpft zu einer Zehn-Zeilen-Meldung, und verschwindet eines Tages ganz. Nicht mehr aktuell! Aufreibende, wochenlange Recherchen umsonst. Die

Mitarbeiterin hat Tränen in den Augen, als ihr das ganze Ausmaß der Katastrophe klar wird. Ihre ganzen Mühen vergeblich. Ihre Informanten enttäuscht. Frust und Wut als Echo. Schuld immer ich. Immer und immer wieder.

Zwischen allem die Druckfehler- und Satzteufel, die ihr unberechenbares und zynisches Spiel treiben.

Entnervt düste ich Freitag Nacht in meine Badehütte am Ammersee. Mondschein. Endlich Ruhe. Doch mittendrin verdächtige Geräusche am Fliegengitter des weit offenen Fensters. Ein Voyeur? Oder wollte mir ein Gewalttäter einen Denkzettel verabreichen, dem ich mit einer Veröffentlichung in die Quere gekommen war?

»Hilfe!«, schrie ich und rannte in den nächtlichen Garten hinaus. Ein paar Häuser weiter der Münchner Kripochef, der immer eine geladene Pistole mit sich herumtrug. Er sitzt noch mit Freunden auf seiner Seeterrasse, feuert in den Nachthimmel und stürzt herüber, um mich zu retten.

Und ich hatte erst vor kurzem seinen Rücktritt gefordert! Das fand ich nobel von ihm, der mich auch eiskalt meinem Schicksal hätte überlassen können.

Am nächsten Morgen dann ein Blick ins Blatt, den ich am Abend völlig erschöpft nicht mehr getan hatte. Ich hatte den »Andruck« nicht mehr durchgelesen. Das war ein schwerer Fehler, wie sich jetzt zeigen sollte. Oh Gott! Der Druckfehlerteufel! Er hatte den Namen Franz Josef Strauß ins chinesische gewendet. Er hieß in einer Überschrift jetzt »Stlauß«. Es kam knüppeldick. Ein von mir in einem Artikel rausgeworfener Absatz stand dennoch auf der Seite. Zusammenhanglos. Ich raufte mir die Haare.

Das liebevoll gestaltete Feature über die »Stadt von morgen«, Fotos, die schon seit Monaten auf ihre Veröffentlichung lauerten, suchte ich vergeblich. Sie war schon wieder mal vom Sport aufgefressen worden. Weil bei den neuseeländischen Schwimmmeisterschaften im Unterwasser-Biathlon die Unseren um ein tausendstel schneller waren als die anderen und öfter trafen.

Sonntagnachmittag schon wieder mein Rangierbahnhof. Die

Ehegattin eines prominenten Geschäftsmannes erwartet mich bereits. Ihr Mann war alkoholisiert mit einer Bekannten schwer verunglückt. Ob sich denn eine Veröffentlichung mit etwas gutem Willen nicht verhindern ließe? Sie legte mir ein Buch auf den Schreibtisch, aus dem ein Blankoscheck herausspitzte. Ich gab ihr beides zurück. Ich war mir sicher, dass Freund Rudi bereits aus seinem Info-Gift-Schrank den Bericht fertig hatte, der am Montag erscheinen würde. So war es auch. Und die »Bekannte« war natürlich die Freundin des Mannes gewesen.

Rudolf Crusius war Reporter, der in Deutschland die ersten Krimiserien über große Verbrechen und Menschheitsunglücke schrieb. Erster einer langen Reihe von großen Journalisten, die schrieben, informierten und unterhielten. Die etwas zu sagen hatten. Hans Habe, Hans Helmut Kirst (08/15), Erich Kuby, Sigi Sommer und der Wiener Johannes Mario Simmel, der in der Münchner »Quick« seine ersten großen Romane veröffentlichte, die fast alle verfilmt wurden.

Will Berthold war so erfolgreich mit seinen Büchern, dass er sich wie Habe, Remarque und Kirst bald ins steuermilde Tessin zurückziehen konnte. Alle begannen sie als Reporter.

Bald war Crusius noch viel mehr für mich. Er lieferte mir die Schlagzeile des Jahres für unsere Faschingsausgabe. Sein Einfall zeigte, dass in einem Polizeireporter auch ein Satiriker und Zyniker steckt. Und so bewältigte ich endlich auch meine Nitribitt-Obsession.

Der tägliche Umgang mit Schreckensnachrichten, mit Verhältnissen »wie im richtigen Leben« kann zu den verschiedenartigsten Formen der Bewältigung führen. Journalisten müssen über die Fähigkeit verfügen, sich aufzuregen. Alles in Frage zu stellen. Misstrauen. Das Giftige. Das Aufrührerische.

Viele mutieren zum Satiriker und Zyniker.

Ich hatte mir in vielen Glossen und Pamphleten vor allem im Feuilleton immer wieder Luft gemacht. Mich engagiert. Und dort war Feuilleton-Fee Dorothea auf die Idee gekommen, mir die Redaktion der alljährlich erscheinenden Faschingsausgabe zu übertragen. Münchner Satire und Witz. Nirgendwo sonst gibt es mehr satirische Blätter in diesem Stil. München hat da seine eigenen respektlosen und aufrührerischen Pressetraditionen.

Diese Form der Satire entstand im preußischen Kaiserreich im Schwabing der Jahrhundertwende und konnte in der Faschingsausgabe der »Münchner Neuesten Nachrichten«, der Vorläuferin der »Süddeutschen«, unglaublicherweise noch bis 1937 betrieben werden, wo man frech Nazi-Halunken und Mitläufer aufs Korn nahm und lächerlich machte. 1938 war dann Schluss mit lustig, und es wurde ernst. Wieder mal todernst in Deutschland.

Widerspruchsgeist loderte immer schon in München. Der »Simplicissimus«. Die Schwabinger Scharfrichter. Querdenker und Einzelgänger. Nie tierisch ernst, aber immer treffsicher. Ludwig Thoma, Karl Valentin, Bert Brecht, Sigi Sommer und viele andere große Namen.

Hintergründig. Eigensinnig mit Witz. In Bayern gehen die Uhren hinterfotzig. Ich holte mir für mein Satire-Blatt die besten, die ich kriegen konnte. Den Kommödchen- und »Spiegel«-Autor Martin Morlock. Dieter Hildebrandt. Den Karikaturisten Dieter Hanitzsch. Sandra Paretti. Den Schauspieler Walter Sedlmayer. Er war selbst eine böse Münchner Geschichte. Gastronom. Kultstar. Im Bett seiner Schwabinger Wohnung erstochen. Und auch Helmut Fischer kam und schrieb mit. Wolfgang Christlieb verspritzte Gift und Galle im Kanon unserer Satire.

Wir lachten viel. Journalisten lachen anders. Tiefer. Aus ihrer vermeintlichen Überlegenheit über den für sie verblödeten Rest der Menschheit kommt dieses Lachen. Aber es wird weniger gelacht. Auch von Journalisten.

Sechs Minuten lacht jeder Deutsche pro Tag. 1960 waren es noch 18. Wenn es so weitergeht, würde im Jahr 2022 allen das Lachen vergangen sein. Aber in München wird man mit Sicherheit noch eine Weile weiter lachen.

Warum ist diese Form des Journalismus, die es schon in der Antike gab, die der Simplicissimus um die Jahrhundertwende weiterführte, die Wedekind, Tucholsky und Thoma pflegten, heute beinahe ausgestorben? Die Überpointierung als Stilmittel.

Sind unsere Zustände selbst die Parodie, die keine Überpointierung mehr erforderlich machen?

Ein klitzeklein-wenig Satire tragen die Karikaturisten weiter und die Münchner Dieter Hanitzsch, Horst Haitzinger, Ironimus und Ernst Maria Lang, um nur ein paar Namen zu nennen, sind die Großen, neben einem beachtlichen Häuflein anderer.

Die Satire ist ein letzter Anker im mentalen Überlebenskampf, der so bierernst geworden ist im Land. Dieter Hildebrandt und sein »Scheibenwischer«: Ein erlösendes Lachen in einer ziemlich witzlosen, todernst gewordenen Zeit!

Bei Bier, Radi und »Weißen Würsten« (So eine Ossi-Moderatorin über Münchens geheiligtes Grundnahrungsmittel Weißwurst – Wie soll da zusammenwachsen, was zusammengehört?) kamen wir mühsam voran. Befetzten uns. Es war alles ein richtiges Gewurl, bei dem sich Sedlmayer und Fischer, Hildebrandt und Christlieb in die Haare gerieten. Aber eine griffige Headline wusste auch keiner.

Dann kam der Befreiungsschlag doch. Von meinem Rudolf Crusius, der so viel über die Nitribitt geschrieben hatte. Vom Frust zum Gift über die Satire? Zur Überpointierung?

»Auch Adenauer war bei Rosemarie« schlug er mir als Headline vor. Oh ja! Eine Bombe. Das war's. In München sieht man vieles doppelt. Gebrochen durch Ironie und Sarkasmus. Alles nur ein Witz. Halb so wild. Jetzt wusste ich, was die Nitribitt war. Ein mediales Windei! Oder gar nur »Eselei«? Mehr mit Sicherheit nicht. Ich war von meiner Obsession befreit.

Diese Headline sagte unendlich viel aus: Alles an der Nitribitt nicht so wichtig. Aber auch: Selbst die Oberen konnten in diesem Sittendrama drinstecken! Es war irgendwie ein erster Schritt in eine andere Moral. Die Nitribitt hatte wie ein Spot auf die gesellschaftliche Szene gewirkt und sie decouvriert.

Ein anderes »mediales Windei« hatte die Menschheit zu Beginn des Jahres 1999 zu verkraften, nur weil jemand auf die Idee gekommen war, aus einem Nichts viel Geld zu zapfen. Diesmal kam die Geschichte aus den USA und das Mädchen, das im Mittelpunkt stand, hieß Monica Lewinsky. Eine ganz und gar andere

Geschichte als die der Nitribitt, aber die multimedialen Auswirkungen ihrer kurzen Laufbahn im Weißen Haus waren ähnlich bizarr.

Ein paar Doktorspiele reichten aus, um das Pummelchen (Eine Münchnerin bei einer Signierstunde in einem Kaufhaus: »Mei, is die dick!«) ein wenig weltberühmt zu machen. Freilich war dazu die gütige Mithilfe und Phantasie von Herrn Andrew Morton für diese »trostlose Geschichte« erforderlich. Morton hatte schon mal Lady Di zur Heiligen verklärt. Aber das war die längst vergessene Monica nun wirklich nicht.

Anfangs mussten die RTL-Leute 600 000 Mark berappen, um sozusagen als Zaungäste innerhalb eines anderen Interviews ein paar Fragen bei ihrem Interview beantwortet zu bekommen. Während Rosemarie Nitribitt erst nach ihrem Tod so richtig berühmt wurde, stürzte der Kurswert von Moni noch während der Promotiontour zu ihrem Buch ins Bodenlose. Zum Schluss wurden den Reportern Interviews mit Moni sogar nachgeworfen. Aber niemand wollte sie mehr.

Wieder mal so 'ne mediale »Eselei«? Mit Sicherheit! Obwohl beide Fälle so gut wie nichts miteinander zu tun hatten, sind sie doch im Kern ähnlich. Sie sind Märchen. Vielleicht vom Aschenputtel, oder von Schneewittchen, das wachgeküsst wird von einem Prinzen. Und dass unser »Prinz« in Deutschland der alte Adenauer war – dies war wohl der Witz an meiner Schlagzeile, die Deutschland zum Lachen brachte.

Sind Journalisten Märchenerzähler? Ach ja, auch. Und dies ist nicht mal ihre schlechteste Rolle, die viele spielen. Werner Friedmann, der ein sicheres Gespür für Leserwünsche und Erwartungen hatte, fand meine Headline von Anfang an brillant. Der zur Titelzeile gehörige Artikel Ironie: Adenauer habe wieder mal seine Blumen bei dem Mädchen Rosemarie gekauft.

Hildebrandt hob den Daumen. Sedlmayer war einverstanden. Der Vertriebsmann, der von mir immer zugkräftige Schlagzeilen und Aufreger gefordert hatte, war entsetzt. »Majestätsbeleidigung«, donnerte er. »So ein verdienter Mann wie Adenauer in den

Dreck gezogen«! Niemals werde er diese Zeitung vertreiben. Wir würden ruiniert sein. Er bat mich eindringlich, diesen Titel wegzulassen.

Aber Deutschland lachte. Und Rudi bekam nicht mal 50 Mark Honorar für seinen Einfall. Es gab dennoch heftigen Zoff. Ich hatte schlaflose Nächte. Satire in Deutschland ... das geht kaum! In diesem ernsten Land ist diese Form des selbständigen Denkens offenbar gefährlich.

Bei Sendungen der Lach- und Schießgesellschaft blendete sich das Bayernfernsehen schon mal aus. Es gab wütende Kritik und schon im Vorfeld Ablehnung. Aber der Vertriebsboss konnte nicht verhindern, dass die Zeitung dennoch ein Hit wurde. Selbst Adenauers Pressechef Felix Eckardt gab Laut.

Der Alte habe gestaunt, was man ihm noch alles zutraue. Aber er werde uns Aufrührer aus dem Bayerischen trotzdem festsetzen lassen, lachte Eckardt bei seinem Anruf in der Redaktion. Schade, dass er es nicht getan hat! Das wäre endlich ein echter Witz gewesen. Wir hatten jedenfalls einen Nerv getroffen.

Die Auflage erreichte nicht die Millionen-Höhen von Habes Schicklgruber-Schlagzeile in Wien, aber sie war überwältigend. Die einen hielten mich für den großen Satiriker und Macher. Die anderen verdammten mich.

Armes witzloses Deutschland! Der Kreis schloss sich. Es gab heftigen Widerspruch. Es kamen wütende, bösartige Briefe und Karten mit den Worten »Vaterlandsverräter«, »Gemeiner Drecksack« und »Denkmalschänder! Einsperren sollte man dich«. Satire in Deutschland gilt als »Nestbeschmutzung«.

Das Hin und Her, die Attacken vieler Leser hatten enorm an meinen Nerven gezerrt. Es war verrückt. Zum ersten Mal kam ich auf den Gedanken, eines Tages vielleicht mal was ganz anderes zu machen. Nicht mehr auf dem Rangierbahnhof stehen. Wo die Züge ineinander krachten. Journalistengift als Ferment des Denkens kann auch im Selbstversuch wirksam sein. Ich stellte mir selber Fragen. Wie weit konnte man gehen? Gab es ein Leben nach der Zeitung?

Ich war auf den Bauch gefallen. War wütend. Niemand dachte daran, mich aufzuheben. Friedmann lachte mich aus. Journalisten-Risiko! Ich müsste einfach wieder aufstehen. Ach ja, es war aber doch irgendwie alles ... ein ziemlicher Dreck. Ungerecht. Und außer von Friedmann kein gutes Wort von jemandem für mich. Ich war enttäuscht. Gerade weil mir die Arbeit an unserem Satireblatt so viel Spaß gemacht hatte. Ich hatte noch nicht begriffen, dass das Wort Dank bei Medien und auch sonst ein Fremdwort ist. Aber diese Erkenntnis sollte mich noch öfter heimsuchen.

In der Schachtel ist immer weniger drin, als man denkt. Gab es nicht ganz andere Ziele?

Journalistengift ... Die Welt war ganz schön ungerecht. Aber das war vielleicht gut so.

Werner Friedmann zog mich schließlich mit seinem wunderbaren Leitmotiv für Journalisten doch wieder hoch: »Was wir verändern können, müssen wir verändern.«

# Vom Hinsehen und Wegsehen

Vom Hinsehen und Wegsehen. Nur auf die Spitze der Gipfel blicken, die das Leben freigibt. Nur dies dürfe die Folie sein für den Bühnenautor. Die Spitzen der Emotionen und Ereignisse. Er müsse den Kern einer Geschichte herausstellen und daraus das Geschehen auf der Bühne formen. So der »Kommunist« und »Kaviar essende Lebensschlaumeier« (Walter Kempowski) Lion Feuchtwanger. Ziemlich einseitig die Kempowski-Bemerkung. Denn wir in München lieben den Antifaschisten und Autor des Romans »Erfolg«. Doch dies nur am Rande.

Ganz anders der Journalist. Er muss ganz genau hinsehen, sich in die Geschichte hineinwühlen, versuchen sie zu »durchschauen« (Dorothea Federschmidt). Hinunter in die menschlichen Tiefen blicken. Gemeinheit, Verrat und Niedertracht darstellen, wo Menschen und Ereignisse aufeinander prallen. Ungeschminkt und exakt bis ins allerletzte Detail. Beschreiben, ablichten, was passiert ist. Interpretieren, verständlich machen. Nach meiner Zeit mit Wilhelm Saeckel machte ich bald die ersten Schritte als Reporter. Ich war kaum auf diesen neuen, ganz anderen Job vorbereitet. Journalismus ist immer auch learning by doing. Das immer Neue, Andere. Unbekannte.

Die Lokalredaktion der »Abendzeitung«, in der ich bald landete, war das wichtigste Ressort der ganzen Zeitung. Das wird immer so bleiben. Der Leser interessiert sich einfach mehr für die Frage, ob ein neues Fußballstadion gebaut, die U-Bahn bis vor die Wohnung geplant wird, als für Rebellenaufstände im östlichen Sudan.

In der Lokalredaktion schlägt das Herz der Zeitung. Sie steht rund um die Uhr in direktem Kontakt zu den Menschen der Stadt. Bei kleinen Zeitungen hält der Lokalredakteur die Kontakte ganz allein. Fährt zu Terminen. Fotografiert. Sitzt am PC. Das kann Spaß machen. Der »Münchner Merkur« hat sich mit seinen zahlreichen Lokalredaktionen in Oberbayern eine führende Stellung geschaffen. Bei einer Großstadt-Zeitung gibt es mehrere Ressorts innerhalb der Lokalredaktion.

Die Berichterstattung über Kommunalpolitik das wichtigste. Dann folgen die Polizei- und Gerichtsreporter. Veranstaltungen. Frauenthemen. Das Ausländerressort. In München für die Dauer des unsäglichen Faschings der »Faschingsreporter«. Fotografen und freie Mitarbeiter. Die Lokalredaktion ist ein Universum für sich.

Ich saß bald in Pressekonferenzen von Gewerkschaften oder Arbeitgeberverbänden. Wühlte mich durch Jahresberichte von Münchner Unternehmen, um eine brauchbare Zehn-Zeilenmeldung herauszudestillieren. Ich hörte den Polizeifunk ab und schickte Fotografen an Tatorte raus. Ich berichtete über Hochwasserkatastrophen im Donautal und Massenkarambolagen auf der Autobahn. Ein kurzes, erstes Gastspiel im Rathaus verlief – wie an anderer Stelle schon berichtet – wenig erfolgreich.

Rathausreporter der »Abendzeitung« war Dieter Stolze, den es aber mehr und mehr zur Wirtschaft hinzog. Stolze bat mich, seine Nachfolge zu übernehmen, und sagte mir seinen Satz: »Lass dich nie mit den Parteien ein.« Bald hatte ich von allen Beitrittserklärungen im Schreibtisch liegen. Ich füllte keine aus.

Stolze war ein großer Springer. Er machte eine bedeutende Karriere. Bald engagierte ihn die Hamburger ZEIT als Wirtschaftsredakteur. Wenig später war er Chefredakteur, Autor erfolgreicher Sachbücher und schließlich Herausgeber des Hamburger Blattes. Helmut Kohl holte ihn als seinen ersten Pressechef von Hamburg nach Bonn.

Das war ein ganz großer Sprung, aber ich kannte Dieter gut und wusste von Anfang an, er würde in Bonn nicht allzu lange ausharren. Er war Journalist, der viel Freiraum für seine Ideen brauchte, um sie umzusetzen. Schon nach wenigen Monaten warf er hin und ging als Medienberater zur Holtzbrinck-Gruppe.

Als wir uns in München trafen, lachte er: »Bonn ... nein, das geht nicht. Da bist du wie in einer riesigen Waschmaschine. Du kannst keinen klaren Gedanken fassen, dich keinem Thema richtig widmen, weil du immer wieder von unvorhergesehenen Ereignissen überspült wirst.« Bei einer Italienreise ist Dieter kurz darauf, erst 61, tödlich verunglückt.

Dieter übergab mir also seinen Rathausjob, wo sich inzwischen das ganze Umfeld gegenüber der Ära des Thomas Wimmer von Grund auf verändert hatte. Mit dem erst 34 Jahre alten Hans-Jochen Vogel war der jüngste Oberbürgermeister der Republik auf Wimmers Stuhl gekommen. Ein Mann, der sich in die Geschichte der Stadt und der Bonner Republik mit etwas größeren Lettern eintragen sollte und München voranbrachte. Die Zeit der Schutträumung war vorbei.

Der Stadtrat spiegelte im Kleinen die Verhältnisse wider, wie sie in größeren Parlamenten oder im Bundestag bestehen, wobei Parteipolitik nicht im Vordergrund stehen soll, sondern die pragmatische Arbeit für die Stadt. Die Parteien wetteiferten dabei, möglichst erfolgreich vor ihren Wählern dazustehen und mit den Presseleuten Interpreten für ihre politischen Ideen zu finden. Nach ihren Vorstellungen hätte dies eine Art Dauer-PR-Veranstaltung sein können, bei der sich die Reporter allerdings immer auf politischem Glatteis bewegten. Es ging darum, niemanden zu bevorzugen. Um Ausgewogenheit der Berichterstattung.

Aber Ausgewogenheit ist natürlich langweilig. Die Reporter wetteiferten daher ihrerseits, die Sitzungen und Vorgänge im Rathaus auf Events, Skandale oder Unregelmäßigkeiten abzufischen und sie möglichst rasch an die Leser weiterzugeben.

Es war ein ziemliches Hauen und Stechen. Vogel überflutete die Öffentlichkeit mit Vorlagen, Planungen und Visionen. München sollte vorankommen. Die Krönung all seiner Bemühungen war schließlich die Vergabe der Olympischen Spiele 1972 an die Stadt. Die Welt vertraute Deutschland wieder. Das war gut. Die Spiele bescherten München endlich das moderne Sportstadion mit Zeltdach, die U-Bahn und noch viele weitere Einrichtungen. Das Millionendorf, wie man die kleine Stadt damals nannte, blühte auf.

Vogel war es gelungen, eine Art große Rathaus-Koalition aller Parteien zu schmieden, denn im Rathaus sollte es ja in erster Linie um sachliche Arbeit zugunsten der Bewohner der Stadt gehen und nicht um große Politik.

Er setzte in München völlig neue Akzente. Da war die schon erwähnte Öffnung für die Medien. Da war die Bürgerbeteiligung und Befragung bei allen großen Bauvorhaben der Stadt. Da die Berufung von Fachleuten und Beratern von außen und eine stärkere internationale Orientierung. Und schließlich die Aussöhnung mit den vertriebenen Münchner Juden. Um Münchens Ruf zu verbessern und ein neues, positives Image zu schaffen.

Bald zeigte sich, im Rathaus war im Gegensatz zur Zeit Wimmers auch eine völlig neue und ungewohnte Situation zwischen Politikern, Verwaltung und Journalisten entstanden: Vogel hatte das Rathaus für die Medien weit geöffnet und anstatt Vorgänge zu verbergen oder zu verkleistern, ging er offen auf die Medien zu. Das Rathaus wurde zum Glashaus.

Man konnte ihn immer erreichen, ja, selbst im Treppenhaus des Rathauses war er für mich einmal ansprechbar. Friedmann hatte mich mit der Frage losgeschickt, warum München keinen Shakespeareplatz habe. Vogel war natürlich von der Frage völlig überrascht und konnte sie auch nicht sofort beantworten. Wahrscheinlich war die etwas komplizierte Schreibweise des Dichternamens die Ursache.

Bald kam aus dem Rathaus ein Anruf für mich, die Stadt werde einen Shakespeareplatz einrichten. Hans-Jochen Vogel war eben Virtuose im Umgang mit den Medien. Wir feierten den neuen »Shakespeareplatz« in Bogenhausen als einen Erfolg unserer Weltläufigkeit und berichteten ausführlich von der Anbringung der Namensschilder.

Dies war gut gewesen. Es kann aber auch gar nicht gut sein, wenn Journalisten in ein zu enges Verhältnis zu Politikern geraten. Es ist ein Drahtseilakt, hier die Balance zu finden, und journalistische Unabhängigkeit zu bewahren. Es gab später auf dem Stuhl Wimmers und Vogels im Rathaus auch blutige Laienspieler beim Umgang mit der Presse.

Einer von Vogels Nachfolgern ist der derzeitige Oberbürgermeister Christian Ude, der bald neben mir als Vertreter der »Süddeutschen Zeitung« auf der Pressebank Platz nahm und sich als Reporter im Rathaus sein Jurastudium finanzierte. Ich kannte Udes Vater Karl gut, der Chronist des Schwabinger Künstlerlebens nach dem Krieg gewesen ist. Ude war Rheinländer, und viel vom Charme und der Umgänglichkeit seines Vaters erleichtert auch dem Sohn sein schwieriges Amt.

Ein weiterer, vor Ehrgeiz fast platzender Rivale für mich tauchte noch vor Christian Ude kurz auf der Pressebank auf. Es war Edmund Gruber, der ähnlich wie Dieter Stolze von hier aus zu großen Karrieresprüngen startete. Zunächst berichtete er für die »Süddeutsche« aus dem Rathaus. Bald schon war er ARD-Korrespondent in Israel und Chefredakteur der ARD. Hier gab er sich sehr eindeutig als rechter Ultra. War Gruber dies schon in München gewesen und hatte er sich beim Einstieg in seine Journalistenlaufbahn für »schwarz« entschieden, was ihm seine rasante Karriere bescherte? Bald geriet er in der Hamburger ARD-Zentrale mit dem liberalen, unparteiischen Hans Eberhard Friedrich massiv aneinander. Friedrich hat diese Kämpfe in seinem Buch »Journalistenleben« ausführlich dargestellt.

Nach all den Querelen mit Gruber reifte in Friedrich die Erkenntnis, bei den öffentlich-rechtlichen Fernsehstationen könne man nur dann Karriere machen, wenn man sich für »schwarz oder rot« entscheide. Da war was dran. Und doch nicht. Friedrich bewies selbst das Gegenteil.

Er gab sich im Sinne der klassischen Pressegrundsätze dieser Jahre parteipolitisch immer neutral und war einer der wenigen Fernsehjournalisten, die an dieser Haltung unerbittlich festhielten. Er hatte dennoch Erfolg. Insofern ist durch seine Laufbahn seine eigene Auffassung widerlegt. Aber er war eben der große Ausnahmejournalist und ist dadurch zur Lichtgestalt der

Medien geworden. Nicht jeder Journalist ist ein Hans Eberhard Friedrich.

Das Leben ist eine Baustelle. Gruber und Stolze stürmten bald ins »Big Business« des Journalistenberufes. Ingrid Gallmeister, die von BILD ins Rathaus geschickt worden war, stieg zur Chefreporterin des Hamburger Blattes auf und berichtete in dieser Position aus Tokio über G-7-Treffen oder aus Genf, wo sie die sowjetischen Führungs-Gerontokraten interviewte.

Einer blieb. Erich Hartstein, in seiner Position ein Münchner Kuriosum. Hartstein war Leiter des offiziellen Mitteilungsblattes der Stadt München, des »Stadtanzeiger«. Er veröffentlichte sämtliche amtlichen Bekanntmachungen, baute aber zugleich ein liebens- und lesenswertes Feuilleton auf und verspritzte trotz seiner halbamtlichen Position sehr viel Gift und Galle. Er kritisierte mit großer Kompetenz engagiert und sachlich Vorgänge und Pläne im Rathaus und schuf sich dadurch ein hohes Ansehen. Wir sahen in ihm eine Art »Übervater«, denn seine kritischen Anmerkungen waren von höchster Sachkenntnis getragen. Kompetenz auch in der Kritik schafft Anerkennung.

Auch Hartstein beschäftigte Ude und zahlte ihm Zeilenhonorar. Bald verschwand der Jurastudent, machte in der Partei Karriere und stieg als Rechtsanwalt zum Schutzherren der Münchner Mieter auf. Nach einer Zwischenstation als 2. Bürgermeister wählten die Münchner Ude zum Oberbürgermeister.

Im Umgang mit den Medien ist jetzt nach Vogel erneut ein gewiefter Experte am Werk. Mit seinen künstlerisch-literarischen Ausflügen steht er in Deutschland einmalig da. Ude tritt im »Hinterhoftheater« auf und ist Autor von Büchern. Zuletzt schilderte er in »Chefsache« seine Erfahrungen als Rathaus-Oberhaupt und stellte sein Werk bei Lesungen vor.

Die Vertreter der bayerischen Staatspartei tun sich mit diesem Politiker ziemlich schwer. Nacheinander verschlissen sie drei Kandidaten für das Amt.

Er macht es seinen Gegnern tatsächlich nicht leicht, dieser »Rathaus-Monarch«, zu dem ihn sein einstiger Arbeitgeber, die »Süddeutsche«, offiziell ausgerufen hat. Ude ist jedoch nicht nur

Begründer der »Rathaus-Monarchie«, einer noch nie da gewesenen Form bayerischen Königtums, wenn er in Karikaturen vornehmlich von Dieter Hanitzsch immer mit Königskrone dargestellt wird. Ude ist wohl der populärste Bürgermeister der Republik.

Als zu Beginn des Jahres 1999 allerlei Unklarheiten über den Euro aufgetreten waren, schlug die »Süddeutsche« doch allen Ernstes die Einführung des »Ude« als neue Währung vor, ergänzt vom »Hep«, benannt nach dem Vornamen eines weiteren Bürgermeisters, mit Namen Hep Monatzeder. Dieser ist Grüner und Ude lebt mit dieser Partei in bestem Einvernehmen. Keine Probleme. Wo Könige regieren, wird abgenickt, und so ist eben alles in München ziemlich anders, als woanders.

Der ironische Vorschlag hätte niemals gemacht werden können, wenn das Ansehen Udes in München nicht so hoch gewesen wäre. Jede Satire beruht auf Wahrheiten. Und die werden durch die Überpointierung erst wirksam.

Vieles ist nicht so tierisch ernst. In München leben die Literaten. In München schweben immer noch ein paar Staubpartikel aus alten Satirezeiten durch die Lüfte. Giftpfeile. Was ist wirklich wahr, was ist Spaß?

Dass Ude eine beachtliche Leistung als Rathaus-Politiker vollbracht hat, indem er liegen gebliebene Straßenbauprojekte wieder anfuhr, mehr Bauland auswies und die Neue Messe schuf, ist unbestritten. Dass er James Levine gegen Widerstände und böses Gekläff sogar aus der eigenen Partei von New York als Chef der Philharmoniker an die Isar holte, zählt sehr viel.

Mit Lorin Mazeel am Bayerischen Rundfunk und Zubin Mehta an der Staatsoper als weitere Pultstars bietet München jetzt ein musikalisches Dreigestirn, wie es keine andere Stadt vorzuweisen hat. Der neuerlich starke Ausbau zur Medienstadt ist auch auf die Münchner Lebensart zurückzuführen. Und die prägt Ude mit.

Die Vielfalt der Münchner Theaterlandschaft darf hier nicht übersehen werden, auch wenn gerade ein Theatermacher auf die Nase gefallen ist. Die Stadt wird's verkraften. Das alternative

Tollwood-Festival, der »Kunstpark Ost« – auch das ist München.

Auch medizinisch hat München viel zu bieten, mit seinem Herzzentrum oder mit Professoren wie Bruno Reichardt oder Jörg-Reinhard Siewert und anderen Forschern. Reichardt tauscht Herzen und Siewert Mägen aus. Er bastelt mit seiner Crew von Top-Chirurgen aus Därmen einen neuen Magen. Im Klinikum Großhadern der Urologen-Papst Alfons Hofstetter, der die Welt immer wieder mit medizinischen Innovationen überrascht.

Auch die Medien haben bestimmt zu der positiven Entwicklung der Stadt beigetragen. Doch jetzt besteht erneut die Gefahr der Übertreibung, und auch dazu neigen Medien sehr stark.

In den Glitzerjahren der Ära Vogel kam plötzlich der peinliche Slogan auf »München – Weltstadt mit Herz«. Dies klingt für den, der sich ein wenig woanders umgesehen hat, doch ziemlich kindlich, einfältig und provinziell. Die Stärke Münchens liegt ja gerade darin, keine ausufernde Weltstadt zu sein, wie etwa London, L. A. oder Mexico City. München hat immer noch eher das, um das es beneidet wird: Gemütlichkeit, Kleinheit, Überschaubarkeit, Sicherheit und Lebensqualität. Es ist die »sicherste« Stadt in Deutschland, trotz mancher stinkiger Polizeiskandale.

Journalisten bemühen sich um Wahrheit. Aber sie neigen auch dazu, Tatsachen ins Gigantische zu steigern, und vor dieser Gefahr stehen die Medien der Stadt erneut. »Glückliches München: So beliebt, so wichtig wie nie« jubelte eine Zeitung, als zwei Fernsehsender von der Alster an die Isar zogen und hier mehr Jobs in Zukunftsbranchen entstanden.

Bitte nicht wieder auf- und überdrehen! München als »Weltstadt«. Mit dem größten Bierfest der Welt. Mit »Weltspitze« beim Fußball. Mit den weltbesten Brauereien und »Festen von Weltruf« im Fasching. Die Welt schert sich um den Münchner Fasching überhaupt nicht. Das klingt kleinkariert.

Ude vorn, aber er ist nicht allein der Schöpfer dieser Entwicklung. Schließlich ist Bayern spätestens seit Strauß eine »Weltmacht« mit einer Staatskanzlei, größer als das Pentagon am Potomac River in Washington. Kommt von Strauß diese bajuwarische Kraftmeierei? Strauß sah sich als eigentlichen Außenminister der Republik, und sein Nachfolger in der Staatskanzlei drängt wie er in die Weltpolitik.

Journalisten sagen die Wahrheit. Sie versuchen es. Oft scheitern sie an Unsicherheit oder auch der Angst ihres Gegenübers. Oder dessen Tricks. Oder sie werden von anderen Interessen ausmanövriert. Journalisten werden auch missbraucht. Dies ist besonders bitter. Sie sind vor Gemeinheiten schutzlos.

Oft ist ein Rahmen vorgegeben, der aus traditionellen Situationen stammt. Man kann über Dinge hinwegsehen oder sie verschieden gewichten. Hinsehen und wegsehen. Ganz hundertprozentig sagen Journalisten die Wahrheit nicht immer, resigniert Thierry Chervel.

Aber wie die Wahrheit finden? Der Münchner Weltmann, Künstler und Krimi-Reporter Johann Freudenreich hat ein einfaches Modell, wie man der Wahrheit etwas näher kommt. Er teilte die Menschheit in zwei Gruppen ein. »Die einen, die mir die richtigen Nachrichten geben, und die anderen, die sie mir vorenthalten.« Wie aber, wenn die Nachrichtengeber lügen? Wenn die »Geber« besonders hinterhältig und clever sind? Die Frage nach der Wahrheit bleibt »mörderisch«!

»Der Reporter hat keine Tendenz, hat nichts zu rechtfertigen und keinen Standpunkt«, so der »rasende Reporter« Egon Erwin Kisch. Stimmt's? Es stimmt, aber im Strudel der modernen Medien wird das immer öfter verwischt. Kisch scheiterte selbst, als er zurück ins kommunistische Prag kam. Aber einige seiner Erkenntnisse blieben zeitlos.

Ist der Reporter nur der »platte Mensch«, von dem Schopenhauer spricht, der nur durch sein Werk »vermöge des Stoffes sehr wichtig« wird? Ja, auch. Doch Kisch meint zugleich: »Vielleicht ist der Reporter gar nicht so unwichtig in einer Welt, die von der Lüge unermesslich überschwemmt ist und darum bloß auf Unwahrheit ausgeht, weil er nur die Hingabe an sein Objekt hat. Nichts ist verblüffender als die einfache Wahrheit.« In München sagt man Wahrheiten immer noch manchmal in satirischer Verfremdung. Dann tun sie nicht so weh. Aber sie sagen mehr aus als alle anderen Wahrheiten zusammen. Weil sie den Hintergrund verdeutlichen.

Nachdenken und auch Selbstkritik sollten die wichtigsten Begleiter für Journalisten sein! Aber wie denn? Medien, Wirtschaft und Politik sind oft so stark versifft und verfilzt im Dschungel von Interessen und Macht, dass man nur noch schwer durchblickt und Journalistengift außen vor gehalten wird. Oder war das schon immer so? Es war schon immer so, zumindest ist es immer schon versucht worden. Und das wird sich nicht ändern!

Noch einmal Johann Freudenreich. Die, die Nachrichten geben, und die, die keine geben. Wenn aber die Nachrichtengeber nichts zu geben haben ... was ist dann? Im Kosovo-Krieg gab es ja nun viele Reporter vor Ort. Aber bei einem Ereignis wie diesem keine offiziellen Erklärungen zu bekommen, die man trotz aller Präsenz vor Ort auch braucht, das bedeutet für die Medien ein Problem. Das umso größer ist, weil diesen Krieg so oder so niemand recht verstehen konnte.

Vom Hinsehen und Wegsehen. Wir surfen noch einmal in jene Jahre, als man in München Aussöhnung und Wiedergutmachung anstrebte und die Stadt sogar zu glitzern begann. Und der Grundstein für den Erfolg der Stadt von heute gelegt worden ist.

Sehr positiv für Vogels politische Pläne war der Umstand, dass im Rathaus eine Art »KZ-Fraktion« das Sagen hatte. Sie bestand aus Räten aller Parteien und Schattierungen, die trotz unterschiedlicher politischer Gesinnung während der Nazizeit im KZ Dachau eingesessen waren. Auch Thomas Wimmer hatte zu ihnen gehört. Es waren radikale Nazi-Gegner und kämpferische Antifaschisten. Das verbindet. Lebenslänglich. Man verstand sich in den Grundelementen ohne viele Worte und Abmachungen. Man schätzte die wiedergewonnene Demokratie sehr hoch und war bereit, sie mit Klauen und Zähnen zu verteidigen. Es waren ausnahmslos überzeugte Demokraten.

Hauptvertreter dieser Richtung war der mittlerweile zum Stadtdirektor aufgestiegene ehemalige KZ-Häftling Rudolf Bößl, der sich nicht scheute, bei der Ehrung des Regierungspräsidenten durch die Stadt dessen NS-Parteimitgliedschaft anzuprangern. Bößl vergaß nie, mit welcher Brutalität die Nazis im Rathaus die Macht an sich gerissen hatten. Und wie man ihn ins KZ Dachau trieb.

Der Antifaschismus und die Wiedergewinnung der Demokratie waren die Eckpfeiler jener Jahre. München sollte wieder einen ehrbaren Platz »im Kranz der deutschen Städte«, einnehmen, wie Thomas Wimmer bei seinen Ansprachen hervorgehoben hatte.

München, die »Hauptstadt der Bewegung« mit ihrer Nähe zum KZ Dachau, hatte durch Naziherrschaft und Terror wohl den größten Imageschaden aller deutschen Städte in der NS-Zeit davongetragen. Dabei waren gerade hier um die Jahrhundertwende liberale Ideen und der Ruf der Stadt als erste Adresse für moderne Kunst und Kultur entstanden. »München leuchtete« hatte Thomas Mann in seiner Novelle »Gladius Dei« geschrieben. Nun war alles zerbombt und zerstört worden. Man wollte ein neues München schaffen. Man dachte dabei vor allem an Aussöhnung und Wiedergutmachung bei den vertriebenen jüdischen Münchner Bürgern. Damit hatten schon die von der Militärregierung berufenen Rathaus-Politiker begonnen.

Für den neuen Oberbürgermeister war dieses Bemühen um Wiedergutmachung und Aussöhnung eine Herzenssache. Dies war vielleicht der einzig mögliche Weg der Problembewältigung. Zu tief waren die Wunden gewesen, die Nazibarbarei und Verfolgung geschlagen hatten. Und zu frisch waren noch viele Narben.

Zeit, Furcht und Fremdheit stand zwischen den Menschen. Und doch kam alles ganz anders. Es begann eine gefühlige Zeit voll tiefer und herzlicher Menschlichkeit. Ich war bald mitten in diesem Thema drin. Jetzt erwies sich auch Vogels gutes Verhältnis zu den Medien als fruchtbar. Wir unterstützten die Pläne der Stadt publizistisch mit allem Nachdruck.

München ist die einzige Stadt der Republik, die selbst eine eigene Wiedergutmachung gegenüber den vertriebenen jüdischen Bürgern betrieb. Unabhängig von den Maßnahmen und Gesetzen, die von der Bundesregierung in Bonn beschlossen worden waren.

Dies alles ließ sich freilich nicht allein von München aus bewerkstelligen. Neues Vertrauen aufzubauen erforderte Reisen in andere Länder, Gespräche mit Politikern der Nachbarländer und vor allem mit Israel selbst.

Vogel machte sofort nach seiner Wahl Ernst mit dem Thema der Aussöhnung. Sein Einfühlungsvermögen und Engagement ließen ihn Abgründe und Gebirge überwinden, die Hass, Barbarei und Verfolgung zwischen Deutschen und Juden aufgetürmt hatten. Gerade in München waren Juden lange vor der Machtübernahme durch die Nazis besonders hinterhältig und brutal verfolgt worden. Schon in der Nacht vor dem Hitler-Marsch zur Feldherrnhalle, vor der sein Putsch kläglich zusammenbrach, drangen Nazischergen in Wohnungen und Geschäfte Münchner jüdischer Bürger ein, plünderten sie und nahmen Verhaftungen vor. Die massiven Proteste der Betroffenen verhallten ungehört.

Albert Einstein war von dem Treiben der Nazis so angewidert, dass er sich von München abwandte und bereits Ende der 20er Jahre seine Mitgliedschaft in der Bayerischen Akademie der Wissenschaften zurückgab. Bert Brecht ging, wie an anderer Stelle dargestellt, angewidert nach Berlin.

Das Verhängnis hatte seinen Lauf genommen. Rascher als erwartet, rissen die neuen Machthaber nach der »Nationalen Revolution« alle Fäden an sich. Die Leidenszeit der Münchner Juden begann. Die so genannten »Racheakte« beim Putsch im Jahre 1923 waren noch harmlose Vorzeichen gewesen gegen das, was nun kommen sollte. Damals hatte eine demokratische Polizei die Sicherheit sehr bald wiederhergestellt. Aber nun reichte der Terror quer durch die Ämter und Dienststellen, von unten nach oben und umgekehrt.

In München begann es zunächst mit Einzelmaßnahmen. Juden war das Betreten der öffentlichen Badeanstalten verboten, sie waren von bestimmten Veranstaltungen ausgeschlossen. Aber die Hetzpropaganda gab sich damit nicht zufrieden. In wüstester Form überschlugen sich bald nach 1933 die Zeitungen und die Rundfunkstationen. In dieser schweren Stunde wandte sich Dr. Neumeyer, der Präsident des Verbandes der Israelitischen

Gemeinden in Bayern, in einem Brief an den »Reichsstatthalter« Ritter von Epp und legte »schärfste Verwahrung ein gegen die ungeheuerlichen Anschuldigungen, die gegen uns deutsche Juden erhoben werden«. Und er fuhr fort: »Wir deutschen Juden haben stets für Deutschland gearbeitet, viele Tausende haben im Krieg ihr Leben für Deutschland geopfert, das Wohl des Vaterlandes war stets die höchste Aufgabe.«

Alle Geschäfte hatten sehr bald die Anweisung bekommen, an Juden nichts mehr zu liefern. Plakate kündeten: »Juden ist der Zutritt verboten!« Umgekehrt gingen die Zeitungen dazu über, »Arier«, die in jüdischen Geschäften einkauften, abzubilden und diskriminierende Unterschriften unter die Bilder zu setzen.

Hermann Göring hinderte dies allerdings nicht, dennoch in einem jüdischen Geschäft als Kunde aufzutreten. Er kreuzte, begleitet von seinem Adjutanten, bei Otto Bernheimer in München auf, verlangte Teppiche und Gobelins zu sehen und erwarb schließlich zwei Chinateppiche – für die nationalsozialistische Reichskanzlei! Vierzehn Tage nach dem Einkauf kam der Betrag von 36000 Mark bei Bernheimer in München aus Berlin an.

Wer von diesem Besuch allerdings erzählte, musste sich als gemeiner Lügner bezeichnen lassen und wurde verhaftet. Es begann die Zeit des Denunziantentums und der Blockwalter. Der Weg, den Otto Bernheimer gehen musste, obwohl gerade Göring sein Kunde war, gehört zu den bittersten Kapiteln des Münchner Judentums.

Den Apotheker Haefner verhaftete man und sperrte ihn nach Dachau, weil er geäußert hatte, das Geld für die vielen Fahnen, die jetzt überall in der Stadt flatterten, hätte man lieber Bedürftigen geben sollen.

Der Boykott jüdischer Geschäfte und umgekehrt das Verbot für Juden, beliebig einzukaufen, die Entlassung jüdischer Beamter und die Einschränkung der Zulassung jüdischer Studenten zum Hochschulstudium – all dies sollte nur ein Vorspiel für die »Reichskristallnacht« im Jahr 1938 sein. Im Alten Rathaussaal von München gab Joseph Goebbels am 9. November die Parole aus, die fürchterliche Folgen zeitigte. Die Synagoge in der Herzog-Rudolf-Straße wurde vom Feuer zerstört – wie unzählige andere jüdische Kultstätten im Bundesgebiet. Jüdische Geschäfte brutal demoliert, Schaufenster zerschlagen. Unzählige Juden verhaftet und in das Konzentrationslager Dachau eingeliefert. Nachträglich erklärten die Nazis die Vorfälle, die vor allem im Ausland ungeheures Aufsehen erregten, als einen Aufstand des Volkes gegen die jüdischen Ausbeuter – dabei kann davon keine Rede sein. In München, wie in den meisten Städten, handelte es sich um von der Partei gesteuerte »spontane« Aktionen, die von verbohrten SA-Leuten blindlings ausgeführt worden waren.

Doch die Verfolgungen gingen weiter. Von heute auf morgen mussten Dutzende von Familien aus ihren seit Jahrzehnten angestammten Häusern und Wohnungen ausziehen. Man wies sie in so genannte »Judenwohnungen« ein, die ohne jeden Komfort waren und aus einem einzigen Zimmer bestanden, in dem sich meist eine mehrköpfige Familie zusammendrängte. Der weithin sichtbare Judenstern mit dem »J« darin machte die immer kleiner werdende Gemeinde allen sichtbar.

Wie im ganzen Deutschen Reich, so beginnt man schließlich im Jahr 1941 auch in München mit dem Aufbau von Ghettos. In einem Barackenlager in Milbertshofen, das vorher an der österreichischen Grenze der illegalen österreichischen SA als Unterschlupf gedient hat, werden 900 männliche jüdische Bürger eingepfercht. Ältere, nicht mehr arbeitsfähige Männer bringt man zusammen mit Frauen und Kindern in das Kloster der Vinzentinerinnen in Berg am Laim.

Aber damit nicht genug. Während zunächst bis herein in die ersten Kriegsjahre die Auswanderung der Münchner Juden betrieben wird, geht man bald einen anderen Weg. Man verbringt sie in Konzentrationslager bis hinein nach Polen. Aus der Hölle der Gaskammern gibt es nur für ein ganz kleines Häuflein eine Wiederkehr. Die meisten der Verschickten sterben einen elenden Tod. Man weiß nicht einmal ihre Gräber.

Und doch verlöscht in dieser dunklen Zeit das Licht der Menschlichkeit nicht ganz. Es gibt gerade in München unendlich viele Beweise für die Hilfe, die »arische Freunde« ihren bedrängten Mitbürgern angedeihen ließen.

Die älteren Räte hatten den Naziterror in der Stadt noch selbst erlebt. Für den jungen Bürgermeister war dieser historische Hintergrund der Antrieb, möglichst rasch zu handeln. Eine seiner ersten Auslandsreisen führte ihn nach Israel, um abgerissene Fäden wieder aufzunehmen, neue Kontakte zu knüpfen und nach Spuren emigrierter Juden aus München zu suchen.

Die Stadt ging dabei ganz und gar unbürokratische Wege. So inserierte man in internationalen Zeitungen und forderte die vertriebenen jüdischen Bürger auf, sich bei der Stadt zu melden. Durch persönliche Schreiben an Juden, die sich selbst bereits wieder gemeldet hatten, wuchs langsam ein größerer Kreis von Namen. Ein anderer Weg lief über die deutschen Botschaften im Ausland. Es war mühselig. Niemand konnte wissen, wie die Reaktionen auf das Angebot der Stadt ausfallen würden.

Besondere Mühe verwandte man im Rathaus darauf, Prominente wieder in die Stadt zurückzuholen. Wiedergutmachung war Sache des Bundes. Aber die Rathaus-Politiker entwickelten ein ganz eigenes Münchner Programm, das bald deutliche Konturen annahm. Es wurde ein gutes Kapitel Münchner Stadtgeschichte.

München war ja bis zur Naziherrschaft eine Stadt mit bedeutenden jüdischen Namen und Traditionen gewesen. Die Feuchtwangers. Die Bernheimers. Die Familie Wallach. Hermann Levi, die Ärzte Dr. Spanier und Dr. Epstein. Albert Einstein. Der Philosoph Richard Königswald. Der Dirigent Bruno Walter. Sie alle wollte man wieder in die Stadt zurückholen, ebenso wie etwa Thomas und Golo Mann oder Oskar Maria Graf.

Aussöhnung über Gräben und Trümmer hinweg. Viele Schreiben und Einladungen fanden kein Echo. Die Menschlichkeit siegte dennoch. Es war vor dem Hintergrund von Scham und Schuld ebenso unfassbar wie beschämend, zu erleben, wie die vertriebenen Münchner Juden trotz aller erlebten Bitterkeit an ihrer Stadt hingen, ja, sie immer noch liebten und Heimweh danach verspürten.

»Immer ragst du mir in meine Träume/ meiner Jugend – zartgeliebte Stadt,/ die so rauschende Kastanienbäume/ und das Licht des nahen Südens hat«, dichtete Schalom Ben Chorin. Zaghaft und allmählich nahm die Wiederannäherung Gestalt an.

Aus der Hand Hans-Jochen Vogels nahm der Religionsphilosoph Martin Buber den neu gestifteten Kulturellen Ehrenpreis Münchens entgegen. Dies hatte Signalwirkung.

Bald kam Schaul Levin, Direktor des Kulturamtes von Tel Aviv, zu einem Besuch nach München und sprach vor Münchner Schulkindern. Sein Satz gab die Richtung vor für alle Bemühungen der Zukunft: »Es gibt nichts Wichtigeres als persönliche Kontakte. Es geht immer um die Menschen.« Bald weiteten sich die Bemühungen der Stadt immer mehr aus und ein Vier-Punkte-Programm lief an.

Kernpunkt war, die Verbindung mit den vertriebenen Münchner Bürgern auszubauen. Dann sollte damit begonnen werden, ein Lehrer- und Schüler-Austauschprogramm mit Israel zu starten. Schließlich wollte man Gruppen junger Israelis zu Besuch nach München einladen. Dazu Persönlichkeiten des öffentlichen Lebens, Leiter von Bibliotheken und Museen. Künstler.

Der Bann war eines Tages gebrochen, und die ersten Besucher kamen zurück, wo sie ein 14-tägiger Aufenthalt auf Kosten der Stadt erwartete. Selbstverständlich gehörte dazu auch die Übernahme der Reisekosten. Krönung des Aufenthalts war ein feierlicher Empfang beim Stadtoberhaupt Hans-Jochen Vogel.

Da war die Familie Norman Gunz. Früher Nymphenburger Straße in München. Normans Eltern waren geachtete Münchner Bürger.

Norman Gunz. Irgendein Münchner Kind. Bis zum Jahr 1933, als die Nazis die Macht übernommen hatten. Eines Tages jagte man den Jungen aus dem Dantebad. Juden hatten in »arischen Bädern« nichts zu suchen.

Bald war die Familie zusammen mit 135 anderen Münchner Juden nach Berlin deportiert worden. Dort sprach man davon, die Gruppe nach Britisch Columbien zum Einsatz in der Landwirtschaft zu verschicken. Die Verhandlungen mit den dortigen

Behörden zerschlugen sich jedoch. Der SS-Offizier, der über England zurückreiste, versuchte schließlich in London sein Glück. Man war bereit, die Einreise der inzwischen auf 96 Personen geschrumpften Gruppe aus München zu gestatten.

»Quäker nahmen uns auf in England«, erzählte mir Gunz. »Private Verbände erleichterten uns den Anfang, Menschlichkeit und Liebe waren stärker als Terror und Gewalt.«

Doch der Schock saß tief. Als Gunz nach dem Krieg die Einladung ins »neue« München bekam, war sein Misstrauen immer noch so groß, dass er erst in die Schweiz reiste. Ohne seine Familie, um sich allein in München umzusehen. Die Eltern waren beim Holocaust in Lettland umgekommen.

Die Überwindung des Hasses und der Weg nach München zurück. Dazu haben sie Jahre gebraucht. »Nachbarn und Freunde meinten, das sei doch wohl unmöglich«, sagte mir Norman Gunz. »Auch die Einladung der Stadtverwaltung könnten wir unmöglich annehmen.«

Gunz hatte seine Wiedergutmachungsangelegenheit bei einer Münchner Behörde liegen. »Ich überlegte ein paar Tage, dann fuhr ich vom Urlaubsort aus hierher«, sagt er. »Doch es war damals für mich wie irgendeine fremde Stadt. Es war nicht München für mich. Es war einfach zu schwer.«

Aber dann sprechen Norman Gunz und seine Frau plötzlich einen Satz aus, und sie lächeln dabei sogar: »Man kann Hass nicht über Jahre hinweg erhalten. Wir hassen heute nicht mehr.«

Emigranten sind unendlich empfindlich, wenn es um die alte Heimat geht. Niemand wird ihnen das verdenken. Zeitungsberichte über antisemitische Reden und Vorfälle werden betroffen registriert. Gunz und seine Frau wollten immer wieder wissen, wie man in München zu diesen Vorgängen stand. Von dem Empfang und der Stimmung in München sind sie sehr stark beeindruckt.

»Man merkt eine neue Weise des Denkens. Die Stimmung ist international«, sagt Norman Gunz. »Überall nahm man uns liebevoll auf. Wir fühlten uns sehr wohl hier.«

In England sah man der Rückkehr der Familie mit Spannung entgegen. Gunz: »München ist die einzige Stadt im Bundesgebiet, die ihre ehemaligen jüdischen Bürger wieder zurückholt und zugleich ständig die Verbindung mit ihnen hält!«

Die Familie Gunz mag für viele Emigranten stehen, die von München aus in ein ungewisses Schicksal gingen. Sohn Andrew, der in England geboren wurde, spricht zwei Sprachen. Er wuchs als Schulkind mit Englisch auf. Zu Hause sprach man Deutsch.

Ich traf mehrmals mit Familie Gunz zusammen. Eines Tages beschlossen wir, nach Neuhausen zu fahren, wo Norman Gunz aufgewachsen war. Ich hatte den Starnberger See als Ausflugsziel angeboten, aber man entschied sich anders.

Langsam ging es durch den Stadtteil. Ich dachte daran, von hier zum Schloss Nymphenburg weiterzufahren. Norman Gunz blieb still. Ich wusste nicht, was in ihm vorging. Ich konnte es nur ahnen. Es muss nicht leicht für ihn gewesen sein, seine alte Heimat zu sehen, auch wenn sich vieles verändert hatte.

Dann fragte er mich: »Hier kommt doch jetzt etwas weiter draußen das Dantebad? Fahren Sie uns da hin!« Das Dantebad, das als eine der ersten Einrichtungen der Stadt nur noch für Arier geöffnet war, und das Norman Gunz nicht betreten durfte.

Es war ein warmer, strahlend schöner Sommertag. Andrew, der ebenfalls ganz still gewesen war, brach in Jubel aus, als er das Freibad sah. Er wollte unbedingt in die Fluten springen, und nach einigem Hin und Her hatten wir ihm Badehose und Handtuch besorgt.

Jetzt waren die Eltern nachdenklich geworden. »Wir gönnen ihm den Spaß«, meinte Norman Gunz. »Auch er ist ein Opfer von Naziterror und Verfolgung. Er soll Spaß haben.«

Andrew hatte nicht wie andere englische Kinder in der Schule Großeltern und Verwandte. Zu denen man an Weihnachten oder in den Sommerferien kommen konnte. »Er litt unsäglich darunter«, so die Eltern zu mir. »Er fühlte sich verlassen und vergessen.« Seine Großeltern waren im Baltikum ums Leben gekommen.

Schließlich bat man einen pensionierten Kollegen, die Rolle des Großvaters zu übernehmen. Andrew blühte auf. Jetzt hatte er in den Ferien und an Weihnachten endlich seine Kinder-Heimat, wie seine anderen Schulfreunde auch!

Andrew ruderte fröhlich im Schwimmbecken. Wir winkten ihm zu. In der Szene lag ein Hauch von Versöhnung. Das Dantebad war wieder für alle Menschen offen.

Das Schicksal der Familie bildete ein Beispiel von vielen.

Dr. Heinz Friedheim war Lehrer am Oskar-von-Miller-Polytechnikum in München gewesen. Ein Münchner Bürger wie viele. Oder doch nicht? Auch er kam zurück. Es gibt Unterschiede. Es gibt ganz persönliche Schicksale. 1933: die Nazis kommen an die Macht. Friedheim studiert an der Münchner Universität. Viele der jungen Leute sind gegen die neuen Machthaber.

Friedheim schließt sich ihnen an. Er verteilt Flugschriften, reißt Nazi-Plakate herunter, klärt auf, hält heimlich Vorträge im kleinen Kreis. Eines Nachts ist er wieder unterwegs mit maschinengeschriebenen Flugblättern. Alles klappt. Aber ein paar Tage später wird Friedheim angezeigt. Er wird verhaftet. In dem kleinen Schwabinger Kreis hielt einer nicht dicht.

Es kommt zum Prozess. Friedheim ist in der berühmt-berüchtigten Zelle 13 des Polizeipräsidiums, die auch Weiß Ferdl gelegentlich mit seiner Anwesenheit beehrte, wenn er wieder einmal zu deutlich war. Bei der Verhandlung gelingt dem Gericht der Nachweis nicht, dass Friedheim die Flugblatt-Texte auf seiner eigenen Maschine geschrieben hat.

Dennoch, man sperrt ihn ein, bringt ihn nach Dachau. Schwere Jahre kommen. Eines Tages schiebt man ihn ab. Friedheim wird nach unsäglichen Schwierigkeiten Lehrer in England.

Nach Jahren steht er wieder in München. Er atmet die Luft der Berge, er weiß, er ist wieder daheim. Er kehrt ohne Groll zurück. »Ich gehöre ja zu München, ich kann nirgends anders leben«, bekennt Friedheim. »Wir müssen vergessen und neu beginnen.«

Ich geriet immer weiter in diese Entwicklung hinein. Die jüdischen Schicksale berührten mich tief. Bald gab es aber auch viel Heiteres. So schrieb Dr. David D. Ascher aus Haifa zum Abschluss eines ausführlichen Briefes: »Eine Stadt, die Karl Valentin hervorgebracht hat, kann nicht untergehen!«

Aus Kalifornien ein Hilferuf: »Wir sind hier ein zünftiger Kreis alter Münchner und wollen mehr Wies'nstimmung für unser lokales Oktoberfest. Schickt uns doch Oktoberfestplakate.« Und dann weiter: »Nicht alles Unrecht kann durch Geld wieder gutgemacht werden!« Sehr stark klang immer wieder auch die Erinnerung an die Münchner Theater, an Liesl Karlstadt, Karl Valentin und Weiß Ferdl, an. »Ich habe sie alle auf der Bühne gesehen«, schreibt ein Münchner aus Lima. »Wir möchten so gerne die großen Münchner Museen wieder sehen. Sie gehören ja uns allen!« Gefühlige Worte und Gedanken.

Es war beschämend, diese guten und versöhnlichen Stimmen zur Kenntnis zu nehmen, die in beinahe allen Schreiben immer wieder hervortraten.

In einem Brief aus Buenos Aires las ich: »Ich kann es gar nicht in Worte fassen, welche Freude mir Ihre warmherzigen Zeilen bereitet haben. Ich denke so oft an München. Es ist meine geliebte, unvergessene Heimat!«

In einem Brief aus Israel die folgenden Sätze: »Ich sehne mich danach, noch einmal Heidelbeeren und Himbeeren zu pflücken ... ich möchte noch einmal Kinder mit ihren blau verschmierten Gesichtern davor stehen sehen, draußen, irgendwo in einem Wald bei München ... ich spreche diesen Wunsch aus unter glühender Sonne, in einem feuchten, schwülen Sommer ohne Regen.«

Wie hatte Schaul Levin gesagt? »Es geht immer um die Menschen.« Man kann nicht ewig hassen.

Stadtschulrat Professor Anton Fingerle hatte inzwischen einen Arbeitskreis für den Studentenaustausch mit jungen Israelis eingerichtet und bat mich, darin mitzuarbeiten. Ich sagte begeistert zu. Asa Harell hatte in Israel ein Angebot für ein Stipendium angenommen, aber viele Freunde rieten ihr ab, nach München zu gehen. Die Entscheidung fiel durch ihren Professor. »Ich kann nicht mehr zurück. Aber du bist jung. Du musst gehen«, sagte er. Sie kam und studierte Philosophie. Asa arbeitete bald an ihrer Doktorarbeit über den jüdischen Denker Salomon Maimon, der zum Kreis um Immanuel Kant gezählt wird.

Es blieb enorm schwer, wieder zusammenzukommen. Es muss in diesem Zusammenhang daran erinnert werden, dass es im israelischen Volk in den Nachkriegsjahren eine mächtige Bewegung gab, Deutschland überhaupt von der Weltkarte zu streichen und nie mehr mit diesem Land in Beziehung zu treten. Es für alle Zeiten zu ächten. Der Gedanke an diplomatische Aktivitäten war dieser Gruppe von Bürgern verhasst und absurd. Namhafte jüdische Künstler weigerten sich, jemals wieder in Deutschland aufzutreten, und bekannten sich öffentlich dazu. Erst vor kurzem kam Isaak Stern, der große Geiger, überhaupt erst wieder nach Deutschland, freilich ohne öffentlich aufzutreten. Stern hatte, wie viele seiner Kollegen, jeden Auftritt in Deutschland für alle Zeit ausgeschlossen.

Deutschland hatte in den Augen vieler Israelis das Recht verloren, je wieder in die Völkergemeinschaft aufgenommen zu werden, und insofern stellte die Bereitschaft von Asa Harell, hier zu studieren, einen umstrittenen, aber mutigen ersten Schritt dar. Vor dem hier geschilderten Hintergrund wird verständlich, wie bedeutsam die Münchner Aktivitäten zur Aussöhnung waren.

Sie nützten dem ganzen deutschen Volk, und zum Glück setzte sich auch in Israel schließlich die Mehrheit durch, doch wieder Verbindung zu Deutschland aufzunehmen. Die Aussöhnung konnte nach vielen bitteren Jahren ihren Anfang nehmen.

In Deutschland empfanden viele Menschen ähnlich, wie diese große Gruppe von Israelis in jener Zeit. Sie fürchteten, aus der Volksgemeinschaft ausgeschlossen zu werden. Günther Rohrbach, viele Jahre Fernsehspielchef des WDR, der die »Holocaust«-Serie des amerikanischen Fernsehens nach Deutschland geholt und sie gegen Widerstände durchgesetzt hatte, beschrieb dieses Denken in Deutschland in einem Artikel »Ich präsentiere die Schande« der »Frankfurter Allgemeinen« wie folgt:

»Als im Frühsommer 1945 der ganze Umfang der Nazibarbarei nach und nach bekannt wurde, war ich sechzehn Jahre alt und der festen Überzeugung, nie mehr in meinem Leben aus Deutschland herauszukönnen, nie mehr irgendwo in der Welt geduldet zu werden. Wenige Jahre später habe ich in Paris studiert, und an den Stränden des Mittelmeers wurden die Tische für deutsche Urlauber gedeckt. So gesehen, finde ich, sind wir gut weggekommen.«

Die Aussöhnung und Wiederaufnahme von alten und neuen Verbindungen zwischen den über Jahrhunderte so eng verbundenen Völkern kam also doch voran. Trotz aller Bitterkeiten waren es wunderbare Jahre für mich. Niemand dachte daran, dass es in Europa jemals wieder zu Ausgrenzung, Verfolgung und Terror kommen würde, wie wir es jetzt im Kosovo erlebt haben.

Unzählige Juden hatten im 1. Weltkrieg auf deutscher Seite gekämpft und waren ausgezeichnet worden. Einer von ihnen war Helmut Hahn, dessen Frau Ela ich im Zusammenhang mit den Einladungen der Stadt kennen lernte. Helmut Hahn war Textilvertreter. Er bereiste bis weit in die 30er Jahre hinein Ämter und Behörden und verkaufte den Beamten und Angestellten seine Maßanzüge.

Als die Nazis an die Macht kamen, war Helmut Hahn keineswegs besonders beunruhigt, erzählte mir seine Frau. Er trug an seinem Zivilanzug immer stolz sein Eisernes Kreuz I. Klasse aus dem Weltkrieg und fühlte sich vor Verfolgungen sicher. Er glaubte, ihm würden die Nazis nie etwas antun. »Wie war er denn auf diese Idee gekommen?«, fragte ich Ela Hahn. »Ganz einfach«, lächelte sie. »Er hatte Hitler in Nürnberg auf der Straße gesehen, der sein Eisernes Kreuz zu Beginn der 30er Jahre erst an seinem Zivilanzug und dann an der Uniform trug. Mein Mann dachte, das kann ich auch, und das half ihm über die ersten Nazijahre. Aber es schützte ihn nicht für immer.«

Hahn sollte sich grausam irren. Die Verfolgungen wurden bald noch brutaler. Eines Tages holte man Helmut Hahn ab. Die SS-Leute rissen ihm das Eiserne Kreuz vom Anzug, das er sich bei der Rettung deutscher Soldaten vor dem feindlichen Feuer im Krieg geholt hatte. Über Dachau kam Helmut Hahn nach Theresienstadt, wo er überlebte.

Ela Hahn: »Wir konnten nach Israel auswandern, und mein Mann baute zusammen mit mir unter großen Schwierigkeiten erneut eine Textilfirma auf. Dabei hatte er immer nur den Wunsch, wieder zu ›seinen Kunden‹ nach Bayern zurückzukehren. Es war ihm nicht vergönnt. Er ist in Israel gestorben.«

Der Briefwechsel mit den Münchner Juden, die sich aus der ganzen Welt gemeldet hatten, unsere Sitzungsprotokolle über Schüler- und Studentenaustausch füllten bald viele Ordner. Schicksale zwischen den Zeilen. Eines Tages bat mich Professor Fingerle, eine Dokumentation über dieses Thema zu schreiben. Ich zog eine positive Bilanz und wir konnten einen versöhnlichen Titel nach all den Bemühungen und freundlichen Reaktionen wählen. »Heimweh nach München – Das Schicksal der emigrierten jüdischen Bürger Münchens« sollte er lauten.

Mittlerweile kannte ich viele Biographien. Geschichten aus der Ferne, Briefe der Hoffnung und des Goodwill. Das Grußwort schrieb Hans Lamm von der Israelischen Kultusgemeinde München. Es trug den hoffnungsvollen Titel »Eine neue Generation wächst heran«. Lamm bekannte sich trotz aller Probleme zur Fortführung der Aussöhnung und schrieb: »Soweit wir aufrichtig und in Selbstachtung dazu beitragen können, dass die Mauern des Misstrauens eingerissen werden und der Geist echter Humanität in München wieder eine Heimstätte findet – an uns soll es nicht fehlen!«

In meiner Dokumentation blätterte ich noch einmal auf, wie es zu den »Jahren der Scham« in München gekommen war. Wie die Gräuel und der Terror immer größer wurden. Ich schrieb aber auch: »Und doch verlosch in dieser dunklen Zeit das Licht der Menschlichkeit nicht ganz. Es gibt gerade in München unendlich viele Beweise für die Hilfe, die Münchner ihren bedrängten Mitbürgern angedeihen ließen. Sie halfen beim Versand von Liebespaketen. Sie ermöglichten ihnen Einkäufe. Die Liebe war stärker als der Terror. Und sie ermöglicht nach Jahren der Scham einen neuen Anfang.« Dieses gute Verhältnis in Notzeiten herausgefunden zu haben war auch ein Ergebnis meiner Recherchen.

Ich konnte aus vielen aktuellen Fotos, die inzwischen entstanden waren, die Illustration wählen. Martin Buber, als er den Kulturellen Ehrenpreis aus der Hand des Oberbürgermeisters entgegennahm. Dr. Schaul Levin vor einer Münchner Schulklasse.

Und meine geliebte Familie Gunz mit dem strahlenden Andrew beim Empfang durch Oberbürgermeister Vogel im Rathaus.

Meine Dokumentation ging an alle Münchner Juden in der ganzen Welt. Die Nachfrage übertraf unsere Erwartungen. Bald folgte eine 2. Auflage, die ich verbessert und weiter ausgebaut hatte. Ein bitteres, aber auch versöhnliches Kapitel Münchner Stadtgeschichte war damit auch für spätere Generationen festgehalten worden.

Hans-Jochen Vogel trug die damals entstandenen Gedanken von Wiederannäherung und Aussöhnung bis in unsere Tage weiter. Er war erst vor kurzem dabei, als es um die endgültige Gestaltung des Holocaust-Denkmals ging. Er hat einen eigenen Verein »Gegen Vergessen – Für Demokratie« gegründet, für den er landauf und landab engagiert in Vorträgen und Veranstaltungen wirbt. »Die Erinnerung an die beiden Diktaturen dieses Jahrhunderts und an die Verbrechen, die Opfer und den Widerstand müssen wach gehalten werden«, so einer der Grundgedanken seines Projekts.

Vogel: »Wir dürfen nicht wegsehen«.

Ich schreibe dieses Buchkapitel in Amerika.

Die Amerikaner haben, ganz anders als wir, ein freies und unverkrampftes Verhältnis zur jüdischen Geschichte und zu den Menschen dieses Volkes. Längst gibt es in Washington ein Holocaust-Museum, während wir uns lange schwer damit taten, und die Planung nicht vorankam.

Es gibt in den USA übers ganze Land verstreut zahlreiche kleinere, größtenteils private Museen und Gedenkstätten. Die Amerikaner sehen sich als Freunde, ja, innig geliebte Brüder und Schwestern der Israelis. Wie sagte doch Schaul Levin aus Tel Aviv ebenso schlicht wie bedeutungsvoll in München zu mir? »Es geht immer um die Menschen.«

Es geht immer um die Menschen, die heute noch um ihre Anerkennung und Wiedergutmachung von Amerika aus kämpfen müssen, von einer breiten Öffentlichkeit unterstützt. Die um Ausgleich für den Verlust ihrer Vermögenswerte Rechtsmittel beanspruchen. Kein Schlussstrich.

Immer neue ganz schreckliche Entdeckungen, wie vor kurzem in alten Akten deutscher Finanzämter: Das ganze deutsche Volk hat sich bei der Arisierung an jüdischem Eigentum bereichert!

Die Finanzämter waren von der Reichsregierung beauftragt worden, den arisierten Besitz der verschleppten Juden zu versteigern und den Erlös an das Finanzministerium zu überweisen. Nicht nur Aktien, Grundbesitz und Bankbeteiligungen gelangten so an den Staat, sondern auch die Porzellandose, das Biedermeiermobiliar oder der Perserteppich, der bei einer Auktion aus beschlagnahmtem jüdischen Besitz zur Versteigerung durch die Finanzämter gekommen war, und die man dort ergattern konnte. Dies alles ist in den Akten belegt.

Zeit, endlich einen »Schlussstrich« zu ziehen, wie Martin Walser, der »Dichter, der kein Denker ist« (»Süddeutsche Zeitung«) bei der Verleihung des Friedenspreises des Deutschen Buchhandels 1998 in Frankfurt forderte? »Auschwitz als Drohroutine«, als »Einschüchterungsmittel« und »Moralkeule«, die Walser nicht mehr ertragen will.

Diese Töne in Amerika zu hören, wo Verständnis ja Liebe zum jüdischen Volk die Basis des Umgangs miteinander ausmacht, ist so abgrundtief gemein, kalt – und unendlich kleinkariert und böse. Es erscheint mir unfassbar, infam und provinziell. Ich friere. So viel Kälte macht betroffen.

Es gibt keinerlei Anlass, einen »Schlussstrich« zu ziehen, ganz im Gegenteil. Der in München beschrittene Weg muss weitergegangen werden, und es darf auf gar keinen Fall eine neue »Antisemitismusdebatte« geben, wie es sich verschiedentlich in den Medien andeutete. Das wäre der falsche Weg!

Zum Glück nimmt in Amerika derartige Äußerungen aus der deutschen Provinz bisher kaum jemand wahr. Sie sind zu niederträchtig und unglaublich. Es wäre eine Katastrophe, wenn darüber auch im Ausland eine öffentliche Diskussion ausbrechen würde.

Missverständnis und Feindschaft würden unser sowieso nicht allzu großes internationales Ansehen aufs allerschwerste beeinträchtigen und verheerende Schäden anrichten. Dafür kann und darf es vor der Hintergrund unserer Geschichte keine Möglichkeit mehr geben. Es wäre unmenschlich.

Noch einmal Günther Rohrbach: »Wenn Martin Walser wegschauen möchte, mag er das tun. Was er freilich fordert oder zumindest suggeriert, ist eine Enthaltsamkeit, die ihn vom Wegschauen entbindet. An die Stelle eines von selbst ernannten Gewissensinstanzen verordneten Gedenkens, das ihm als Quelle des medialen Überangebots erscheint, möchte er offenbar den öffentlich erzwungenen Verzicht setzen. Er will ... von dieser Vergangenheit nicht mehr belästigt werden.«

Ignatz Bubis nannte Walser in der bald aufflackernden heftigen Diskussion einen »geistigen Brandstifter«. Und Avi Primor, der israelische Botschafter in der Bundesrepublik, meinte voll Bitterkeit: »Wenn Walser vom Wegschauen spricht, dann kann ich es nicht vermeiden, daran zu denken, was Wegschauen in der deutschen Vergangenheit bewirkt hat.«

Vom Hinsehen und Wegsehen. Vor mir stehen all die geliebten Gestalten jener Jahre, die in gutem Geist und bereit zur Aussöhnung nach München gekommen waren. Der junge Andrew Gunz, wie er im Dantebad fröhlich seine Runden drehte. Sein Vater Norman, der sich erst nicht mit der ganzen Familie nach München wagte, und alleine kam. Sein Misstrauen, seine Angst vor der für ihn fremd gewordenen Heimatstadt waren zu groß gewesen. Dr. Heinz Friedheim, der gegen die Naziherrschaft gerichtete Flugblätter verteilte, und trotz Vertreibung und Terror zu München hielt, ja diese Stadt liebte. Und seine mutigen Worte »Wir müssen vergessen und neu beginnen«. Und der Satz von Norman Gunz, Oskar Maria Graf und vielen anderen: »Man kann nicht ewig hassen.«

Ela Hahn und die Geschichte von ihrem Mann Helmut, der voller Stolz das Eiserne Kreuz I. Klasse getragen hatte und sich für unverwundbar hielt. Der zu seinen Kunden nach Deutschland zurückwollte. Sie hatten alle ihren Frieden mit Deutschland gemacht. Trotz der erlittenen Gemeinheiten, trotz Vertreibung, Niedertracht und Nazibarbarei.

Asa Harell, Vertreterin der neuen Generation, die trotz der Warnungen und Vorbehalte gegen Deutschland den Mut hatte, hier zu studieren und die Versöhnung zu leben. Ein Beispiel zu geben, wie viele andere, die bald kamen.

Dr. Friedheim und viele andere Vertriebene aus der ganzen Welt kamen schließlich doch nach München heim und blieben. Die Vertreibungen lagen ja sehr viele Jahre zurück. Viele Münchner Juden hatten sich, meist unter großen Entbehrungen und Mühen, in Ideologie-freien Ländern, wo keiner verfolgt wird, eine neue Heimat geschaffen und dort Wurzeln geschlagen. Gute Freunde gefunden.

Alle Versuche, Prominente wie Thomas Mann, Bruno Walter oder Oskar Maria Graf wieder in München sesshaft zu machen, blieben allerdings ergebnislos. Oft waren es persönliche Gründe. Vielfach aber auch neue Angst vor Ideologien und deutschem Ungeist. Wie sich inzwischen zeigt, war diese Angst nicht unbegründet. Oskar Maria Graf hat oft mit mir darüber während seines Aufenthaltes in München gesprochen. Er hätte hier hoch geehrt leben können, aber sein Misstrauen gegenüber den Deutschen war stärker.

Es kamen die Gilberts aus Berlin. Aus der berühmten Operetten-Dynastie. Sie erzählten von der Vertreibung. Dem beinahe unmöglichen Neuanfang in den USA. Frau Gilbert arbeitet in einem New Yorker Kaufhaus. Jede Woche ein Scheck ermöglicht das Überleben. Durch Frederick Loewe, einem anderen Emigranten, kam Gilbert zum deutschen Text für das Musical »My Fair Lady«, und konnte sich auch in dem Land feiern lassen, das ihn vertrieben hatte. Aber die Gilberts blieben nicht und gingen wieder nach Amerika zurück.

Einer blieb doch. Er war kein Münchner Jude, sondern stammte aus Ostpreußen. Sein abenteuerliches Leben führte ihn über Berlin nach Paris und Hollywood. Er kam trotz aller Bedenken wieder nach Deutschland heim und war hier erfolgreich als Songtexter, Buch- und Musicalautor. Er ließ sich an der Isar nieder. Ich spreche von Max Colpet. Er hat für seine Freundin Marlene Dietrich den wohl innigsten deutschen Anti-Kriegs-Liedertext der Nachkriegszeit geschrieben: »Sag mir wo die Blumen sind, wo sind sie geblieben? ... Sag mir, wo die Männer sind ... über Gräber weht der Wind, wer kann das je verstehn? Wer kann das je verstehn?«

Wir dürfen nicht zulassen, dass die wiedergewonnene Zuneigung zwischen Juden und Deutschen von irgendjemandem kaputtgeredet wird. Es hat zu viele Tote gegeben. Es hat zu viele Gräber gegeben. Es geht um Liebe. Deutsche und Juden. Wir wollen uns lieben. Und uns von nichts und niemand darin irritieren lassen. Es geht um Liebe und Verstehen. Menschenrecht und Menschenglück. Wie sagte Schaul Levin vor seiner Münchner Schulklasse? Es geht immer um Menschen.

So schlicht ist das. Und so groß und wunderbar. Wir dürfen niemals einen Schlussstrich unter unsere gemeinsame Geschichte ziehen und Erinnerungen wegdrücken. Wegsehen. Oder die gemeinsame Geschichte, die uns so tief verbindet, nicht mehr zur Kenntnis nehmen. Trotz allem. Wir wollen die Worte von Schaul Levin weitertragen. Es geht immer um Menschen.

## Gekürzt – und Sigi Sommer geht mir an die Gurgel

*Kürz nie bei einem Star herum,*
*sonst dreht er dir den Kragen um!*
Alte Redakteursweisheit

Da schreiben doch die Jungs der »Welt am Sonntag« an der Jahrtausendwende cool und ungerührt Folgendes:

»Redakteure sind für manche Artikelschreiber wie Reißwölfe. Sie wüten in den mit Inbrunst geschriebenen Artikeln, reißen Texte auseinander, streichen zusammen und sind ob dieses Tuns in den Augen der Autoren herzlose, ignorante Gesellen.«

Kein Wort der Entschuldigung oder des Bedauerns. Oder gar der Reue. Nein, heißt es weiter, sie würden auch im neuen Jahr so weiter wüten! Cool und ungerührt. Das Kürzen der mit viel Einsatz, ja, oft Herzblut verfassten Artikel ist eine der größten Geißeln des Journalistenstandes. Hauptgrund ist meist trotz genauer Vorgaben die Länge eines Artikels.

Manchmal ist das Kürzen auch die Chance, einem Bericht die Giftzähne zu ziehen. Der Verfasser ist immer wehrlos, denn die Streichung erfolgt oft im letzten Augenblick, im Dunkel der Nacht oder zu Zeiten, in denen er sein Manuskript dem Redakteur in völliger Wehrlosigkeit überlassen muss. Der es durch seinen Bearbeitungsfleischwolf dreht.

Es ist ein grausiger Kampf, bei dem die Streich-Rambos immer obsiegen. Was den Schreiber zerschmettert, ist seine absolute Wehrlosigkeit. Er kann nichts ändern. Anders ist es beim Starautor. Dessen Menschen- und Schreiberwürde ist unantastbar!

Mein erster größerer chirurgischer Eingriff in ein Star-Manuskript gestaltete sich zur Katastrophe. Ich tat es bei Blasius Sigi Sommer, dem großen Münchner Literaten, dem größten der

Nachkriegszeit. Er ging mir blind vor Wut an die Gurgel und hätte mich leicht abmurksen können.

Ich war ein »herzloser, ignoranter Geselle«. Wie ich mich bei Sigi Sommer beinahe um mein Leben kürzte, erzählt die folgende Geschichte.

Ein Denkmal in der Münchner City hat Blasius Sigi Sommer längst. Aber nicht herausragend auf einem mächtigen Sockel, sondern mitten auf der Straße. Hautnah bei den Menschen, die er so originell beschrieb und für die er seine Geschichten erfand. Immer liegen frische Blumen zu seinen Füßen. Das Denkmal wird geliebt, so wie Sigi. Deutschland las und liest seine Bücher und über Jahrzehnte hinweg war die Freitagszeitung, in denen seine neueste Geschichte stand, heiß gefragt. Oder wenn ein neuer Roman von ihm erschien. Dann gab es dieselbe große Aufmerksamkeit!

Sommer blickt von seinem Denkmal aus auf das Verlagsgebäude an der Sendlinger Straße hinüber. Das Rathaus hinter sich. Schade, dass er nicht in weißen Turnschuhen marschiert. Denn die trug er immer und mit Leidenschaft, lange bevor diese Mode aus den USA herüberschwappte.

Die Turnschuhe gehören zu ihm, wie sein hintergründiger Witz, seine Ironie. So stapfte er dahin. Und speicherte sich seine Beobachtungen ein. Von Notizzetteln hielt der große Manitu nicht allzu viel. Er war noch Handarbeiter und kannte weder Laptop noch PC, fand beides später abscheulich, schrieb nicht mal mit der Schreibmaschine, sondern ganze Bibliotheken voll mit seiner etwas krakeligen Schrift mit der Hand. Als eine Art Relaunch des Alltagslebens. Für Sigi Sommer war Schreiben Krieg und Erlösung. Gut zu schreiben ist Glück und Gnade. Begabung oder Genie!

Sigi Sommer war nicht nur der erste Turnschuhträger, sondern er war auch der erste Stadtindianer der Münchner Savannen.

Je älter er wurde, desto mehr nahm er auch die Züge eines alten Indianers an und auf seinem Lederkäppi, das er meistens trug, fehlte eigentlich nur noch die hochgestellte Apachenfeder. Sommer wurde »Blasius der Spaziergänger« genannt. Weil er sich alles »erlief«. Er hatte kein Verhältnis zum Auto und fuhr auch äußerst ungern im Auto mit, ja er verachtete dieses stinkende Vehikel. Den Höhepunkt in seinem Fußgängerleben erreichte er, als er bei einem Wettbewerb, wer in der Innenstadt schneller vorankommt, das Auto oder der Fußgänger, als Fußgänger leichtfüßig gewann. Diesen Wettbewerb hatte, nebenbei bemerkt, ich für ihn inszeniert, aber davon wird später die Rede sein.

Sigi Sommer selbst wurde zum Original. Er war am Stammtisch genauso zuhause wie bei den Standlfrauen am Viktualienmarkt. Große Gesellschaften verlachte, ja, hasste er und gespreizte Leute, die Wichtighuber und Gesellschaftslöwen, belächelte er nur und nahm sie in seinen Kolumnen mitleidlos aufs Korn.

Seine Welt waren die abseitigen Typen. Die Kleinen. Die Verlierer. Die aus dem Dreck nicht recht herauskamen. Die Vorstadt-Garbo's, der Häuptling Rotauge, der Finessen-Sepperl, und der Schwabinger Strizzi Ottokar. Sie liebte und schilderte er und niemand, wirklich gar niemand, konnte sie so grandios darstellen wie er. Nicht genug damit.

Seine Romane »Und keiner weint mir nach« oder »Meine 99 Bräute«, immer wieder verfilmt, sein Bühnenstück »Marile Kosemund«, seine Textsammlungen machten ihn zum Klassiker. Thomas Mann fand seine Romane »bedeutend«.

Wir wissen inzwischen – und dies eröffnet eine neue Sicht auf Sommers Werk – dass er zu Beginn der 30er Jahre Bert Brecht in Berlin kennen lernte, der in München mit Karl Valentin auf der Bühne gestanden hatte. Hier gibt es Verbindungslinien, die von engen Sommer-Freunden bestätigt sind, der jedoch daraus nie viel Aufhebens machte. Die Freundschaft mit Brecht reichte jedenfalls über Jahrzehnte hinweg und lebte nach dem Krieg erst wieder richtig auf. Sommer konnte sich – etwas hochgegriffen – als Enkel Brechts sehen, vor allem in seinem sozialkritischen Denkansatz, wenn auch in einem ganz eigenen, münchnerisch geprägten Sinne. Fest steht auch, dass Brecht ihn immer wieder ermunterte, mit dem Schreiben fortzufahren. Außerdem hat er für Sommers Werke viel getan.

Aber Sommer lebte dennoch ein anderes Leben als er eigentlich wollte. Sowas hinterlässt Spuren. Er begann nach dem Krieg bei der Süddeutschen Zeitung zunächst mit Sportberichten, die jedoch bereits seinen sprachlichen Witz und Einfallsreichtum erkennen ließen, und steigerte sich dann im Lauf der Jahre zunächst mit seinen Samstag-Geschichten für die »Süddeutsche« und dann am Freitag in der Abendzeitung als »Blasius«.

Er hat ganz klein angefangen und es sich von Anfang bis zum Schluss nie leicht gemacht. Er besaß ja keine Journalistenausbildung. Er war Naturtalent und konnte es besser als alle »Gschdudierten«.

Er hatte wechselnde Ziele und war im Grunde ein tief gespaltener Mensch, der das Leben eher düster sah und voller Melancholie. Doch seine Herzensgüte versöhnte ihn mit vielen Bitterkeiten.

Er war Münchner aus tiefster Seele. Grantig, kritisch und voll tiefer Skepsis beobachtete er das Leben. Auch Heinz Rühmann, von dem in einem späteren Kapitel die Rede ist, war ein eher melancholisch eingestimmter Mensch. Hier Heiterkeit und Ironie – dort Skepsis und Finsternis. Die beiden kann man zueinander in Beziehung setzen.

Oft sah ich den Spaziergänger bei einem Espresso im »Café Ganz Privat« sitzen. Da konnte man ihm begegnen, aber auch in zahlreichen anderen Lokalen, wo er, wie Erich Kästner, der ebenfalls mit Vorliebe in Kaffeehäusern schrieb, an seinen Geschichten feilte. Sommer ging dorthin »auf Montage«, wie Erich Kästner es nannte. Doch wie schon angedeutet, Sommers Beruf war ihm nicht in die Wiege gelegt worden, denn eigentlich hatte er ganz andere Lebensziele. Schreiben war für ihn Sträflingsarbeit. Vielleicht machte dies seinen Stil so unverwechselbar. Oft so bitter. Skurril, bizarr, widersprüchlich. So schrieb er. Und so war wohl auch Sigi im Innersten selbst!

Viel hat mir der Zeichner Ernst Maria Lang, lebenslanger Sommer-Freund, über ihn erzählt. Er sieht mit seinem Zeichenstift die Welt ebenfalls voller Ironie und Skepsis. Im Krieg lernten sich die beiden in Ingolstadt kennen, zwei Soldaten, die vom Leben noch nicht viel wussten.

Lang stammte aus einer prominenten Oberammergauer Patrizierfamilie, aus demselben Verlegerhause, in dem auch Ludwig Thoma zur Welt kam. Thomas Mutter war die Schwester der Urgroßtante Langs. Der andere, Sigi Sommer, hatte einen ähnlichen großbürgerlich-altbayerischen Hintergrund. Sein Großvater nannte sich noch »von Sommer«. Er besaß vorübergehend das Schloss Hohenschwangau, das er an die Wittelsbacher zurückverkaufte. Sein Vater war Mitbegründer des Münchner Cowboy-Clubs und hatte seinen Wigwam am Isar-Ufer. Die spätere Laufbahn Sigis als Stadtindianer dürfte in dieser wildromantischen Prärie ihren Ursprung gehabt haben. Von Ernst Maria Lang stammt eines der schönsten Worte über Sommer. Er bezeichnete ihn gerne als »König der Emotionalisten«. Emotionen waren sein Ding, und dies zeigt die folgende Geschichte.

Ernstl Lang und Sigi kamen aus zwei verschiedenen Welten und liebten dasselbe Mädchen. Eine Geschichte, wie sie oft in dieser Form beginnt. Lang zog den Kürzeren und Sommer nahm das Mädel aus Ingolstadt zur Frau. Er wurde an ihrer Seite berühmt. Sie ließ sich, wie wir später hören werden, trotzdem von ihm scheiden. So erfolgreich kann niemand sein, meinte der Sigi dazu einmal zu mir, als dass die Liebe zu einem Weibe einfach sein würde.

»Wenn sie dich nicht mehr mag, dann kannst du der Kaiser von China sein, das ändert gar nichts«, sagte er. »Aber wenn sie dich mag, dann langt's auch, wenn du Packer beim Oberpollinger bist. Sie mag dich halt. Trotz allem.«

Sigi muss damals freilich schon erkannt haben, dass es für einen Normalsterblichen im Leben nicht ganz so einfach ist, nach oben zu kommen, und dass es auf der buckligen Welt ein Mehrklassensystem gibt. Deshalb hatte er den glühenden Wunsch, was besseres, Offizier, zu werden.

Offiziere kamen bei Mädchen mit ihrer strahlenden Uniform, vor allem auch mit mehr Freizeit als der gemeine Soldat, ganz anders an und hatten ganz andere Chancen als ein »Gemeiner«, wie Blasius formulieren würde.

Auslöser für diese Einstellung war eigentlich eine ziemlich bittere Niederlage für ihn gewesen, mitten im Krieg, in den feudalen Münchner Carlton-Teestuben an der Brienner Straße. Wo Hitler gelegentlich saß, von ihn anhimmelnden weiblichen Fans und den Rabauken seines Begleitkommandos umgeben. In Begleitung seines Schäferhundes und die Reitpeitsche schwingend.

In diesen berühmten In-Treff wagte sich auch Sommer als einfacher Landser. In seiner Begleitung – um in seinem Jargon zu bleiben – ein »steiler Zahn«. Man lachte, machte Witze, Sigi konnte zauberhaft und sehr charming sein. Damals und später.

Da erscheint der Ritterkreuzträger und hochdekorierte Jagdflieger Hans Marseille, strahlend und blendend aussehend in dieser »Aufriss-Diele« (Originalton Sigi Sommer), sieht das Mädchen und lädt es, ohne lange zu überlegen, mit seinem Siegerlächeln an seinen Tisch ein. So als wäre Landser »Sigi« nur Luft.

Zu Sommers bodenloser Verwunderung steht sein »G'schpusi« auch tatsächlich, ohne auch nur eine Sekunde zu zögern, auf, trippelt zum Ritterkreuzträger an den Tisch, hocherfreut und voller Erwartung, und tut so, als wäre ihr biederer Sigi nur das Phantom von der Depperl-Oper.

Man kann sich die Wirkung auf den sensiblen Jüngling im einfachen Feldgrau sehr leicht vorstellen. Sie muss katastrophal gewesen sein.

Unternehmen konnte er gar nichts. Marseille genoss seine Sonderstellung als Nationalheld, der er bereits war, neben den beiden anderen Jagdfliegern Mölders und Galland, die ebenfalls, wie Marseille, unzählige Gegner mit ihren Kampfflugzeugen abgeschossen hatten.

Sigi dämmerte damals wohl zum ersten Mal die Moritat von der Ungerechtigkeit und Gemeinheit dieser Welt, denn ein Mann wie Marseille, der Unschuldige in den Tod schickte, war für ihn sowieso ein Schwerverbrecher.

Die Strolche hatten es gut auf der Welt. Die Halunken siegten über die Unschuldigen und Gerechten. Die Wohltäter wurden gedeckelt. Dem leidenschaftlichen Pazifisten Sommer ging niemals ein, dass man dafür, Menschen in den Tod geschickt zu haben, auch noch einen hohen Orden bekam. Marseille, der später über Afrika tödlich abstürzte, wurde mit seinen Heldentaten nach dem Krieg sogar in »Der Stern von Afrika« zum Filmhelden, und Sigi dürfte dieses Werk mit höchst gemischten Gefühlen betrachtet haben.

Denn die Geschichte mit dem »steilen Zahn« war noch lange nicht zu Ende. Nach dem Vorfall im Carlton blieb ihm nichts anderes übrig, als seine Zeche zu begleichen und aus dem Lokal zu schleichen.

Er war der große Verlierer.

Aber es kam doch noch alles ganz anders. Marseille erschien natürlich nie mehr im Carlton, aber Sigi Sommer, der als Feldwebel seine großdeutsche Soldatenkarriere beschloss, schaffte es doch wieder einmal. Bei seinem nächsten Heimaturlaub saß er freudig gestimmt und erwartungsvoll im Carlton-Teeraum, seiner »Aufriss-Diele«.

Prompt erhob sich in einer Ecke ein Mädchen und stürzte – so, als ob sie schon lange auf ihn gewartet hätte – auf ihn zu, um sich an seinen Tisch zu setzen. Es war der »steile Zahn«, der ihn so schmählich hatte sitzen lassen und zum Ritterkreuzträger Marseille gewechselt war. Sommer erkannte sie sofort. Aber er lachte nur. Und lächelnd ging er auch aus dem Lokal. Finito Amore.

Die Erkenntnisse aus diesem Vorfall waren für Sommer eindeutig: Er wollte ganz gerne auch Offizier werden, um ebenso wie Marseille im feineren Offizierstuch bei den Mädchen besser anzukommen, um als Sieger und nicht als Verlierer dazustehen. Denn insgeheim bewunderte er Marseille doch, der nach dem Krieg von den Briten für sein tapferes Verhalten sogar geehrt wurde.

Aber diese Möglichkeit verbaute er sich selber, wie wir gleich sehen werden! Er hatte für die damalige Zeit ein »Staatsverbrechen« begangen und war ein sehr hohes Risiko eingegangen, das ihn mit ziemlicher Sicherheit hinter die Gitter eines Konzentrationslagers hätte bringen können. Dabei war Sommer nur ein guter und gefälliger Mensch gewesen. Doch dadurch zerstörte er alle seine Hoffnungen auf den ersehnten Traumberuf.

Auf einer Fahrt in einem Armeefahrzeug von Berlin nach München hatte er einen Bürger jüdischer Herkunft mitgenommen. Mit diesem Mann im Auto geriet er in eine Kontrolle. Die Feldpolizei nahm die Personalien auf und es stellte sich heraus, dass dieser jüdische Beifahrer auf irgendeiner Fahndungsliste stand, jedenfalls auf keinen Fall berechtigt war, in einem Wehrmachtsauto mitzufahren. Sommer stand als Staatsfeind da.

Man nahm ihn sofort fest und überstellte ihn ins Gestapo-Gefängnis. Er musste fürchten, hart bestraft und möglicherweise ganz aus der Armee ausgestoßen zu werden. Seine Karriere als Offizier war unmöglich geworden. Sie musste ihm gescheitert erscheinen und er sah keine Chance mehr dafür. Doch er hatte Glück.

Bei seinem Weg durch die Gestapo-Gebäudegänge am Wittelsbacherplatz traf er einen alten Spezi. Der war inzwischen ein hoher Offizier bei der Gestapo geworden.

Er sprach ihn an und fragte ziemlich verwundert: »Was machst du denn hier?« Sommer konnte im Vorübergehen ganz schnell seine schlimme Geschichte erzählen und warum er überhaupt hier war. Er hatte doch eigentlich nur Gutes getan, aber eben an einem angeblichen Todfeind des Systems.

Der Freund versprach Abhilfe zu schaffen, was ihm auch gelang. Sigi Sommer war bald wieder in Freiheit und konnte sogar bei der Wehrmacht bleiben. Allerdings ohne jegliche Chance aufzusteigen, denn er hatte einen gefürchteten »Eintrag« in seiner Personalakte.

Das war sehr bitter für ihn. Es kam noch schlimmer: Auch der andere große Berufswunsch, den er nun ebenfalls begraben musste, konnte aufgrund der Mittellosigkeit seiner Eltern nicht erfüllt werden.

Nachdem er schon kein Offizier mehr werden konnte, wollte er Mediziner werden, denn auch dieser Beruf erschien ihm glanzvoll. Im weißen Mantel, womöglich als Professor, auf die Damenwelt losgelassen zu werden, hielt er für das Allerhöchste.

Aber auch daraus wurde nichts. So blieb ihm nichts anderes übrig, als nach dem Krieg ohne jede Hoffnung auf einen herausgehobenen Beruf mit Zeitungsartikeln, durch das Aufschreiben dessen, was er beobachtet hatte, und durch die mühselige Knochenarbeit eines Reporters sich durchzuschlagen. Er ging dorthin, wo kein Journalist gerne hinging, zu Box- und Ringkämpfen. Es war das bittere Brot seiner ersten Nachkriegsjahre.

Bald schrieb Sommer so eigenständig und so voll hintergründigem Witz, dass der Gedanke entstand, auch in der Abendzeitung seine Geschichten zu veröffentlichen. »Blasius der Spaziergänger« war geboren.

Freitag sollte sein Artikel erscheinen, und die Münchner rieben sich die Augen: Noch niemand hatte ihre Stadt so gesehen und so eigenartig beschrieben, die Menschen mit ihrem »Grant« (Münchner Form von Wut, Ärger), Lebensgefühl und Weltsicht.

Er berichtete vom neuesten »Revolver Kino«, über den »Ball der einsamen Herzen«, den »Hackbrett Xaver« und den »Peter Fleckerl vom Rindermarkt«. Die neu aufgekommenen Schwimmbäder waren für ihn eine »Todsünden-Lagune« und aus einem Fichtenbaum zauberte seine Phantasie die »Palme von Sauerlach«.

Blasius brachte die Münchner nach dem verlorenen Krieg wieder zum Lachen, und bald schon nicht nur sie, sondern die ganze Republik. In der »Süddeutschen« pinselte er gefühlvoll-nostalgische Miniaturen voller Gemüt. Nie vergesse ich die Beschreibung seines Elternhauses, wo er für den Vater am Abend die frische Maß Bier von der »Gassenschenke« holen musste, die inzwischen längst verschwunden ist. Dort schenkte man das frische Bier aus, und der Bub durfte für seinen Botendienst an seinem eigenen Platz am Maßkrug auch ein Schlückchen daraus trinken – eine Errungenschaft, die später sein »Luiserl« mit ihm im Augustiner Biergarten fortführte. Ihr »Trinkplatz« am Krug lag genau gegenüber von der Stelle, aus der ihr Sigi seinen Nektar schlürfte.

In der »Abendzeitung« ging er schärfer zur Sache und nicht so idyllisch: Sommer kannte sich bestens in der Unter- und Halbwelt Münchens aus, bei den Huren und ihren Zuhältern, und schöpfte daraus manch wüste Geschichte, was immer wieder zu Protestanrufen und bösen Briefen an die Redaktion führte. Journalistengift von einem Literaten verspritzt – das war meist ein Blattschuss.

In der Abendzeitung schrieb er auch einen Satz, der inzwischen längst in die Kulturgeschichte eingegangen ist. Er machte sich über die »geilen Filmproduzenten-Deppen« lustig, die mit den noch geileren Starlets und »Betthasen« aus der Provinz ihr übles Spiel trieben. Und dann fuhr er fort, die »Madeln machen bestimmt Karriere auf der Leinwand. Aber die ist nicht senkrecht, sondern waagerecht gespannt!«

Die Begeisterung für ihn wurde immer größer und er schrieb und schrieb mit seiner krakeligen Schrift alles nieder mit der Hand. Am Mittwoch brachte er seine Manuskripte in die Redaktion, wo der Lokalredakteur sie übernahm und in die Setzerei schickte.

Viele Leser sahen sich in seinen Artikeln in einer Art Zerrspiegel wieder, den er ihnen vorhielt. Er war einer jener Bayern-Autoren, aus deren Geschichten man die tiefe Liebe für die Menschen herauslesen konnte, zugleich aber das »Derblecken« (sich lustig machen, die Häme). Zugleich deckte er deren Querköpfigkeit und das »Hinterfotzige« ihres Handelns auf.

Thoma, Karl Valentin, Bert Brecht und Sigi Sommer haben einen ähnlichen mentalen Hintergrund: die »Gegenposition«, aus der sie Menschen und Welt beschrieben. Die in ihrer Persönlichkeitsstruktur begründet ist. Thoma, der die Menschen demaskierte in ihrer Heuchelei. Valentin, der sich mit den Widrigkeiten des Lebens herumschlug und daraus seine Texte und Szenen gestaltete. Brecht, der Sozialkritiker, und Sigi Sommer, der die »Pladerer« (Verlierer, ein Alt-Münchner Ausdruck), die Kleinen, die im Leben zu kurz gekommen waren, beschrieb, und ihr Gescheitertsein so unverwechselbar darstellte. Sigi Sommer empfand mit ihnen. Er hatte sich alles selbst mühsam erkämpft und war ohne traditionelle humanistische Bildung. Seine Berufswünsche, Arzt oder Offizier zu werden, waren noch im Krieg gescheitert, wie wir bereits gehört haben.

Im Elternhaus war es lausig zugegangen. Nicht weniger als drei »Mütter« hatte der Bub nacheinander zu verkraften, eine mieser als die andere. Kalt und eisig die Luft, in der er aufwuchs. Auch das hat ihn wohl fürs ganze Leben geprägt. Zuwendung und Mutterliebe erlebte er nie.

Nach verlorenen Soldatenjahren stand er erneut als Nichts, als Niemand da. Aber er lebte die Zuckmayer-Worte: »Lebt – trotzdem.« »Lebt – aus Wut!«

Sommer lebte – trotzdem. Und aus Wut. Er saß sechs Wochen unschuldig, sinnlos und ohne das Geringste verbrochen zu haben im Untersuchungsgefängnis von Stadelheim. »In einer Zelle eingesperrt sein, nicht raus können – das ist schlimmer als sterben«, sagte er mir. Er war wie gelähmt gewesen und konnte weder denken, noch auch nur eine Zeile schreiben.

Sommer kam bald wieder frei und begann wieder zu schreiben. Das Leben selbst hatte ihn immer wieder zu Boden geschickt, um aus der Boxer-Sprache zu zitieren. In seinem Gedicht »Destille« hat das der Berliner Arzt und Poet Gottfried Benn, auch einer, der die Nachtseiten kannte, so formuliert »... und du bliebst am Boden bis neun«. Doch Sommer stand immer wieder auf, er wollte stärker als sein Schicksal sein. »Hinfall'n kannst«, sagte er mal zu mir, »aber aufstehn musst selber wieder. Unbedingt. Dann geht's auch weiter.« Sommer lebte auf »verbrannter Erde«.

Nach seinem Gefängnis-Intermezzo ließ sich seine Frau scheiden, und er verlor seinen mühselig, Zeile um Zeile, zusammengeschriebenen Immobilienbesitz. Es kann daher wohl nicht verwundern, dass er nie mehr eine feste Bindung einging.

Sein Selbstbewusstsein wuchs ins Große. Seine Furcht, dennoch wieder abzustürzen, wuchs ebenso. Vielleicht war dies der Hintergrund, dass er mich eines Tages beinahe »abgemurkst« hätte. Ich, der Niemand, der sich an seinem Manuskript »vergriffen« hatte, und er, der inzwischen erfolgreiche Starautor.

Denn inzwischen liebte man seine Münchner G'schichten auch außerhalb der Isarstadt heiß und innig und verschlang sie mit Begeisterung. Die Hamburger »Welt« nannte ihn gar ein »Naturereignis«. Dem Volk sehe Sommer aufs Maul, wie kein anderer, und er wäre wohl der Letzte, der es sich verbieten lassen würde. »Härte paart sich bei ihm mit Gefühl, Drastik und Zartheit. Er macht auch deutlich, wie tief kleinstädtisch München ist ...« Prophetische Worte damals schon! Und die neue Ruhr-Zeitung erkannte: »Blasius ist der Münchner Mythos schlechthin.«

Mit diesem »Mythos« hatte ich nun eines Tages eine Auseinandersetzung, die mich leicht schon wieder meinen noch auf höchst schwankenden Beinen stehenden Redakteursposten hätte kosten können. Ich saß wieder mal zwischen den Stühlen.

Ich war eigentlich Reporter, noch ein rechtes Greenhorn, und saß gerade am Redakteursschreibtisch, als mir meine Sekretärin das neue »Blasius«-Manuskript für den folgenden Freitag hereinbrachte. Herr Sommer habe es schon am Morgen abgegeben, sagte sie. Wie immer lag das Manuskript mit der nicht leicht lesbaren Handschrift Sommers auf einem Berg anderer Manuskripte.

Sein Werk zu redigieren, stellte an sich kein besonderes Problem dar, hatte man sich an seine Schrift einmal gewöhnt. Ich machte einfach meine Häkchen für die einzelnen Absätze und nahm mir vor, erst wenn alles gedruckt war, den »Blasius« genauer durchzulesen.

In der Setzerei gab es dafür Spezialisten. Sie hatten sich inzwischen auf die Sommer'schen Hieroglyphen eingelesen und galten als »Blasius-Kundige«, eine Art Geheimclub.

Der Titel seines neuesten Werkes lautete »Chez Simmerl« und würde – das erkannte ich schon bei der ersten Durchsicht – sicher wieder ein kleines Kunstwerk sein.

Am nächsten Tag erfolgte dann der »Umbruch«, das heißt, die einzelnen Artikel und Fotos wurden graphisch auf die Zeitungsseite aufgeteilt, eingeordnet und mit Überschriften versehen. Auch der Blasius-Artikel stand schon an seinem Platz, als ich in die Setzerei kam. Es gab noch kein Computerlayout. Man machte sehr viel aus dem Bauch heraus.

Bald zeigte sich, dass der »Simmerl« zu lang war. Nun ist die zu große Länge ja ein Alltagsereignis im Tageslauf des Redakteurs. Er nahm damals seine Schere, schnitt das Manuskript ab oder er strich einzelne Sätze oder ganze Absätze heraus. Der neue Blasius war genau einen Satz zu lang. Ein Desaster!

Bei Blasius konnte man freilich nicht einfach herumkürzen. Ich wusste sehr wohl, dass er als Literat galt und in höchstem Ansehen stand, und wagte mich nicht daran, für die Kürzung auch nur einen Satz herauszunehmen. Aus lauter Sorge ließ ich ihn suchen. Doch Blasius war nirgends zu finden. Er war wohl auf einer seiner Stadttouren.

So entschloss ich mich in letzter Minute einen Satz, einen einzigen Satz, ich schwöre es, zu streichen, sodass der Zusammenhang zwischen den anderen einzelnen Abschnitten gewahrt blieb.

Mein Pech: »Chez Simmerl« war ein Blasius, der durch Wortspielereien um das Wörtchen »Bar«, offenbar vor allem auch für Blasius selbst, ein Juwel darstellte. Es funkelte gerade so von seinen Pointen, und wer genauer hineinliest, wird spüren, dass vor dem letzten Absatz ein überraschender Sprung ins Finale erfolgt. Dennoch, ganz so schlimm fand ich meinen Eingriff zunächst auch wieder nicht. Doch lesen Sie »Chez Simmerl« selbst:

## »CHEZ SIMMERL«

Die Bar gehört heutzutage zum Lebenswandel des gepflegten Abendländers wie die Managerkrankheit, der Grapefruit-Juice oder das Vergleichsverfahren. Über die Herkunft dieses kalten Ruin-Büfetts konnten wir nichts Genaues erfahren. Wir vermuten, dass es sich ganz einfach um ein missratenes Kind der Laden-Theke handelt, hinter welcher der Kramer Wastl steht. Hinter der Bar aber steht die Barbara.

Sehr wichtig für eine Bar ist ein guter Name: Musterbeispiele sind: »Schiefe Liebe«, »Zum stillen Hieb«, »Bei Häbretschnek« oder »Chez Simmerl«. Zur Bar gehört auch eine Barkapelle, die den Bargast so lange herfideln muss, bis er seelisch und finanziell barfuß geht. Ferner eine Barkarte, auf der allerlei Getränke stehen: »Blonde Panne«, »Kühler Hunnenschweiß«, «Leberjodler«, »Süßer Nachruf«, »Letzter Wille« und »Malenkows Träne«. Die Getränke heißen hier »Drinks«, ihre Namen sind sonderbar, ihre Preise furchtbar.

Längst aller Illusionen bar ist die Barfrau. Sie nennt sich Madelong und sagt nur noch selten: »Wie froh bin ich, dass niemand weiß, dass ich Fanny Tremml heiß.« Sie kennt alle »Touren« ihrer Stammgäste, die Amulette in ihren Geldbeuteln und ihre plombierten Zähne. Manchmal ist ihr alles so zuwider, dass sie aus sich selbst auswandern möchte.

Aber dann denkt sie einfach an ihren Bräutigam. Der ist bei der Bahn und riecht nach Rauch, Reise und Ruhegehalt. Und das ist wunderbar.

Hinter der Bar befinden sich auf langen Regalen zahlreiche Flaschen mit bunten Etiketten, die viel Lärm machen. Aber es ist nichts drin in ihnen. Nur die Luft vom vergangenen Jahr. Unter der Bar-Theke steht das Menschliche der Barfrau und sagt leise: »Ja mei!« In der ersten Abteilung ist zu sehen: ein Emailhaferl mit dem übrig gebliebenen Eiweiß und daneben eine Postkarte aus Schwäbisch-Gmünd. Ferner ein Röhrl mit Föhntabletten, zwei kaum gebrauchte Zahnstocher und, auf einen rostigen Nagel gespießt, die Telefonnummern von Schnapsvertretern, Pensionen, Verehrern und Magenärzten. Im zweiten Fach lagern neben einer halben Streichwurstsemmel ein angebissener Liebesroman, zwei verpfändete Armbanduhren und ein ebensolcher Führerschein mit einem linksgescheitelten Gentleman. Ganz unten liegen drei verschiedene Einlagen für Spreiz-, Knick- und Senkfuß, denn einer Barfrau schmerzen die Füße meistens ganz barbarisch. Das Wichtigste in einer Bar aber sind die Bargäste. Sie sitzen auf rachitischen Konkursschemeln und klammern sich mit den Händen an einer Messingstange fest, denn manche von ihnen sind recht haltlos. Vielen ist es gerade gelungen, einen größeren Verlust zu erzielen, und nun geben sie an wie eine offene Flasche Überkinger.

Die »Profis« unter ihnen haben ihren eigenen Wortschatz. Sie sagen: »Kleine Fische« oder »Ganz Berlin war eine Wolke« oder «Für die würd ich Steine tragen von fünf Karat aufwärts«. Auf dem Eckhocker sitzen die kleinen Hemingways. Sie transpirieren große Mengen Lässigkeit und sind von Geheimnissen stark umwittert. Manchmal erzählen sie von der Tigerbrunft auf Sansibar. Vorerst aber wohnen sie möbliert im Westen.

Um vier Uhr morgens schließt die Bar, und die Barfrau rechnet schnell ab, denn der Schlaf ist ihr kostbar. Dann geht sie heim in die Barer Straße.

Ich ahnte keineswegs, dass ich mich mit meinem Vorgehen an den Rand eines Abgrundes, ja fast in Lebensgefahr, begeben hatte. Am nächsten Morgen stürmte meine Sekretärin auf mich zu und erklärte: »Um Gottes willen, was haben Sie denn angestellt! Herr Sommer war gerade da. Er hat eine rasende Wut auf Sie und will Sie umbringen!«, jammerte sie. Ich war ahnungslos und erklärte, das hätte alles schon seine Richtigkeit. Blasius sei fast vollständig abgedruckt.

»Ja«, hielt sie mir ärgerlich entgegen, »eben nur fast. Und das passt ihm nicht! Er ist stinkesauer auf Sie. Seien Sie bloß vorsichtig! Am besten, Sie verschwinden gleich in der Setzerei, damit er Sie nicht erwischt. Er will Sie selber sprechen und wiederkommen!«

Ich setzte mich an den Schreibtisch. Mit ziemlichem Herzklopfen und von dumpfen Ahnungen erfüllt, wühlte ich mich in die Manuskripte. Kurze Zeit darauf erschien Sommer tatsächlich und fauchte mich wütend und voller Erregung an: »Was fällt dir Rotzlöffel denn überhaupt ein, dich an meinem Manuskript zu vergreifen! Eine solche Unverschämtheit ist mir ja in meinem ganzen Leben überhaupt noch nie untergekommen! Wie kommst du überhaupt dazu, eine derartige Frechheit an mir zu begehen? Mein gutes Manuskript einfach zu amputieren, ruinieren und zerhacken! Keine Ahnung vom Beruf, aber großkotzig den Redakteur und Besserwisser spielen. Eine Gemeinheit!«

Ich stand auf und wollte auf ihn zugehen, um mich zu entschuldigen, dass ich einem Bert-Brecht-Freund und damit der Weltliteratur einen kompletten Sommer-Satz vorenthalten hatte. Ich gab mich total zerknirscht.

Da stürzte sich Sommer auf mich, packte mich am Kragen, rüttelte mich hin und her. »Abmurksen werd ich dich. Du Idiot«, tobte er.

»Kein Mensch kennt sich jetzt mehr aus, was ich eigentlich geschrieben habe. Mein Artikel ist total verschandelt!« Sich steigernd brüllte er: »Ich dreh dir die Gurgel ab!«

Tatsächlich packte er mich dabei am Hals und rüttelte mich durch. Dann presste er mich gegen die Wand. Ich rutschte nach rückwärts ab. Sommer stand mir wütend gegenüber und erschien mir giftig wie noch nie. Fast wie rasend.

»Das ist mir ja in meiner ganzen Laufbahn noch nie untergekommen, dass jemand mich dermaßen brutal zusammenstreicht und der ganze Sinn meines Artikels überhaupt nicht mehr herauskommt«, tobte er weiter, »eine Riesen-Gemeinheit!« Schließlich half er mir auf und setzte an, um mir eine Ohrfeige zu verpassen. Ich taumelte im letzten Moment zurück.

Er fing mich erneut ein und drückte mich abermals gegen die Wand. Um Haaresbreite hätte er weitere Angriffe, die er wohl in seiner Zeit als Box-Berichterstatter studiert hatte, gegen mich vorgetragen, als ein Fotograf hereinkam. Er staunte erst, musste dann aber fürchterlich lachen. Ich wusste nicht recht, was ich tun sollte. Sollte ich vor Sommer auf die Knie fallen? Und um Vergebung bitten? Ich war völlig erschöpft von seinem Angriff, ordnete meine Krawatte und wankte zu meinem Schreibtisch zurück. Auch Sommer atmete schwer.

Er wandte sich ab und deutete auf mich: »Da schaut euch den an! Hat keine Ahnung vom Schreiben und will meine Manuskripte redigieren«, schnaubte er, »das lass ich mir nicht gefallen. Das hat Konsequenzen! Und wenn ich dich Rotznase noch einmal erwische, dann wirst du von mir aber richtig vermöbelt, du freches Zigarettenbürscherl!«

Das sagte er ausgerechnet zu mir, der ich in meinem Leben noch nie vorher und nachher eine Zigarette geraucht habe. Aber der Ausdruck »Zigarettenbürscherl« gehörte nun einmal zu seinem Repertoire.

Anderntags bestellte mich Friedmann zum Rapport. Er sah das Thema natürlich etwas weniger dramatisch als Sommer, meinte aber dennoch, was mir denn da eingefallen sei, Sommers Manuskript dermaßen brutal und hirnrissig zu redigieren, ohne mich bei ihm abzusichern. Ich musste zerknirscht einräumen, dass er damit natürlich Recht hatte. Es sei aber nur ein einziger Satz gewesen, der den Lesern dadurch entgangen sei! Wenn ich nur etwas mehr Zeit gehabt hätte, dann hätte ich Friedmann das Manuskript zukommen lassen können. Er hätte dann selber die Kürzung vornehmen müssen.

Ich versuchte, so gut es ging, mich herauszureden und Friedmann ordnete schließlich an, dass ich in Zukunft die Finger von Sigi Sommers Manuskripten als »Blasius« wegzulassen habe und er selbst die Redaktion übernehmen werde, um derartige schwere Pannen zu vermeiden.

Mit gesenktem Haupt schlich ich mich aus der Redaktion. Ich fühlte, ich war aus dem Himmel der Münchner Schreibkunst in die Hölle der Bedeutungslosigkeit abgestürzt. Ich erzählte den Kollegen den Vorfall. Sie amüsierten sich und meinten, na ja, Blasius sei nun eben mal der Größte und ich nur ein windiger Anfänger und noch lange nicht der große Maxe, den Blasius zur Bearbeitung als Redakteur brauche. Ich sollte mich da heraushalten. Ich war schließlich recht erleichtert, dass Friedmann von nun an selbst alles in die Hand genommen hatte.

Zugleich litt ich natürlich auf Grund des »Abmurks-Versuches« doch sehr darunter, die Gunst des großen Häuptlings der Apachen verloren zu haben, der sich anschickte, seinen ersten Roman zu veröffentlichen, was wir uns ehrfürchtig auf den Gängen zuraunten.

An dieser Stelle möchte ich noch einen Blick auf einen weiteren Teil seiner Persönlichkeit werfen, der so gut wie unbekannt blieb. Kaum jemand weiß, dass Sommer, unabhängig von seinen Romanen, Glossen und Geschichten, seine Prominenz in den Dienst großer Münchner Vorhaben stellte. Er ging dabei bis zu höchsten Stellen, um sich dafür stark zu machen. Der Vorfall im Krieg, bei dem er, wenn auch ungewollt, sich selbst und einen jüdischen Beifahrer in höchste Schwierigkeiten gebracht hatte, führte bei ihm dazu, sich immer wieder auch für jüdische Vorhaben in

München zu verwenden, wobei er mir jedoch versicherte, er könne die Einteilung der Menschen in »Usbeken, Assyrer, Induri, Juden, Mohikaner und Radihändler« beim allerbesten Willen nicht nachvollziehen. Für ihn gebe es nur Bazi's und Nicht-Bazi's, und die Ersteren seien leider immer in der Mehrzahl. Dadurch kamen wir doch wieder zusammen. Denn Sommer wusste von meinem Engagement für die vertriebenen Münchner Juden und schloss sich mir an.

Leidenschaftlich trat er immer wieder für Aussöhnung mit den Juden und Wiedergutmachung ein. Die Schaffung von mehr Kindergärten und kinderfreundlichen Einrichtungen. Die Mehrzahl der »kleinen Wuzerln« hätten ja keinen Maharadscha von Taipur mit seinen 3000-Zimmer-Palästen zum Vater, und bräuchten dringend Hilfe, so seine Meinung. Die Erinnerung an seine eigene Kindheit war hier wohl die Triebfeder seines Handelns.

Als Tierversuchsgegner marschierte er bei Demos in den vordersten Reihen mit und schrieb engagiert gegen dieses für ihn nur durch nacktes Gewinnstreben geprägte Vorgehen. Er liebte schließlich die Münchner Zamperl über alles, und denen durfte kein Leid geschehen.

Schließlich stiftete er zusammen mit seinem Verleger Rolf S. Schulz die »Blasius«-Medaille, die Jahr für Jahr an verdiente Münchner Künstler bei einer großen, oft recht stürmischen Feier verliehen wurde, ohne eine Steuer-Mark und ohne öffentliche Mittel.

Wenn ich Sommer von nun an auf der Straße traf, machte er um mich einen großen Bogen. Wenn ich ihm im Verlagsgebäude begegnete, sah er weg von mir und ließ mich links liegen, was mich natürlich doch recht bedrückte. Denn ich wollte ja auch zu denen gehören, die er akzeptierte, weil sie von seiner Bedeutung überzeugt waren. Ich war es ja auch.

So versuchte ich seine Gunst zurückzugewinnen. Ich schätzte seine urige, und doch liebenswerte Münchner Art, seinen Witz, seinen Geist, seine Zynismen. Bald sollte ich sein gutes Herz und seine Versöhnlichkeit erleben. Ich wollte unbedingt wieder so weit kommen, Sommers allwöchentlichen »Blasius« als Erster zu sehen und zu redigieren. Das war ja immer spannend und verrückt gewesen! Nie mehr würde ich auch nur einen Buchstaben herausstreichen, das schwor ich mir hoch und heilig!

Und bald hatte ich einen Einfall.

Erst viel viel später ist mir bewusst geworden, was ich Blasius mit meiner Kürzung angetan hatte, als nämlich andere, hirnrissige Ignoranten, in meinen, wie ich meinte, Edel-Manuskripten herumstrichen und kürzten!

Heute ist die Luft im Journalismus rau und barbarisch geworden. Die großen »Edel-Federn« stutzt natürlich keiner, aber der Tagesjournalist von heute brüstet sich mit Sprüchen wie »Heute hatte ich elf Zeilen im Blatt« und muss zufrieden sein. Journalist sein heißt, um jede Zeile kämpfen. Immer in einem Mehrfrontenkrieg zu stehen. Blasius hat es uns vorgemacht, und ich war später froh, dass ich seine Attacke glimpflich überlebte, als mir ein Licht aufging, wie weh das Streichen einem Schreiberherzen tun kann. So ist es, so wahr mir Blasius und der Reporter-Heilige Hans-Ulrich (Kempski) helfe!

In München nahm damals der Verkehr immer mehr zu. Es wurde eng in der City. Es gab keine Fußgängerzonen. Fußgänger hatten es immer schwerer voranzukommen. So kam ich auf den Gedanken, einen Wettbewerb »Auto gegen Fußgänger« zu veranstalten, um zu testen, wer in München schneller vorwärts kam, das Auto oder der Fußgänger.

Es gab bereits Bestrebungen, das Auto ganz aus dem Zentrum zu verbannen, und darauf spielte der Wettbewerb an. Er musste natürlich beschränkt ausgeschrieben werden. Allzu viele Autofahrer konnte man wegen der engen Straßen in der Altstadt sowieso nicht beteiligen.

Wir hatten einige Auto-Promis zusammen und Blasius stellte sich mit ihnen für den Wettbewerb bereit. Die Wettbewerbsroute ging durch die engen Gassen von der Sendlinger Straße, dem Redaktionsgebäude, zum Hofbräuhaus.

Wie nicht anders zu erwarten, kam natürlich Blasius viel früher dort an als der ganze Autopulk und wurde entsprechend gefeiert und mit Applaus bedacht.

Anschließend gab es eine große Feierlichkeit im Ratskeller mit einer Preisverleihung für Blasius, worüber wir ausführlich und mit Fotos berichteten.

Blasius war von der Idee und seinem Erfolg dermaßen angetan, dass er mich anlachte und sagte: »Jetzt setz dich her, Lausbua elendiger, und trink mit mir was!« Wir ließen uns Weißwürste kommen. Ich trank ein Glas Tee dazu, weil ich am Vormittag (und auch sonst) nie Bier trinke. Es wurde ein wunderbarer Morgen für mich. Sommer machte Witze mit mir. Er meinte, ich solle seinen Versuch, mich abzumurksen, ganz schnell wieder vergessen. Dann gab er mir seine Hand. Ich schlug ein. Wir waren von da an Freunde.

Auch mit dem Himmel kam er eines Tages klar. Er wurde Freund des Stadtpfarrers Fritz Betzwieser, des »Heiligen Oberhirten«, der von Münchens »Alten Peter« über das Städtchen blickte, und baute sich so sein Treppchen in die ewigen Jagdgründe. Betzwieser schenkte er fast alle seine Manuskripte, allerdings mit der kleinen Einschränkung, dass im »Chez Simmerl« einer der tragenden Sätze der Weltliteratur herausgestrichen ist. Und zwar von mir, dem »Lausbuam, dem elendigen«.

Seine »Sommer- und Biergarten-Freunde« wurden zwei andere Promis, der »Alte« und begnadete Schauspieler, Siegfried Lowitz, ein Berliner zwar, aber doch von Sigi für würdig erachtet, an seinem Augustiner-Stammtisch zu sitzen. Und der Ur-Münchner Nobeljuwelier Bürschi Heiden, von dem gleich noch die Rede sein wird.

Der Kies unter den strammen Beinen der Bedienungen knirschte. Sommer und sein kleiner Kreis mit dem immer gleich hübschen Luiserl fühlte sich behaglich und erhob die Maß. »Prost, Herr Nachbar ... und sind S'gern da«, meinte er dann und grinste. Ganz so übel war das Leben auch wieder nicht.

»Das Leben schleicht sich ziemlich mies weg, das weiß auch der Chines, bleib doch, bei Bier und Leberkäs!«, schrieb ich in mein neues Buch, das ich ihm schenkte. Sigi nickte verständnisvoll mit dem Kopf.

Der Sigi-Sommer-Stammtisch im Augustiner wurde bald zum

Mekka für Politiker und andere Exoten. Da saß der Polizeipräsident neben einem gewesenen Bundespräsidenten, und da kam mal sogar ein leibhaftiger Bundeskanzler, der den leiblichen Genüssen in Form von Bier und Branntwein schon immer besonders zugetan war.

Die König-Artus-Tafelrunde muss jedenfalls im Vergleich zu Sigi's Stammtisch, eine mickrige Kleinstadt-Session gewesen sein, denn bald saß man schon in Zweierreihen um ihn herum.

War's der süffige Augustinerbräu, von Kennern als das beste Münchner Bier geschätzt? Oder die mächtigen alten Kastanienbäume, die alles so wohlig und behaglich machten? Oder einfach nur die Nähe zu König Sigi? Verständlich, dass Sommer und die Seinen diesen urmünchner Zustand möglichst bis Weihnachten ausdehnen wollten.

So ließ er sich eine elektrische Leitung an seinen Platz legen, wo er sein Heizkissen anschloss. Da setzte er sich drauf, es wurde warm und blieb warm! Doch ehe dieses technische Wunderwerk seine Tätigkeit aufgenommen hatte, gab es noch eine historische Vorstufe. Eines Tages hielt Sommer seinem Beisitzer Heiden einen alten Marmeladeneimer unter die Nase und raunzte: »Du bist doch Juwelier. Da machst du jetzt einen Heizofen draus!« Was wollte Heiden machen? Er befolgte Sommers Anweisung.

Ließ Löcher in den Eimer bohren. Sommer füllte ihn mit Holzkohle auf, die er sich beim Wurstlbrater des Augustiner schnorrte. Denn er war ein sparsamer Mensch. Und schon gab der Ofen Wärme, wenn auch unter fürchterlicher Rauchentwicklung. Was weiter nichts tat. Denn der Biergarten wurde im kühlen Herbst sowieso nur noch von wenigen Besuchern frequentiert. Wenn dann die letzten Blätter und die ersten Schneeflocken fielen, war's endgültig vorbei mit der Herrlichkeit.

Sigi und die Seinen zogen sich dann ins »Klösterl« zurück, um zu überwintern. Sein Paradies aber blieb der Augustiner-Biergarten,und das für ihn geplante Denkmal hätte auch dort ganz gut hingepasst.

Im »Klösterl«, versteckt im Nobelviertel Lehel gelegen, erzählte ich ihm von meiner Arbeit und wollte ihn dazu bewegen, eine Schallplatte zu machen, aber davon hielt er rein gar nichts. Er konnte auch, wie er mir sagte, keine Verse oder Gedichte schreiben. Er blieb der Blasius, wie er war. Wir mochten uns trotzdem.

In einem Jubiläumsartikel, den er zu Ende der 70er Jahre über die »Goldenen Zeitungsjahre« der 60er schrieb, hob er mich gar, zusammen mit anderen Schreibgrößen jener Zeit, in den Münchner Autorenolymp.

Im Rückblick schrieb der Sigi in seinem unverwechselbaren Tonfall:

»Die Zeitungsleute waren damals vielen Passanten und Lesern noch persönlich bekannt und bekamen als Anerkennung für eine gute Nachricht manchmal sogar ein aufgewärmtes Pilzgericht oder Rübenmarmelade. Aus der kleinen, minderbezahlten, aber treuen Kerntruppe der Münchner Reporter schälte sich schließlich eine ganze Anzahl von späteren Berühmtheiten heraus.

So mein Spezl und Leidensgenosse Ernst Hess, heute als Peter Brügge beim ›Spiegel‹ eine große Nummer. Oder Anneliese Friedmann, die unerreichte Sibylle vom ›Stern‹.

Oder Hans Ulrich Kempski, der Top-Reporter von Welt, und Charly Weiß (später ein bekannter ZDF-Journalist), Jörg Andreas Elten (wurde zum Baghwan-Anhänger) und Edmund Gruber. Nicht zu vergessen Will Berthold, nachmaliger Autor großartiger Filme, wie die Mörder-Story ›Nachts, wenn der Teufel kam‹ oder auch der AZ-Berichterstatter Gerd Thumser, der für den Film ›In Hamburg sind die Nächte lang‹ Song-Texte schrieb und damit einen Weltbestseller hatte.«

Danke Sigi von deinem »Lausbuam, dem elendigen«! Und der Aufsatz liegt heute auf meinem Schreibtisch noch immer obenauf.

Manchmal sitze ich allein am Sigi-Sommer-Stammtisch im Lehel, seinem Winterquartier.

Über mir die ganze Wand voller Zeichnungen und Fotos, die alle dem Sigi gewidmet sind. Da ist er abgebildet als blutjunger Stenz im ersten eigenen »Fleck«, wie er seinen Einreiher nannte, im eleganten Tuch, aber locker und lachend. Als würde er zum

»Fünf Uhr-Tee« ins Carlton aufbrechen und einen »Zahn« dort aufreißen.

Da zusammen mit Max Schmeling und hier als zerknitterter Stadtindianer unter der Lederkappe. Oben die Zeichnungen mit einem Tennisschläger in der Hand. Sigi spielte diesen Sport leidenschaftlich und wäre vielleicht mal ein sehr ernsthafter Gegner des Leimener Boris Becker geworden. Er hätte sich seine Hände und sein Kreuz damit zwar auch ruiniert, aber wenigstens besser, viel besser bezahlt!

Und dort ist sein großer Autoren-Kollege Herbert Asmodi, der uns sein Stück »Nachsommer« schenkte und in dem ein bayerischer Arthur Schnitzler steckte. Und der heute noch immer mit nachdenklichem Blick durch Münchens Straßen wandert, so wie einst der Nobelpreisträger Paul Heyse. Aber an der Wand von Blasius verewigt zu sein, wiegt schwerer als alle Nobelpreise der Welt zusammen.

Und auf einmal geht die Tür auf, und ein Schatten erscheint. Er sieht aus wie Blasius.

Es ist Sigi Sommer, der da eintritt, und er ist auf einmal ganz jung und das Leben liegt vor ihm. Dieses gottverdammte Leben, das so ganz anders war, als er es erwartet hatte, und das so gemein sein konnte.

Auf einmal erkennt er mich. Er sucht nach seinen anderen Freunden. Aber keiner sitzt da. Bevor er wieder zurück zu seinen Spezl'n im Himmel hochschwebt, dreht er sich um und lacht mich an und sagt »Lausbua elendiger!«

Ich rufe ihm nach »Der eine Satz, Sigi ... war das denn so schlimm?« »Ja« sagt er da, »das war sehr schlimm. Bei mir gibt es nichts zu streichen, Lausbua elendiger!« Und er grinst dabei.

# Unter dem bleichen Haifischhimmel

Im Ammersee hatte der Blitz eingeschlagen. Die Landschaft war in fahles, unheimliches Licht getaucht. Drüben über dem See die Häuser von Schondorf und Utting, wo es schon zu regnen anfing. Rau, stürmisch und wild rauschend. Im Süden Kloster Andechs, über dem neue, giftige Blitze zuckten. Ein wahnsinniger Donnerschlag. Das Gewitter kam jetzt näher. Ich stand auf meinem Brecht-Hügel mit Blick bis nach Utting rüber. Sollte ich zu meinem Haus zurücklaufen, ehe der Regen auch hier niederprasselte? Mit wenigen Schritten konnte ich dort sein.

Merkwürdig, ich blieb wie angewurzelt stehen und sah dem Naturschauspiel zu. Wieder ein Blitz. Utting, Schondorf, bis hinüber nach Diessen mit seinem Marienmünster alles für Sekundenbruchteile im grellsten Licht.

Herrlich, jubelte ich. Mein See! Gewittrig, unruhig, wild, brutal und rau das Gewitter darüber. Das war das Land »unter dem bleichen Haifischhimmel«, wo Bert Brecht »sieben Wochen meines Lebens reich« war. Wo Orff Brecht-Texte vertonte. Im Kloster Andechs begraben liegt. Wo Werner Egk, sein Schüler, »La Danza« komponierte und von seinem Haus zu all den anderen hinübersehen konnte.

Brecht, Orff, Egk, Thomas Theodor Heine, Olaf Gulbransson, Eduard Thöny. Die ganzen Maler ... Wilhelm Leibl, der Entenmaler Alexander Köster, der große Abstrakte Fritz Winter und der bayerische Rousseau Max Raffler. Sie alle lebten hier und konnten sich reich und heiter fühlen. Lenny Bernstein, der über den Münchner Gasteig-Konzertsaal meinte, »burn it«, hatte gelöst und glücklich unter dem bayerischen Engels-Himmel im Diessener Marienmünster dirigiert und den früheren Bundespräsidenten Roman Herzog hier Ludwig Thomas »Heilige Nacht« lesen lassen.

Der letzte Große, der hier lebte und schrieb, war Blasius der Spaziergänger, Sigi Sommer. Ein winzigkleines Häusl in Utting, von wo aus er zu endlosen Waldspaziergängen und zum Schwammerlsuchen aufbrach. Aus der Stadt dorthin geflüchtet. Deren Menschen er so ganz unverwechselbar beschrieb. Hier war alles anders. Archaisch. Und Sommer redet mit Büschen und Bäumen.

Er konnte, etwas abgewandelt, Brecht zustimmen »Sieben Wochen meines Lebens war ich reich / Vom Ertrag eines Stückes erwarb ich / Ein Haus in einem großen Garten. Ich hatte es / Mehr Wochen betrachtet, als ich es bewohnte.« Das war poetisch beschrieben, aber es stimmte nicht, denn Brechts wackerer Vater hatte dem Junior das Haus finanziert und mit ihm sogar genaue Rückzahlungsmodalitäten vereinbart. Sommer hatte es sich ganz allein selbst erschrieben, sein Häusl. Und das war, wie er mir immer wieder eingestand, Knochenarbeit gewesen.

Sigi Sommer war durch Brecht hierher gekommen, dem er in Berlin zu Beginn der 30er Jahre begegnet war. Sommer war noch sehr jung und völlig mittellos. Niemand kannte ihn. Keiner wollte ihn. Schließlich kam er als Eintänzer irgendwo unter. Brecht hatte München längst verlassen, wo er sich nach eigenem Bekunden »völlig deplatziert« vorkam, und war in Berlin rasch berühmt geworden. Seine »Dreigroschenoper« war ein Triumph gewesen. In Berlin, nicht in München, würden die »Theaterschlachten geschlagen«, wie er seinem Freund Zuckmayer anvertraut hatte.

Brecht, der schon als keiner Junge von Augsburg an den See rübergeradelt war, hatte Sommer sein Paradies offenbar in schönen Farben geschildert. Der Augsburger Brecht lebte schließlich überwiegend in Berlin, kam aber von dort immer wieder an seinen See. Seinen »Baal« hatte er hier mit ausgebrütet, »Im Dickicht der Städte« mit sich hier herumgetragen, und die Abende am See hinreißend empfunden »... wenn der bleiche Haifischhimmel kommt / bös und gefräßig über Fluß und Sträuchern / und alle Dinge sind, wie's ihnen frommt.«

Es ist umstritten, welche Texte er für seine deutsche Version der »Beggars Opera« selbst verfasst hat. Aber fest steht, dass er den »Haifisch-Song« unter dem Haifischhimmel von Utting selber schrieb. Cas Neher war hier, Kurt Weill, Lotte Lenya, Elisabeth Hauptmann und Margarete Steffin. Brechts Mitarbeiter über Jahrzehnte hinweg.

Sie ahnten nicht, dass sie hier bereits Ende der 20er Jahre von der bayerischen Geheimpolizei des Herrn Pöhner observiert wurden und die Ergebnisse der Schnüffler und Gesinnungskontrolleure ausnahmslos in Berlin landeten. Schnüffler. Kontrolleure. Prüfer. Neidfrösche. Deutschland. Bald sollte man Brecht ganz von hier vertreiben und seine Bücher verbrennen.

Meine Gedanken wanderten in dieser Gewitternacht zurück in die 60er Jahre, als ich erstmals mit einem Segelboot über den See schipperte. Ich war Reporter und viel in Film- und Tonstudios zu Hause. Durch Pressearbeit für Filme, Songtexte und Mitarbeit an Drehbüchern hatte ich ein wenig Geld verdient. Ich war mit Eckardt Wiemuth, dem Chef der Münchner Uraufführungsbühne in Schwabing, in Kontakt gekommen. Der suchte dringend ein Stück für die Internationalen Jugendfestspiel-Wochen in Bayreuth. »Sie können doch schreiben«, ermunterte er mich. »Helfen Sie mir! Im August brauche ich Ihr Manuskript!« Ich dachte lange nach. Ein Bühnenstück ist kein Drehbuch. Schließlich sagte ich doch zu. Die neue Aufgabe war eine neue Chance.

Jetzt brauchte ich Abstand und wollte raus an einen See. Ich fuhr nach Starnberg. Protzige Villen wie am Tegernsee, wo ich mich umsah. Der See eiskalt. Ich wollte schreiben und schwimmen.

Eines Tages trug ich Sigi Sommer mein Problem vor, der mir jede Woche seine Manuskripte des »Blasius« auf den Schreibtisch schob.

Dessen Antwort kam prompt. »Der Chiemsee ist für dich zu weit«, meinte er väterlich. »Der Tegernsee is z'teuer, genauso wie der Starnberger See mit seinen Großkopferten. Dir bleibt nur der

Ammersee. Dort ist es am schönsten. Und nicht so teuer.« Darüber, dass er hier bereits sein Häusl hatte, sagte er mir kein Sterbenswörtchen. Ich dachte auch noch nicht im Entferntesten daran, mich an diesem See niederzulassen.

Der Gedanke, für die Bühne zu schreiben, übte einen ungeheueren Reiz auf mich aus.

Bald hatte ich am Ammersee ein billiges Badehaus gemietet, wohin ich mich mit einer hübschen Muse vor allem an Wochenenden verkrümelte. Wir schwammen in den Nächten – Brechts Hechten gleich – nackt im See, fuhren im Boot am frühen Morgen im ersten Dunst in den See hinaus. Es war paradiesisch. Viele Wochen war ich reich.

Mein Stück hatte ich in Umrissen konzipiert. Die Idee stammte aus meinem Reporteralltag. Ich hatte einen umfangreichen Bestechungsskandal aufgedeckt. Diesen Vorgang verlegte ich in die Chefetage eines Rüstungskonzerns, der Millionen für Bestechungen ausgibt, um an Aufträge zu kommen. Der Reporter Pierre Simon deckt das auf. Der Vorstand des Konzerns kommt ins Schleudern. Der Reporter steigt ganz hoch hinauf. Die Auflage schnellt hoch. Aber die Konzernleute geben nicht auf. Der Reporter gerät unter Druck und muss widerrufen. Stürzt ab. Nimmt sich das Leben. »Korruption« hieß das Stück, das ich Wiemuth schließlich übergab. Der Reporter zwischen allen Stühlen: Oft Alltag. Immer Risiko. Aufstieg und Fall. Oder: Wie man sich in gutem Glauben seine Finger verbrennt.

Wiemuth gefiel mein Stoff aus dem Zeitungsmilieu allein schon wegen des Titels »Korruption«. Wir saßen viele Wochen lang, zusammen mit seinem Mitarbeiter Hermann Rieger, über dem Stoff. Am Wochenende startete ich dann wieder in mein Badehaus, um Wiemuths und Riegers Anregungen ins Stück einzuarbeiten.

Mit seiner »Uraufführungsbühne« schwebte Wiemuth eine Rolle vor, wie sie Ernst Josef Aufricht Ende der 20er Jahre in Berlin mit seinem Theater am Schiffbauerdamm als Förderer neuer Autoren gespielt hatte. Als er Brechts »Dreigroschenoper« herausbrachte.

Die die Kritiker im Hinblick auf die »Beggars Opera« als »Leichenschändung« verrissen, die aber längst als der bedeutendste Theatererfolg des Jahrhunderts gilt. Der »Haifisch-Song« wurde ein Welthit. Wiemuth hatte zwar in einem Schwabinger Altbau ein Zimmertheater installiert, suchte aber nach einem großen Haus, wo er auch große Stücke starten wollte. Der schöne Titel »Uraufführungsbühne« war also nur eine Illusion, mit Hoffnungen austapeziert. München ist nicht Berlin. Wiemuth kam hier nie an sein Ziel.

Ich war bei meiner Suche nach einem Wochenenddomizil in den Film »In Hamburg sind die Nächte lang« hineingeraten. Ich hatte mich nicht nur am Starnberger und Tegernsee umgetan, sondern war eines Tages am Staffelsee gelandet.

Im »Staffelsee Hotel« lernte ich dessen Besitzer Werner Grammersdorf kennen, einen Unternehmens-Multi, der mit allem handelte, alles aus- und einführte, was sich verkaufen ließ. Er machte damit enorm viele »Mücken«, wie er es nannte, bis er auch noch ins Filmgeschäft einstieg. Irgendwer hatte ihm den Peter-Norden-Filmstoff über die langen Hamburger Nächte verkauft. Jetzt steckte »Grammi«, wie wir ihn nannten, in der Klemme. Er brauchte ein Filmteam, das seinen Stoff umsetzte.

Den Komponisten hatte er schon. Als ich ihn in seinem Büro aufsuchte, sagte mir Grammersdorf: »Geh doch mal rauf in den obersten Stock. Da lebt ein Irrer. Den hab ich schon mal für die Musik. Mach für ihn Texte. Und kümmere dich um die Presse.«

Der Irre im obersten Stock war der Komponist Karl Bette. Ein Musikgenie, das bald den Welterfolg »In Hamburg sind die Nächte lang« für den Film komponierte. Es war eine der wenigen deutschen Popkompositionen nach dem Krieg, die um die Welt gingen.

Grammersdorf hatte für die Titelrolle seines Films bereits einen von mir sehr geschätzten Holländer preisgünstig eingekauft, den zwielichtig-eleganten Macho John van Drelen, der anschließend nach Hollywood ging und dort eine beachtliche Karriere machte. Bald dampften die ersten Teams Richtung Hamburg ab, wo die Außenaufnahmen begannen.

Grammersdorfs Büro. Das Studio des »Irren vom obersten Stock«. Das alles lag im wohl ersten Medienhaus Münchens an der Sonnenstraße. Im ersten Geschoss Wolfgang G. Winkel mit seiner Musikvertriebsfirma.

Über Winkel der Kirch-Freund Karlheinz Busse aus Nürnberg, der in der Lebkuchen-Branche tätig gewesen war und nun, zeitgleich mit Grammersdorf und Winkel, Musik und Filme einkaufte, verhökerte oder selbst produzierte.

Es lag Goldstaub in der Luft. Nicht viel weiter nördlich, jenseits des Stachus, hatte Ilse Kubaschewski bereits sehr viel Geld gescheffelt mit ihren Leinwand-Epen der Gloria-Film.

Der Lebküchner Busse hatte bald das Glück des Ahnungslosen. In Belgien entdeckte er eine Musikaufnahme mit dem als Kohle-Kumpel tätigen Rocco Granate. Dessen Song »Marina« brachte es zum Millionen-Hit und Busse über Nacht das Startkapital für weitere Produktionen.

Für mich bedeutete dieses Medienhaus den Eintritt in eine neue Welt. Es führte meine Zeitungskarriere in ganz andere Dimensionen. Die neue Welt war noch dazu nur in in paar Gehminuten von den Redaktionsräumen Sendlinger Straße aus erreichbar.

Ich brauchte bloß in ein Büro reinzugucken, schon hatte ich einen Auftrag für einen Songtext, eine Produktion, einen Presse-Job oder eine Drehbuchmitarbeit eingefangen. Nebenan residierte auch noch die mächtige Herzog-Film des Herbert Tischendorf. Dessen Pressechef Ritter holte mich ebenfalls bald für seine Medienarbeit.

Wenn am späten Nachmittag die Zeitung durch die Rotation donnerte und die Kollegen sich in die Kneipe setzten oder nach Hause gingen, fing für mich mein zweiter Arbeitstag an. Busse beauftragte mich bald nicht nur mit Texten für seine wachsende Künstlerschar, sondern auch mit der Herstellung von Musikproduktionen.

Eines Tages stellte er mir ein bildhübsches Mädchen vor. Es war seine fränkische Landsmännin, die Pfarrerstochter Elke Sommer, die am Beginn einer Weltkarriere stand und heute noch auf Platz 30, vor Marlene Dietrich, der hübschesten Frauen der

Welt rangiert, wie eine amerikanische Umfrage vom November 1998 belegt.

Wie Busse an Elke gekommen war, wusste ich nicht. Vielleicht hatte sie ihm sein fränkischer Landsmann Leo Kirch übergeben, der ebenfalls gerade damit begonnen hatte, sein Imperium aufzubauen. In Italien hatte Kirch »La Strada«, den Film mit Giulietta Masina, erworben, und damit einen Serienerfolg in Deutschland gelandet.

Hatte Kirch seinem Freund Busse auch den Top-Hit »Ma hora no« aus Italien mitgebracht? Egal. Busse bat mich, den deutschen Text dafür zu schreiben, und bald stand Elke Sommer mit meinem eingedeutschten Titel »Ich sage no« vor den Fernsehkameras.

Grammi hatte mir Chancen eröffnet, von denen andere nur träumen konnten. Ich hatte viel lernen können. Aber ich war, um es mit Brecht zu sagen, »etwas mager« geworden und wusste nicht recht, wie es weiterging.

Es ging weiter. Ein Wunder. Nach Grammersdorf kam ein Großer der Branche auf mich zu. Es war Carl Tetting. Er hatte mit seinem Dieter Borsche-Film »Nachtwache«, inszeniert von Harald Braun, zahlreiche Preise eingesammelt und war einer der angesehensten Produzenten dieser Jahre.

Er kannte mein »Paket-Angebot« und nahm es an. Er hatte gerade angefangen, seinen Film »Ein Amerikaner in Salzburg« mit Bruce Low in Angriff zu nehmen.

Die große Zeit des Films war aber zu diesem Zeitpunkt schon vorbei. Die Union-Film als Tettings Verleiher stand vor der Pleite. Tetting bekam keine Mark mehr und nur mit Mühe platzierte er sein Werk woanders.

Meine Honorare waren gestiegen. Aber Tetting erklärte sich nicht nur zahlreichen Künstlern gegenüber für zahlungsunfähig. Auch mir beichtete er, keine müde Mark mehr zur Verfügung zu haben.

Das Gewitter über dem See hatte jetzt nachgelassen und sich verzogen. Der Regen fiel in den Bergen und im Westen klarte es auf. Am Himmel die ersten Sterne. Die Luft war unvergleichlich jetzt. Klar und sanft. Die ersten Schatten im beginnenden Abendlicht. Die Bäume glitzerten in der Dämmerung.

Inzwischen stand die Premiere von »Korruption« in Bayreuth vor der Türe. Ein Stück mit einem bekannten Star in der Hauptrolle war eine bessere Sache als eine Premiere mit lauter Unbekannten. Wiemuth hatte den DDR-Top-Darsteller Harald Mannl für die Hauptrolle gewinnen können. Jetzt konnte es losgehen.

Die Premiere vor vielen hundert jungen Menschen aus aller Welt wurde mit viel Beifall aufgenommen. Vor allem für Harald Mannl, der den schurkischen Präsidenten des Rüstungskonzerns verkörperte, der am Ende alle ausmanövriert. Wiemuth war zufrieden und zischte mir noch auf der Bühne zu: »Ihr nächstes Stück ist schon gekauft!«

Nach der Premiere eine kleine Feier. Ein Herr kam auf mich zu. Es war Egon Vietta, der Kritiker der »Frankfurter Allgemeinen«, selbst ein erfolgreicher Autor. Er gratulierte mir. War entzückt. In der Nacht fuhr ich nach München zurück und saß am Morgen pünktlich an meinem Schreibtisch.

Am nächsten Tag dann die Kritiken der Münchner Blätter. Das Stück sei ziemlicher Unsinn. Nur Papier. Außerdem werde viel zu viel geraucht. Ich hatte gedacht, gerade die Kollegen würden das Stück vielleicht als Aufklärung über den riskanten und schwierigen Reporter-Job positiv interpretieren.

Ich rieb mir die Augen. Sollte der Neidfrosch am Werk gewesen sein? Doch die Geschichte war nicht zu Ende. Am nächsten Tag eine exzellente Besprechung in der »Frankfurter Allgemeinen » von Egon Vietta. Lobende Worte für die Darstellung von Harald Mannl. Aufmunternde Gedanken für Eckardt Wiemuth, den Regisseur und Producer. Eine Ermunterung für mich als Autor, der es geschafft hatte, den komplizierten Stoff spannend auf die Bühne zu bringen.

Wiemuth empfand diese Kritik als Ansporn, nicht aufzugeben, und spielte »Korruption« zunächst in seinem Zimmertheater über den Dächern von Schwabing. Doch ein freundlicher Nachbar empfand das als gefährlich und schaltete die Baupolizei ein.

Mein Theatertraum war vorerst ausgeträumt. Ich schrieb dennoch weiter. Angetrieben von Wiemuth stürzte ich mich auf ein neues Stück aus meinem Milieu, das ich kannte. Ein Reporter wird zu einem gefährlichen Auftrag ins Innere von Afrika geschickt. Gerät in die Hände von Aufständischen ... »Reportage« hieß das neue Werk, für das es in München keine Chance gab.

Die Kritiken von »Korruption« hatten mich nachdenklich gemacht, auch wenn sie mich nicht berührten. Mein Stück war gelungen. Sollte ich jetzt an meinen Oberpfälzer Landsmann, den aus Weiden stammenden Komponisten Max Reger denken?

Von dem der Kernsatz aus Zeiten überliefert ist, in denen man noch mit Zeitungspapier statt mit »Hakle feucht« einem Hygieneproblem zu Leibe rückte? »Noch habe ich Ihre Kritik vor mir, bald werde ich sie hinter mir haben«, ließ er einen Kritiker wissen.

Ein anderer bayerischer Großer, der von oberpfälzer Klosterjägern abstammende Ludwig Thoma, sagte alles noch wesentlich deutlicher. Er bezeichnete Kritiker als »Eunuchen, die genau wüssten, wie es geht, es aber selber nicht fertig bringen« und fuhr dann fort »... jetzt verstehe ich auch, wie hinderlich und schädlich die Kritik allein schon durch ihre bloße Existenz ist. Wer auch nur im mindesten auf sie hört, verliert die Sicherheit, oder gewinnt sie nie!« Mit dieser Einstellung wird man Klassiker!

Wie sehr Ludwig Thoma mit seiner Meinung, wer nur im Mindesten auf Kritik höre, verliere seine Sicherheit, ins Schwarze traf, wird durch die Zahl seiner Aufführungen am Bayerischen Staatsschauspiel in München belegt. Thoma liegt hinter William Shakespeare bis in die 90er Jahre an zweiter Stelle der an diesem großen Haus meistgespielten Autoren.

Die Schreiblust wollte mich einfach nicht loslassen. War's mein Urgroßvater, der fränkische Freiheitsdichter Johann Michael Thumser, der Mythen und Balladen schrieb? Dessen Stück »Der Bürgerkaiser« viel gespielt wurde und der offenbar immer wieder in meinen Genen rumorte? Urgroßvater ist in Hofer Theaterarchiven ausführlich dokumentiert.

Er war Offizier und schrieb in einsamen Nächten seine Werke. Geriet mit der Restauration aneinander und setzte sich schließlich nach München ab. Hier erfand er ein spezielles, sich selbst antreibendes Wasserrad.

Bald fand ich Ermunterung auf der Bühne des Bayerischen Staatsschauspiels. Durch Ludwig Thoma. In seinem Einakter »Gelähmte Schwingen« lässt er seinen Dichter Otto Haselwanter sagen, dessen Stück am Abend zuvor gerade ausgepfiffen worden war »Ich bin gesund ... verstanden? ... und (auf die Zeitung mit seiner Kritik schlagend) was so ein Schmierfink schreibt, das ist mir doch ganz wurscht!« Ha, das tat gut, und war mir aus der Seele gesprochen.

Jetzt atmete ich tief durch. Mein Verriss bedeutete gar nichts und mit Thoma konnte auch ich sagen, mir war das ganze Geschreibsel »ganz wurscht!«

Schon bald musste ich mich auch nicht mehr als Einzeltäter fühlen. Drei Freunde aus meinem Umkreis stiegen nacheinander in den Ring mit Uraufführungen in München selbst. Sie schrieben ein nicht ganz unbedeutendes Kapitel Münchner Theatergeschichte.

Als erster Sigi Sommer an den Kammerspielen mit seinem Volksstück »Marile Kosemund«. Er hatte mir das Manuskript bei seinen Besuchen auf den Schreibtisch gelegt.

Ich las und fand es gut. Sehr gut sogar. Ein Hauch Ödön von Horvath über den Seiten. Hinterhof- und Krimi-Romantik. Meisterhaft, wie in seinen Glossen. Seine einmalige Sprache! Gustl Bayrhammer spielte den Kommissar, und ich dachte, dies allein sei schon eine Erfolgsgarantie.

Doch weit gefehlt! Ausgerechnet, als Bayrhammer an einer markanten Stelle über das fundamentale Problem »Münchner Leberkäs« zu philosophieren begann, erging es Sommer, wie etwa 40 Jahre vorher schon Frank Wedekind bei der Uraufführung von dessen Stück »Schloss Wetterstein«: Tumulte brachen aus. Unruhe erfasste das Publikum. »Schloss Wetterstein« musste unterbrochen werden und Wedekind das Publikum beruhigen. Das Stück konnte nur mit Mühe und Not zu Ende geführt werden.

Nicht viel anders bei Sigi: Die Tumulte und Buh-Rufe wurden

schnell immer wüster. Bayrhammer kam gar nicht mehr dazu, weiterzureden. Nur mit Mühe spielten sie »Marile Kosemund« zu Ende. Bald darauf verschwand das Stück ganz vom Spielplan.

Wer hinter den Claqueuren steckte? Warum sie Sommers wunderbares Stück abwürgen wollten? Ich weiß es bis heute nicht. War's wieder mal der deutsche Neidfrosch? Der dem berühmten Autor Sommer einen Bühnenerfolg nicht gönnte?

Nicht nur Sigi Sommer war ein bedeutender Mann in jenen Jahren. Es gab eine ganze Reihe von anderen interessanten Köpfen in der »Abendzeitung«. Der wohl originellste neben dem Sigi war Wolfgang Christlieb. Kritiker, Maler, Querdenker und Dickkopf. Ein Mann, der ständig Privatkriege mit Institutionen, Politikern und Münchner Umständen führte. Gehasst. Aber auch geliebt.

Wolferl, wie man ihn in der Redaktion liebevoll-ironisch nannte, lebte im tiefsten Schwabing und fuhr, wie sich auch immer die Autoentwicklungen und Techniken änderten, ungerührt den legendären und antiken Opel P 4. Es konnte schon mal vorkommen, dass er mich in der Redaktion anrief und um Hilfe bettelte, wenn er mitten auf dem Stachus mit seiner historischen Luxuskarosse festlag. Erste Gegenfrage: Hast du überhaupt noch Benzin im Tank? Häufig ließ sich dadurch das Problem bereits aus der Welt schaffen. Aber nicht immer. Ich weiß dies deshalb so genau, weil ich einige Zeit das zweifelhafte Vergnügen hatte, mit Christlieb das Redaktionsstübchen zu teilen.

Nach Sigi Sommer war Wolfgang Christlieb der nächste KO-Anwärter, der in den Bühnenring stieg. Sein Stück um König Ludwig, »Gewitter am See«, ist heute in München noch immer nicht vergessen, denn es war nicht nur gut gemacht, sondern handelte von König Ludwigs Glück und Ende. Das Bayernthema schlechthin.

Immer wieder taucht heute noch mal ein Leserbrief in Zeitungen auf, doch dieses Christlieb-Werk wieder auf den Spielplan zu setzen, mit dem ich den Bühnenverlag gemeinsam habe. Den Theater-Verlag Desch in München. Christlieb erging es nicht ganz so miserabel wie Wedekind und Sommer. Doch die Verrisse machten seinem Erfolg den Garaus. Auch »Gewitter am See« verschwand bald vom Spielplan. Beide Autoren waren von einer Art Münchner Verschwörung aus Publikum, Kritik und Neidfröschen gemeuchelt worden. Sommer sprach später oft verbittert von seinem Misserfolg.

Christlieb nahm den Verriss seines Bühnenwerkes nicht ganz so tragisch. Nicht nur weil er sich selber als Groß- und Multigenie empfand, sondern eigentlich als bedeutenden Geigenvirtuosen.

Wenn er zu irgendeiner Veranstaltung mit seiner Lebensgefährtin Otti hereingepoltert kam, seinen Geigenkasten unter dem Arm, dann stand ein musikalisches Großereignis unmittelbar bevor. Otti, eine fröhliche und robuste Frau aus dem bayerischen Hinterland, hatte er häufig dabei.

Mit Vorliebe sogar bei unseren Redaktionssitzungen für die Faschingszeitung, wo beide gemeinsam gewaltig tafelten und tranken, was sich in astronomischen Abrechnungskaskaden niederschlug. »War wieder mal die Otti dabei?«, pflegte mich dann der oberste Verwaltungschef des Hauses über seine Brille missbilligend anzusehen. Ich gab zurück: »Ohne Otti kein Christlieb!« Er verstand und überwies knurrend den Betrag.

Ich liebte sie beide, die man bei ihren gemeinsamen Auftritten leicht als Wiedergänger von Karl Valentin und Lisl Karlstadt sehen konnte, als die sie sich auch mit zunehmendem Alter möglicherweise selbst immer mehr empfanden und spielten.

Legendär die Geschichte über den Besuch des Tandems im Haus des Sammlers und Verlegers Lothar Günther Buchheim, in der Biersackstraße in Feldafing, die mir dessen Frau Diethilde erzählte. Zwischen den beiden Großen, die häufig im Clinch miteinander lagen, herrschte gerade mal Tauwetter. Man sprach wieder miteinander. Als Zeichen seines friedlichen Wollens suchte Christlieb seinen Feind/Freund Buchheim im Verbund mit Otti auf. Den Geigenkasten unter dem Arm. Buchheim ahnte bei dessen Anblick die drohende Gefahr, und versuchte, Christlieb schon im Vorraum abzuwimmeln.

Doch der dachte nicht daran, wieder wegzugehen, und kämpfte sich zusammen mit Otti bis in die Bibliothek vor. Wo er ungerührt die Geige auspackte, und sein Konzert gab. Buchheim musste schließlich Beifall klatschen. Die Freundschaft war erneuert. Wenn auch nur, wie meist bei Christlieb, für ganz kurze Zeit.

Ich bin der Meinung, Sommer und Christlieb hätten es verdient, wieder auf die Bühne zu kommen. »Marile Kosemund« und »Gewitter am See« – zwei Stücke aus der Münchner Szene. Beide Autoren sind außerdem so tot, wie der König Ludwig selber, wie Sigi Sommer sagen würde. Neid also nicht mehr aktuell und unangebracht. Das sind zwei starke Stücke für das schlingernde Volkstheater in München.

In jenen Jahren leitete auf der anderen Seite der Maximilianstraße der aus der Emigration zurückgekehrte Kurt Horwitz das Bayerische Staatsschauspiel. Die Gralsburg des bayerischen Theaters. Der Olymp. Auch er hatte seine Probleme mit Münchner Kritikern. Mit Münchner Publikum und einer ganz speziellen Kategorie jener Jahre. Dem Premierenpublikum. So notierte er in seiner feinen, gestochenen Schrift über die Premiere von »Cyprienne«: »... über das Premierenpublikum verzweifelt ... Gold (Käthe Gold) und Gins (Ernst Ginsberg) gut. Großartig.« Und wenige Monate später höchst erleichtert und zugleich besorgt: »Cyprienne ausverkauft. Weitere boshafte Kritiken. Theater ist eine ewige Schule mit Noten.« Und dann fuhr er fort: »Theater in München ist eine eigene Sache. Es ist eigentlich kaum zu machen. Plump ist alles. Schwerer Boden in München!«

Wedekind hatte schon gemeint: »Kultur findet in München höchstens trotzdem statt«, und Richard Strauß empfand München ärgerlich als einen »Sumpf, einen öden Biersumpf«, und vergab seine Premieren ausschließlich nach Dresden an die von Gottfried Semper erbaute Oper. Semper sollte ursprünglich auch in München bauen. Aber hier wollte man ihn genauso wenig wie Richard Wagner, der schließlich nach Bayreuth ausweichen musste.

Wie hatte gar Arnulf Schröder, lange Zeit Oberspielleiter am

Bayerischen Staatsschauspiel, über die Münchner Kritikaster geurteilt? »Der Kritiker ist der Revisor. Er ist unbehaglich.«

Brecht war das Klima in München zu unbehaglich. Thoma hatte seine Stücke, wie sein Skatbruder Richard Strauß auch, nicht mehr zuerst in München aufführen lassen und vergab die Premieren nach Berlin.

Brecht verschwand gleich ganz aus München und ging Ende der 20er Jahre nach Berlin. Den Ungeist der Stadt hatte er erstmals während der Proben zu »Leben König Edwards II. von England« an den Kammerspielen in aller Brutalität erlebt. Fuegi schreibt, Hitlers braune Horden seien am 9. November an den Kammerspielen vorbeigezogen. Werner Hecht spricht davon, dass diese Proben am Stück einen Tag unterbrochen werden mussten, denn in der Stadt wurde scharf geschossen. Brecht hasste diese Unruhe und fürchtete um seine ganze Arbeit, seinen Erfolg.

Zusammen mit den schwierigen Umständen des Theaters überhaupt in der Stadt war wohl auch seine Angst vor der drohenden politischen Katastrophe der Grund, München schnellstens zu verlassen. Theater in München, das könne nichts werden, meinte BB, das liege wohl am »schlechten Wasser«.

Der Ungeist, die Intoleranz und die Ablehnung des Neuen, Unbekannten, leben in Bayern immer noch fort. Lothar Günther Buchheim mit seiner Sammlung von Expressionisten ist ein Beleg dafür. Man wählte diese aus seinem Heimatort Feldafing am Starnberger See eiskalt fort. Die Mehrheit wollte sein Museum nicht.

Die Expressionisten aus dem Sächsischen immer noch zu sehr Avantgarde? Fort mit ihnen, denn die moderne Malerei wird offenbar immer noch von vielen als eine Erfindung von Beelzebub höchstpersönlich betrachtet!

Cordula Trantow, Theater-besessene Bundesfilmpreisträgerin, Regisseurin und Managerin, scheiterte ein paar Kilometer weiter im Oberbayerischen, dem Städtchen Weilheim. Zehn Jahre lang hatte sie hier ihre erfolgreichen »Weilheimer Theatersommer« betrieben. Auch hier wieder der schon erwähnte »Ungeist«. Rückschritt und Borniertheit. Ihre respektable »Faust«-Inszenierung im Sommer 1998 endete mit einem Eklat.

Die Frau des Bürgermeisters rannte aus der Premiere mit dem Schrei hinaus: »Sauerei! Pornographie«. Ein Skandal, der seine Wellen im ganzen Bundesgebiet schlug und Bayern ziemlich blamierte. Die empörte Bürgermeistersgattin hatte keine Ahnung, dass Frau Trantow lediglich nach den Regie-Anweisungen von Goethe selbst spielte.

»Die Atmosphäre ist völlig vergiftet«, erkannte die Theater-Prinzipalin entnervt und gab auf.

Aber Cordula Trantow ließ nicht ab von ihrer Idee, Sommertheater in Bayern zu machen. Inzwischen hat sie im benachbarten Garmisch ein neues Zuhause gefunden.

Es hat sich eben doch ein bisschen was geändert in Bayern, obwohl Thoma einst in dem von ihm so geliebten Berliner Dialekt voller Pessimismus gedichtet hatte: »Es hat sich nischt geändert,/ die Welt bleibt schwarz gerändert./ Ach wissen Se, ach nee,/ es ist der alte Schnee!«

Ach wissen Se, ach nee: Buchheim bekam doch sein Expressionisten-Museum und Cordula wird bald nach Garmisch ihre Theater-Kunst bringen. Politiker haben zwar nicht allzu viel Interesse an Kultur, aber wenn die Gefahr der Abwanderung aus Bayern besteht, womit Buchheim drohte, dann leuchten doch die roten Lämpchen. Und dann kommt der Ministerpräsident sogar selbst zur Grundsteinlegung ans andere Seeufer nach Ambach, wo nunmehr das von dem Olympia-Architekten Günter Behnisch konzipierte Expressionisten-Museum Gestalt annimmt. Etwas vom biederen Landvolk abgesetzt, damit die dort ausgestellte nackte »Fränzi« vom Moritzburger See nicht doch noch eine Katastrophe anrichtet und die Sittlichkeit gefährdet. Das Buchheim-Museum baut der bayerische Staat. Cordula Trantow bekommt Zuschüsse und musste nicht, wie einst Eckardt Wiemuth, die Segel streichen. Es ist doch nicht mehr alles ganz so, wie es gewesen ist.

Es war jetzt dunkel geworden am See. Der bleiche Haifischhimmel hatte sich düster verfärbt. Die ersten Sterne. In dem leichten Abendwind, der aufgekommen war, ging ich zu meinem Haus hinunter.

Die Luft tat gut. Sie war nach dem Gewitter jetzt ganz klar. Brecht hatte sein Haus drüben am anderen Ufer in Uttings Seestraße 92 bis in die 50er Jahre behalten. Der fürsorgliche Papa hatte es nach Brechts Emigration sogar beliehen. Mit dem Geld konnte der Sohn im dänischen Svendborg auf der Insel Fünen am Meer sein neues Dichterhaus erwerben. Erst in den 50er Jahren veräußerte Hanne Hiob das Anwesen.

»Plump ist alles«, hatte Horwitz über das Münchner Kulturleben philosophiert. Das stimmt. Und es stimmt nicht. Denn trotz aller Querelen, trotz des brecht'schen »schlechten Wassers« und des »schweren Bodens« von Horwitz: Einer aus meinem Umkreis kam nach Sigi Sommer und Wolfgang Christlieb dennoch durch und schaffte mit »München leuchtet« den größten Theater-Serien-Erfolg in München überhaupt! Und ich schaffte es schließlich selber auch noch. Am Staatsschauspiel. Doch davon wird später zu lesen sein.

Dieter Hildebrandt, der viel gerühmte und treffsichere Kabarettist, war bei mehreren Faschingsausgaben der »Abendzeitung« mein hoch geschätzter und wichtigster Mitarbeiter, Berater und Munitionslieferant für unsere satirischen Kreuz- und Querschüsse. Zusammen mit Gerhard Polt, Otto Grünmandl und der Biermösl-Blasen stellte Dieter einen Theaterabend auf die Bühne der Kammerspiele, der alles bis dahin Dagewesene übertraf. Die Hildebrandt-Produktion wurde ein Triumph und lief mehrere Monate en suite! Es gab Käuferschlangen vor dem Theater.

»München leuchtet« war ein rauschender Erfolg. Er zeigt, dass das Münchner Publikum durchaus für Intellekt, Witz und scharfe Schüsse zu gewinnen war. Trotz des schlechten Wassers und des schweren Bodens.

Das Publikum war diesmal auch nicht »zu ängstlich«, wie der Brite Peter Jonas, Chef der Bayerischen Staatsoper, generell mutmaßt. Vor dem Münchner Presseclub meinte er, dass es nicht leicht sei, in München Oper zu machen. Man sei hier eher nach rückwärts gewandt und habe Angst vor Neuem. Jonas, der seine Nerven durch Fußwanderungen nach Prag oder Venedig immer wieder aufbauen muss, will denn auch nur noch seine Amtszeit hier zu Ende führen und nicht länger als notwendig an der Isar bleiben.

Die Großen haben sich hier, am Rande der oberbayerischen Schotter-Ebene, schon immer schwer getan. Der Toscanini-Meisterschüler Georg Solti, ein temperamentvoller Ungar, konnte den Münchner Kritikern überhaupt nichts recht machen. Sie schrieben ihn derartig nieder, dass er es vorzog, sich nach London abzusetzen. Dort umjubelte man ihn und lobte ihn bald in den allerhöchsten Tönen. Solti ist weltberühmt geworden.

August Everding, über viele Jahre Übervater und Antreiber der Münchner Kultur, wollte man gar nicht erst haben. Der junge Mann aus Bottrop hatte hier studiert. Mit Dieter Hildebrandt Kabarett gemacht. Hans Schweickardt hatte ihn zu seinem Nachfolger als Intendant der Kammerspiele ausersehen.

Das passte den Medien-Päpsten im Hintergrund überhaupt nicht. Man stellte sich eine Berühmtheit für München vor, wie Gustav Gründgens oder Heinz Hilpert. Aber ob diese oder andere auch nach München gekommen wären?

Im Stadtrat, wo man über Everding entschied, kümmerte man sich zum Glück einen Dreck um das Gift-Gekläff der Zeitungen. Man berief Everding und tat damit einen Glücksgriff. Von linken Diskussionen verschreckt, ging er zwar bald nach Hamburg, kehrte aber doch wieder nach München zurück, wo man ihn in die Position holte, die seinem Engagement entsprach. Er wurde Generalintendant.

Dass Everding in einer Zeit der Theaterschließungen es fertig brachte, München sein Prinzregenten-Theater zurückzugeben, ist seine wohl größte Leistung. Und zugleich eine echt bajuwarische Kuriosität. Man ließ ihn zwar das Theater renovieren und fertig stellen, gab »August dem Großen« aber keinen Etat für sein Haus. Dass dieser Quirl dennoch immer wieder dort Produktionen auf die Beine stellte, war deshalb umso mehr zu bewundern.

Sein Tod hinterlässt eine Lücke, die nur sehr schwer zu schließen sein wird. Oder gar nicht!

Bald hatte ich doch so viel Geld zusammengeschrieben, dass ich auf dem viel zu großen Platz am See mein Haus bauen konnte.

In meiner Zeit als Badehaus-Mieter unter dem bleichen Haifischhimmel hatte ich mitgekriegt, dass hier die Sommer meist total verregnet waren. Brecht ist auf vielen Bildern mit Helene Weigel und den Kindern immer nur im Badedress zu sehen. Aber »in jener Zeit, die längst vergangen ist«, gab es vielleicht doch noch mehr Sommertage als die drei oder vier, die unser ganzes Glück heute ausmachen. Es hat sich viel verändert.

Von Brecht und all der Prominenz, die am See einst gelebt, konferiert, sich amüsiert und geschuftet hatte, besaß ich noch keinen blassen Schimmer. Aber kaum halbwegs hier sesshaft geworden, erwanderte und erradelte ich mir die kleinen Orte am Ufer. Diessen ist ein Ort der Künste.

Immer schon gewesen. Hier gibt es eine lange Tradition von Keramikern und Zinngießern. Malern. Komponisten und Autoren. Ich kam über ihre Häuser an die Künstler heran. Das klingt überraschend. Es ist kein schlechter Weg.

Ich hatte damit schon in der Poschingerstraße des Herzogparks begonnen. Die Thomas Mann-Villa, wo der Dichter von 1913 bis zu seinem »Wegbleiben« aus Deutschland 1933 schrieb, wo seine Kinder geboren wurden und wohin er nie mehr zurückkehrte.

Ich behielt mein Stadt-Studio nicht weit weg vom Mann-Gebäude in der Poschingerstraße bis heute. Bald flickte man das Mann-Haus notdürftig wieder zusammen. Ich wollte das Thema ebenfalls aufgreifen, da ich beinahe jeden Tag am Haus vorbeikam. Schrieb einen Brief an Golo Mann und bat ihn, für ein Foto doch nach München zu kommen.

Golo Mann antwortete, er könne sich kaum noch an seine Münchner Jahre erinnern. Und Zeit, hierher zu kommen, habe er schon gar nicht.

Die Absage von Golo Mann hatte mich bitter enttäuscht. Längst kann ich seine Haltung verstehen. Wie sein Vater Thomas wollte auch er nie mehr zurück nach München. Wir blieben dennoch über viele Jahre in brieflicher Verbindung.

Auch zu Ludwig Thoma kam ich über sein Dichterhaus am Tegernsee. Der damalige Münchner Oberbürgermeister Hans-Jochen Vogel stahl sich aus seinem Rathausamt gerne immer ein paar Tage als Pensionsgast in das behäbige Haus fort. Dort stöberte ich ihn für ein Interview auf. Meine Freundschaft zum Haus und zum Dichter selbst nahm hier ihren Anfang.

Ich erfuhr bald, dass das Haus bedroht war. 1908 erbaut und nie durchgreifend renoviert, war es dem Verfall nahe. Maidi von Liebermann, die Dichtererbin und Verwalterin seiner Werke, konnte die enormen Summen nicht aufbringen, die zur Renovierung erforderlich waren. Ich trug das Thema Werner Friedmann vor, der, ohne lange zu überlegen, seine Zustimmung zu entsprechenden Veröffentlichungen durch mich gab. Vogel hatte inzwischen begonnen, Sponsoren aus der Wirtschaft zu gewinnen. Ich gab publizistischen Flankenschutz. So kam es zur Rettung des Hauses, das heute von der bei der Stadt München angesiedelten Stiftung getragen wird, die das Anwesen im Laufe vieler Jahre mit ganz erheblichen Mitteln saniert und gerettet hat.

Bald schrieb ich mein erstes Buch über den Dichter, »Ludwig Thoma und seine Welt«. Ein Kapitel darin blieb ausgeklammert. Ludwigs Liebe zu Maidi. Erst kurz vor ihrem Tod erzählte sie mir ihre Geschichte.

Die Geschichte der beiden Liebenden war geheimnisvoll. Niemand kannte sie genau. Wie die Umstände jener Zeit. Ich hatte mein Thema für die Bühne. »Ich bin allein und nicht allein« nannte ich mein Stück, das am Bayerischen Staatsschauspiel Premiere hatte – und für einigen Wirbel sorgen sollte. Ich war zwar erneut ziemlich kritisiert worden. Beim Publikum war es dennoch ein Erfolg. Keine Buhs und Pfiffe. Stattdessen stürmischer Premierenbeifall. Sowas weckt Neid! »Ich bin allein und nicht allein« hielt sich die ganze Spielzeit und ich erhielt viele positive Briefe dazu.

Was trieb mich eigentlich an, mich mit dem »Club der verbrannten Dichter« so intensiv zu beschäftigen? Mit dem Haus von Thomas Mann, der seine ersten Manuskripte als schmucker bayerischer Soldat dem Redaktionsleiter des »Simplicissimus«,

Ludwig Thoma, auf den Tisch legte? Mit Oskar Maria Graf, den Hans-Jochen Vogel bald aus New York an die Isar zurückholte und ihn einlud, hier zu bleiben. Mit Bert Brecht, dessen später Nachbar am See ich, ohne es zu wissen, geworden war. Mit dem Zeichner und Buchautor Thomas Theodor Heine aus Diessen, der nach 1933 nach Schweden emigrieren musste, wo er Kurt Tucholsky oder Willy Brandt hätte treffen können. Alle verjagt, getreten, verboten, vertrieben.

Dieses Engagement war bereits in den ersten Jahren meiner Tätigkeit als Rathaus-Reporter geweckt worden. Ich habe in dem Kapitel »Vom Hinsehen und Wegsehen« davon erzählt.

Mit Oskar Maria Graf hatte ich viele Gespräche. Er trug auch in New York seine Lederhose und Haferlschuhe. Den Gamsbart auf dem Trachtenhut. Aber in München wollte er auf gar keinen Fall bleiben. Den Grund nannte er mir bei einem langen Spaziergang am Starnberger See. »Mir stinken die Ideologien in Deutschland«, sagte er. »Mit Ideologien kommst net weit. Nationalismus. Rassismus. Kommunismus. Davor habe ich Angst. Das wird nichts.« Da lebte er lieber weiter in New York mit seinem Trachtenanzug sein kleines Leben. Ideologiefrei.

War es auch Scham vor all diesen Großen, die mich zu meiner Spurensuche immer wieder antrieb? Die ungeheure Trauer, dass gerade Dichter dieses Schicksal erleiden mussten? Graf war noch kein Großer, als die Nazis in Berlin Bücher verbrannten. Er flüchtete nach Prag und schrie: »Verbrennt mich!« Und dann erreichte er auf tausend Umwegen Amerika.

Bert Brecht kam ich erst viel später näher. Auch er war bespitzelt, verjagt und verboten gewesen, und im Westen dann nach dem Krieg gleich wieder verboten worden. Wegen falsch wiedergegebener Äußerungen nach dem 17. Juni 1953. Er galt jetzt als Kommunist.

Ich erlebte in Berlin eine hinreißende Aufführung seines »Kaukasischen Kreidekreis«. Ahnungslos fragte ich nach meiner Rückkehr in München einen hohen Kulturpolitiker, warum man Brecht denn hier nicht spiele. Darauf gab dieser entrüstet zurück: »Mit diesem Erz-Kommunisten wollen wir nun wirklich überhaupt nichts zu tun haben!« Verfolgung – in Bayern jedenfalls – lange über den Tod hinaus! Beamte haben es da besser. Sie dienen jedem System. Aber niemand wird sie je dafür verfolgen.

Bald fand ich auch das Dichterhaus in Utting. Lernte einen Menschen kennen, der Brecht noch selbst erlebt hatte. Es war sein über 90 Jahre alter Schreiner Sebastian Jausel, der Brecht die Einbauschränke ins Haus eingebaut hatte.

Breit und großmächtig steht das Thoma-Haus jetzt immer noch da mit seinen wettergegerbten Holzschindeln und den hohen Bäumen. »Großkotzig«, wie ein Kritiker heute noch schrieb bei der Besprechung meines Stückes, und das sollte wohl auch so sein. Das Haus sagt »Rutscht mir alle den Buckel runter«, und das allein schon beeindruckt mich immer wieder. Das Haus sagt »Ihr könnt mich mal! Und der Thoma bin doch nur ich. Und sonst niemand.«

Dass es dem Oberbürgermeister Vogel gelungen ist, Haus und Grund mit dem ganzen Umgriff zu erhalten, zählt genauso viel wie der Bau des Olympiastadions oder der U-Bahn, die er mitschuf. Als Veranstalter darf hier nur rein, wer zu dem Hausherrn in guter Verbindung steht. Es ist inzwischen längst Münchens »erstes Literaturhaus« wie Martin Schäfer befand. Und das erste »Weihnachtshaus«, denn hier wird Jahr für Jahr Thomas »Heilige Nacht« von Gert Anthoff gelesen!

Jetzt war es ganz düster über dem See geworden. Plötzlich ein Krachen über mir. Ein wahnsinniger Sturmwirbel. Er klang wie irres Gelächter. Idiot ... hörte ich heraus. Sie sollen dir den Buckel runterrutschen, tobte irgendeine andere Stimme. Denk dir überhaupt nichts, weil du kritisiert worden bist! Ich stürzte. Ich lebte hier und musste es hinnehmen, wie es war.

Meine Freunde Othmar und Werner erwarteten mich im Haus. Ich war völlig durchnässt und musste erst unter die Dusche. Und dann stießen wir an. Wir feierten Sieg und Niederlage und alles, was sich um mein Stück abgespielt hatte, als Event. Und dazu passte diese irre Gewitternacht. Zwischen den Einschlägen der Blitze durchkommen. Trotzdem überleben. Das ist es.

Sollte ich mich jetzt Herbert Achternbuschs »Andechser Gefühl« von der ungeheueren Traurigkeit hingeben? Ich dachte gar nicht daran. Das »Andechser Gefühl« ist auch Hoffnung und Zuversicht. Und dass wir eine Zukunft haben, sagt der Herbert. Die Freunde lachten. Und die Stimme des Sturmwindes hatte Recht. Sie sollten mir alle auf gut Bayerisch den Buckel runterrutschen.

Oh ja, Oskar Maria Graf verstand ich jetzt immer mehr. Das wird nix hier, hatte er gemeint. Zu viel Verblendung. Zu viel Ideologien in Deutschland. Seine »Briefe an meine Mutter«. Sein »Bolwieser«. Das ist allerbeste Literatur. Rainer Werner Fassbinder hat »Bolwieser«, den Kleinbürger und Spießer, im Geiste Grafs im Fernsehen zum Leben erweckt.

Aber eine liebenswerte Spur kann man auch von Graf finden. Im Geburtshaus zu Berg am Starnberger See haben sie ein »Oskar Maria Graf-Stüberl« eingerichtet.

Ein bissl was ist doch anders geworden in Deutschland. Niemand wird mich vertreiben. Piesacken. Nicht mal eine Nebel- oder Neidkrähe. Und Neidfrösche und Neidkrähen gab es in Deutschland schon immer.

Wir saßen bis zum Morgen beim Roten zusammen. Redeten von der Zeit, als wir noch barfuß auf dem Michelsberg, hoch über Kelheim, herumkrabbelten. Dass mein neues Stück ausgerechnet im Cuvilliéstheater uraufgeführt wurde, war schon wundersam. In der Mitte mein Weib Aimée. Das Leben schreibt sich seine Geschichten selbst. Wir erzählten Aimée, wie wir dieses bayerische Märchentheater als Lausbuben schon einmal in Besitz genommen hatten.

Wir wuchsen am Fuß der Befreiungshalle von König Ludwig I. auf. Dort, wo Donau und Altmühl zusammenfließen. Unser Abenteuerrevier war König Ludwigs »Halle«, mit den sie umgebenden Wiesen und Wäldern. Wir spielten Räuber und Gendarm und entdeckten das schönste bayerische Märchentheater.

Eines Tages kam Othmar aufgelöst und atemlos auf Werner und mich zugerannt. »Da vorne in der Befreiungshalle ... im Keller ... Gold und Silber ... ein Schloss ... ein Palast ... Engel... prunkvolle Verzierungen ... ganze Türme! Kommt schnell, schnell!«

Wir liefen über die Wiese auf den Kellereingang zu. Er stand weit offen.

Heute hatte der Aufseher von der Halle droben seinen guten Tag. Er lüftete die Kellerräume mit den unfassbaren Schätzen. Wir rannten fassungslos zwischen all den Kostbarkeiten umher.

Ich bekam hier meine allererste Ahnung von Theater. Ein Gefühl von Größe. Phantasie und Verzauberung. Sie begleiteten mich, bis ich eines Tages inmitten dieses Theaters saß, wo sie mein Stück spielten.

Wenige Jahre später holte man dieses im Krieg ausgelagerte, einzigartige Kunstwerk nach München zurück. Und baute es wieder zum schönsten Rokoko-Theater der Welt, dem Cuvilliéstheater, zusammen.

Zu Beginn der 90er Jahre wandten sich mehrere bayerische Buchhändler im Hinblick auf den 75. Todestag von Ludwig Thoma 1996 an mich, doch meine Bücher über den Dichter neu aufzulegen. Vor allem die Anekdoten würden immer wieder von Lesern verlangt. Die Biographie zusammen mit den Anekdoten könnten ein neuer Erfolg werden und die Erinnerungen an den Dichter erneuern.

Einen Verlag dafür hatten sie auch schon. Hoch im Norden der Republik. Wo Theodor Storm einst am »Haff« lebte und schrieb, und von wo sich Gräfin Franziska zu Reventlow nach München aufmachte, in Schwabing zu leben und Mitarbeiterin des »Simplicissimus« zu werden. Die »Unterleibs-Emanze« der Schwabinger Bohème wurde.

Es war die Husum-Verlagsgruppe der Familie Paulsen, eines bedeutenden deutschen Verlages für Regionalthemen. Die Paulsens, selbst aus einer alten Künstlerfamilie mit Malern und Schriftstellern und vielen familiären Bindungen auch nach Bayern stammend, führen im Sortiment Anekdoten aus Thüringen oder dem Odenwald genauso wie Weihnachtsgeschichten aus Oberbayern oder Mecklenburg. Im vergangenen Jahr erwarb Ingwert Paulsen den »Verlag der Nation« der früheren DDR, mit Autoren wie Johannes Tralow, Golo Mann und Dieter Lattmann, hinzu.

Ich entschloss mich mit Blick auf Franz Freisleder, das Angebot anzunehmen: Der hatte mich schon mehrmals darauf hingewiesen, dass Münchner Autoren sich in München selbst bei den Verlagen schwer tun. Thoma-Freund Queri Girgl verlegte in Leipzig. Wedekind zuletzt bei Cassirer in Berlin.

Während der Arbeit an dem neuen Buch standen plötzlich wieder all die Gestalten von einst zwischen Schwabing und dem Tegernsee vor mir. Mit ihren Künstlerfesten. Ihrer Streitlust. Ihrem Kampf um Freiheit und Unabhängigkeit. Ihren Liebes-Rasereien. Der rastlos ganze Nächte durch schreibende Thoma in seinem Haus über dem Tegernsee. Und seine Sehnsucht nach einem privaten Glück.

Maidi von Liebermann. Die lange Nacht, in der sie mir die Geschichte ihrer Liebe zu Thoma erzählt hatte. Ich holte meine Notizen wieder hervor.

Warum ist Maidi nicht einfach von ihrem Mann weggegangen und zu Thoma gezogen? fragten mich Journalisten immer wieder, als mein Stück »Ich bin allein und nicht allein« herauskam. Frauen galten damals als Privatbesitz ihres Mannes. Heute ist es keine Schwierigkeit mehr, der Stimme des Herzens oder Geldes zu folgen.

Maidi von Liebermann war bald die Frau zwischen zwei Männern. Hier der bayerische Dichter Thoma. Berühmt. Erfolgreich. Querköpfig. Der seine erste Frau für viel Geld gekauft hatte.

Auf der anderen Seite Willy Ritter Liebermann von Wahlendorf. Sohn eines erfolgreichen Berliner Bankiers, der dem Kaiserhaus nahe steht. Neffe des Malers Max Liebermann, mit dem er viele Reisen schon als kleiner Junge unternimmt. Erbe von zwei Milliarden Goldmark. Thomas Versuch, ihm Maidi abzukaufen, sinnlos. Der eine will die Frau so schnell wie möglich haben. Er ist erfolgreicher Bestsellerautor. Der andere will seine junge Frau auf gar keinen Fall hergeben. Noch dazu an diesen bayerischen »Lustspiel-Schreiber«, wie er Thoma verächtlich nennt.

Ein Zweikampf beginnt. Mitten in einer Zeit des Zusammenbruchs. Der Krieg vorbei. Kein Friede mit geordneten Verhältnissen in Sicht. Drei Tage für eine Bahnfahrt von München nach Berlin.

Maidi und ihre Mutter lieben Thoma, diesen bayerischen Kraftkerl aus den »schwarzen Wäldern«. Ein Mann wie ein mächtiger Kachelofen.

In wenigen Wochen hatte ich zeitgleich mit dem Buch mein Spiel geschrieben. Ein pralles Stück Theater. Maidi frech und voller Eifersucht, als sie Thoma draufkommt, dass er immer noch mit seiner geschiedenen Marion in Kontakt steht.

Bald blickte mir Toni Berger über die Schulter. Ich schrieb mein Stück für ihn, den größten bayerischen Schauspieler unserer Tage.

Toni Berger hatte ich immer schon sehr gemocht. Allein schon deshalb, weil es lange dauerte, bis er in seiner Heimatstadt wieder Fuß fassen konnte auf dem »schweren Boden«. In den 30er Jahren fing er ganz klein am Schauspielhaus an. Mit seinem Freund Gustl Bayrhammer hatte er dann in Sigmaringen sein erstes größeres Engagement. War von Barlog nach Berlin geholt worden.

Es ist leicht, mit 19 als Lover berühmt zu werden. Es ist eine andere Sache, sich ein Leben lang langsam hochzuspielen. Die Chance seines Lebens war dann der »Boandlkramer« (Tod) in Kurt Wilhelms »Der Brandner Kaspar und das ewige Leben« nach Franz von Kobell. Die Premiere am 5. Januar 1975 mit all den Münchner Bühnengrößen wie Fritz Strassner, Gustl Bayrhammer, Hans Baur und Joseph Bierbichler war ein Theaterfest!

Von da an liebte ich Berger.

Es ist nicht ohne Ironie, dass in der Premiere 1975 derselbe Kritiker der »Süddeutschen Zeitung« saß, der 23 Jahre später auch die Kritik für mein Thoma-Stück »Ich bin allein und nicht allein« schreiben sollte. Der Kritiker war damals genauso gut drauf, wie 23 Jahre später. Er befand über den »Brandner Kaspar«, jetzt sei das Staatsschauspiel endgültig auf Komödienstadel-Niveau angelangt. Es werde Zeit, die staatlichen Zuschüsse zu streichen.

Am Staatsschauspiel gilt diese Kritik immer noch als Ausdruck höchster Treffsicherheit und Kompetenz. Und der „Brandner Kaspar" mit Toni Berger geht mittlerweile seiner 1000. Aufführung als Dauerbrenner entgegen!

Mit Johannes Reitmeier, dem Regisseur meines Stückes, war ich von Anfang an einig, »kein Vulksstück« zu wollen, wie Alfred Kerr schon Thomas »Magdalena« bei der Premiere gelobt hatte. »Kein Vulksstück«, das wollte auch Reitmeier, sondern eine moderne Produktion.

Es war ein Stück bayerisches Gemütstheater. Toni Berger sah als Thoma prächtig aus. Mit diesem Künstler kann nichts schief gehen auf der Bühne. Und so war es auch.

Längst gibt es andere Töne, die Josef Nyary griffig in der »Welt am Sonntag« unter dem Titel »Von der moralischen Anstalt zur Bedürfnisanstalt« zusammengefasst hat. Das Provokations-, Piss- und Kloakentheater. Kannibalismus. Ein Kothaufen als Kulisse. »Phaidras Liebe«: Ein Mann beginnt auf der Bühne zu onanieren, bis ihm Erdnussflips aus der Hose kollern. Brüste abgeschnitten, Vergewaltigung und Inzest.

Ein Arzt spritzt einem Gefangenen tödliches Heroin ins Auge. Mutter schüttet Vater seinen Urin aus dem Topf über den Kopf. Anschließend wird Vater aufgefressen. »Cleansed« von Sarah Kane, in Hamburg von Peter Zadek in Szene gesetzt. Die Autorin hat sich das Leben genommen.

Gescheitert an ihrer eigenen Welt ohne Hoffnung? Eine wüste neue Entwicklung. Wird sie dem Theater auch neue Zuschauer bringen? Sind das die neuen Themen, auf die sie angeblich sehnsüchtig warten? Oder nur eine Mode, die bald wieder vorbei sein wird?

Wer fürs Theater schreibt, muss absolut schwindelfrei sein und darf keine Angstgefühle haben. Nach den Videoaufnahmen im Dichterhaus über dem Tegernsee wusste ich, mein Stück würde die Zuschauer erfreuen! Ich war schwindelfrei.

Intendant Eberhard Witt hatte für die Premierenfeier die Bühne des Theaters selbst freigegeben.

Hinter dem Eisernen Vorhang versammelte sich ein buntes Volk aus Bühnenarbeitern, Schauspielern und Promis. Es war eine herrliche Mischung, wie ich sie so noch nie erlebt hatte. Da saß Alt-OB Vogel mit Dieter Hildebrandt zusammen. »Mr. Chip« Erich Lejeune mit seiner charmanten Frau. Der Karikaturist Dieter Hanitzsch, Hans Riehl mit Kulturreferent Professor Julian Nida-Rümelin, Carolin Reiber. Peter Fröhlich, der Wiener Schauspieler, schrie mich an: »Schreib sowas von Wien!«

Fehlte nur noch, dass Ludwig Thoma in der von ihm so geliebten Maske Bismarcks hereinkam, gefolgt von dem nackten Olaf Gulbransson, nur mit seinem berühmten Schaffell bekleidet.

Ach ja, da meldete sich plötzlich eine Erinnerung an vergangene Theaterschlachten. Sigi Sommer und »Marile Kosemund«. Wolfgang Christlieb und sein »Gewitter am See«. Dieter Hildebrandts Superhit. Keine Tumulte wie bei Wedekind und Sigi Sommer. Keine Buh-Rufe. Ein paar winzigkleine Goldsternchen regneten herunter vom Theaterhimmel.

Es hatte sich eben doch viel geändert in München. Die Kritik nicht. Sämtliche Münchner Zeitungen erschienen am nächsten Tag mit Verrissen und hielten den Daumen nach unten. Wieder mal der Neidfrosch?

Die beiden Darsteller Toni Berger und Esther Hausmann bekamen Lob. Ein »wunderbarer Toni Berger« und eine »dito bewundernswerte Esther Hausmann« seien da auf der Bühne gestanden. Die Frage bleibt offen, wie Schauspieler wunderbar oder bewundernswert sein können, wenn das Stück nichts ist.

Ich bin der Überzeugung, Kritik in der in München ausgeübten Form ist längst obsolet. Es besteht Reformbedarf. Der Kritiker soll weiter wie bisher abholzen und meinetwegen mit Abrissbirne und Planierraupe auflaufen.

Aber die Kritik darf so nicht mehr allein im Raum stehen bleiben. Es muss eine kurze Darstellung des Stückes oder des Buches vorangestellt werden. Der Leser hat ein Recht zu erfahren, worum es geht. Dann soll der Kritiker unbeeinflusst seine Meinung sagen. Wie bisher. Zugleich aber sollen Stimmen von Besuchern zu Wort kommen. Oder von Lesern. So wie in der Politik der Korreferent, der eine ganz andere Meinung als der Referent haben kann. Zwei, drei Fotos dazu. Jetzt weiß der Leser, was ihn erwartet. Es würde der Kulturberichterstattung neue Impulse geben.

Warum macht man es nicht wie Urs Jenny im »Spiegel«, der die neue Zadeck-Inszenierung »Gesäubert« von Sarah Kane zwei Tage vor der Premiere ansah und dann darstellte, was den Zuschauer erwartet?

Auch die »Süddeutsche« ging einen ersten Schritt in diese neue Richtung. Zur Premiere von »Sekretärinnen« im Deutschen Theater ließ sie erstmals neben der Kritikerin Christine Doessel – die Chefsekretärin schreiben. Ein Einfall!

Sagt den Leuten, was Sache ist. Was passiert. Und kritisiert dann. Lasst aber auch die Zuschauer selbst zu Wort kommen.

C. Bernd Sucher, selbst ein angesehener Kritiker, spricht in der »Süddeutschen Zeitung« nicht mit Unrecht von einer »Rezession für Rezensenten« und führt Beispiele dafür an. Die berühmt-berüchtigten »Broadway-Henker« neuerdings wirkungslos. Das Broadway-Musical »Titanic«, brutal niedergemacht von der Kritik, geht ins zweite Jahr und ist auf dem Weg zum Serienhit. »Die Künstler sind aufgewacht und machen Werbung wie die Industrie«, so Sucher. »Vorbei die Zeiten, da Broadway-Produzenten sich mit nur einem Presseagenten trafen, um zu überlegen, wie man nach der Premiere mit den Kritikerurteilen umgehen wollte.«

Heute trifft man sich lange vorher, um PR- und Werbeaktivitäten zu planen, mit verschenkten T-Shirts, Dampferrundfahrten oder Schirmmützen mit Autogrammen. Von derartigen Aktivitäten sind freilich die hoch subventionierten deutschen Theater noch meilenweit entfernt. PR und Marketing ziemlich fremd und unbekannt. Gerade die beiden genannten Themen könnten aber zur Existenzfrage für die Theater werden.

Sucher sieht den modernen Kritiker als Autor, als Förderer, als Deuter, als Moderator, als Entertainer. Aber dies sei die »weit schwierigere Rolle«, und wenn er sie nicht ausfüllen könne, sei er »wie ein Spekulant, der leer ausgeht«.

Die beste Kritik kam aus der am weitesten entfernten Stadt,

Berlin: »... so gesehen kann sich Thumsers Thoma noch lange halten: Als historisches Modell einer Liebe in Zeiten der Schickeria am Tegernsee.« So stand es in der »Welt«. Nahm ich die Kritiken alle viel zu wichtig? Mein Stück hatte bald seinen festen Platz im Spielplan. Ich bekam viel Zustimmung.

Stimmen überhaupt die ganzen bissigen Zitate über die Kunststadt München nicht so recht? »München, die liberalkatholische, in mild verständigen Konservativismus eines ebenso sattstrotzenden wie neugierfähigen Kulturbewusstseins dastehende Bayernmetropole, ist nach wie vor geprägt von bildungsbürgerlichen Ressourcen.« Aha. Ziemlich gedrechselt der Satz, aber sein Inhalt lässt aufhorchen. Der Begriff »Bayernmetropole« – ein Unwort.

Es stand in der »Frankfurter Rundschau«, geschrieben von Hans-Klaus Jungheinrich. Wie er zu dieser Erkenntnis kam, bleibt sein Geheimnis. Oder ist etwa an dem Satz was dran, die Bedeutung des »beschaulichen« (Spiegel) Städtchens wachse mit dem Quadrat der Entfernung? Oder hat Jungheinrich sein Respekt vor der Münchner Kritikerlegende Joachim Kaiser den Stift geführt, zu dessen Geburtstag der Aufsatz erschien? Wie auch immer. Vielleicht gibt es den »mild verständigen Konservativismus« mit einem »sattstrotzenden Kulturbewusstsein« doch in irgendeinem Winkel und wir haben es in unserer »Bayernmetropole« nur noch nicht mitbekommen?

Wenige Wochen später ein Montagabend im Staatsschauspiel. Ein leuchtender Funke Bert Brecht: Gastspiel des »Berliner Ensembles« am Resi mit Käthe Reichel als Opening. Käthe ist ein Berliner Arbeitermädchen, das nach dessen Rückkehr zu Brecht stößt. Seine Schülerin wird. Geliebte. Ich war wieder mal auf Spurensuche. Käthe Reichel ist 72. Sie steht den ganzen Abend allein auf der Bühne und spielt, ja, sie spielt die »Heilige Johanna der Schlachthöfe« ganz solo! Trinkt einmal einen Schluck aus dem Wasserglas. Keine Pause. Das Pathos noch vom Meister selber. Eine Glitzerstunde des Theaters! Anschließend ein Empfang in der Kantine.

Bärbl Jacksch, die Chefdramaturgin des Berliner Ensembles. Klaus Emmerich, Regisseur der Münchner »Dreigroschenoper«.

Er will mit Käthe einen Film machen, und sie ist hocherfreut. »Ich brauche Geld«, jammert sie. »Ich muss doch mein Plumpsklo endlich rauswerfen.«

Es ist noch immer im Haus in Buckow am Scharmützelsee unverändert. Hier, wo Brecht nach seiner Rückkehr aus der Emigration wieder an einem See lebte und das Haus an Käthe verschenkte.

Ich erzählte vom Ammersee. Dass dort alles fast noch so ist wie Ende der 20er Jahre. Unter dem bleichen Haifischhimmel. Warum Brecht nie mehr hierher zurückgekommen sei, frage ich Käthe Reichel. »Er wollte, wie viele andere Emigranten auch, überhaupt nicht mehr nach Deutschland. Er hatte vor, in Italien ein Ensemble zu gründen und von dort aus nur Gastspiele in Deutschland zu veranstalten.« Käthe lächelte. »Ja, Dichter in Deutschland ... das ist so eine Sache!« Ich war zersägt worden. Gehörte ich jetzt dazu? Vielleicht ein wenig. Das ist so.

Ist Theater in Deutschlands Medienwelt in der neuen »Rossini-Ära« des Genießens überhaupt nicht mehr ganz so wichtig? Theater und Kultur etwas aus dem Bewusstsein gerückt? Weltfremde Spielpläne, nur noch schwer zu begreifende Inszenierungen. Dagegen die Übermacht der Bilder im Fernsehen! Ob das Theater mit seinen verbrauchten und veralteten Konzepten auf die Dauer dagegen ankommt? Viele Theater sind Vernichtungsanstalten für Stücke. Da läuft was schief.

Kaum Regiekonzepte zur Abwehr und Stärkung der Bedeutung. In Berlin ein erfolgreiches britisches Stück mit dem visionären Titel »Shoppen und ficken« – vielleicht eine letzte »Handreichung« und Serviceleistung in unserem Land? Liegt hier die Zukunft des Theaters, das immer auch von Visionen lebte?

Theater auch auf eine noch ganz andere Weise vom Fernsehen bedroht. Vor allem die Privatsender haben einen immens gewachsenen Bedarf an deutschen Produktionen. So kommt es, dass der kleine, unbekannte Anfänger vom Theater Wiesbaden plötzlich in einer künstlerisch und literarisch hoch stehenden RTL-Ärzte-Soap als Assistenzarzt Karriere macht und gar keine Zeit mehr fürs Theater hat. Ausgewachsene Schauspieler können über Theatergagen nur noch lachen, weil sie in einem literarisch wertvollen Krimi im Monat locker ihre 100 000 Mark machen können. Die Ensembles lösen sich auf oder werden aufgelöst, und die Dramaturgen müssen sich ihre Darsteller immer öfter für den Abend mühsam zusammentelefonieren. Franz Xaver Kroetz hat dem Theater viele Impulse gegeben. Aber er hat die Schnauze voll, geht jetzt eigene Wege. Und inszeniert am Volkstheater den »Verkauften Großvater«. Weit ab vom offiziellen Kulturbetrieb.

Lifestyle ist angesagt. In der Freitags-Beilage der »Frankfurter Allgemeinen« ein seitenlanger Gourmet-Bericht mit Fotos über einen neuen britischen »Prometheus am Herd«.

In derselben Beilage der »Süddeutschen« ebenfalls genaue Anweisungen für Menues, die passenden Aperitifs und Weine dazu. Schlemmen und Schlemmen lassen. Es ist eine neue Form des Journalismus ausgebrochen. Über Tinos und Tonios. Entlegene Weingüter in Umbrien. Die richtige Temperatur der Bordeauxweine. Der Koch-Star vom Kurhaus-Stüberl. Die Trüffel und Bresse-Hühner. Über allem Gourmet-Gott Siebeck. Könige wie Bio. Sekt mit Eiswürfeln, Lachs-Dialog im Prosecco-Samt. Uralte Rezepte aus dem Perigord. Die Rossini-Ära.

Selbst altgediente Kollegen satteln um. Besteigen das Gourmet-Pferd und machen sich auf den Weg. Schreiben seitenlange Berichte über Lokale, in die vielleicht mal ein halbes Dutzend Leser jemals hinkommt. Ganze Seiten über neue Fresstempel. Der Koch eines neuen Gourmet-Lokals in der Münchner City hatte Tränen in den Augen, als er seinen ersten Stern bekam. Ein anderer hat sich erschossen, als er seinen verlor.

Geht lieber wieder in die Theater, anstatt in die Kneipen, Freunde! Im Theater ist Wahrheit! Phantasie. Zauber. Trotz allem. Herrliche, attraktive Frauen. Elisabeth Trissenaar. Juliane Köhler. Tanja Schleiff. Cornelia Froboess. Angela Winkler als Hamlet in Wien, Oliver Stockowski als Hamlet in München. Selge als Faust. Kremp, Jörg Hube, Niemtz, um nur ein paar Namen zu nennen. Gerd Anthoff, der die »Heilige Nacht« so unvergleichlich liest.

Fred Stillkrauth, dem ich so oft auf der Maximilianstraße begegne, knorrig und skeptisch, wie einst Sigi Sommer, mit dem ich abgründig-tiefgründige lange Gespräche führte. A wonderful world. Tausendmal interessanter als die ganzen Tinos und Tonios zusammen und heller als alle Gourmet-Sterne.

Wir haben uns längst aus dem Neid- und Jammerland in die Staaten auf den Weg gemacht. Der Wind weht frisch am Golf von Mexiko. Pat und Jim empfangen uns mit »Sweet potatoes« und frisch gekochten Maiskolben. Another world. Wir sind bei Freunden.

## Journalistengift und Medienlawinen

5.39 Uhr morgens. Ein leichtes Rumpeln im Treppenhaus. Der Lift setzt sich zu uns im 6. Stock in Bewegung. Zwischenstops. Immer ein Türöffnen und anschließendes Platsch-Geräusch. Musik für mich. Endlich oben. Wieder Platsch! Zeit aufzustehen. Die Zeitungen sind da! Platsch! Platsch! Platsch!

Sie liegen am Boden. Der Austräger, ein Junge aus Vietnam, hat sie vom 5. Stockwerk zwischen dem Treppengeländer durchgeschoben. Akrobatik schon am Morgen. Dennoch ein leichter, allerdings wesentlich schwächerer Platsch-Ton. Ich öffne die Wohnungstür. Bücke mich tief. Hebe die Zeitungen auf. Es ist jeden Tag die gleiche symbolische Verneigung. Vor den vor mir liegenden Kunstwerken. Denn in meinen Augen sind dies Zeitungen nun mal. Gemacht und geschrieben von Redakteuren und Reportern. Nicht nur diese sind die Künstler, wie Hans Habe meinte. Alle Journalisten sind es. Nicht alle. Die Auto-Gourmet-Reisen und Mode-Jubler auf keinen Fall. Und die Yellow-Phantasierer auch nur sehr bedingt.

Die Zeitung kommt Tag für Tag zur selben Zeit. Dies allein schon ist Jahr für Jahr eine gelungene logistische Meisterleistung im Nicht-Service-Land Deutschland, wo – wie viele Amerikaner ungläubig staunend finden – das Nicht-Arbeiten bezahlt wird.

Die Zeitung selbst, ihr Inhalt, die pünktliche Zustellung: Alles Service, Service, Service! Eine letzte blühende bunte Oase in der Service-Wüste Deutschland.

Aber diese, fast möchte ich sagen, romantische Idylle, ist bedroht. Geht es den Zeitungsvertrieben bald ähnlich wie Restaurants, Bäckereien oder dem Taxi-Gewerbe, die kaum mehr weiter tätig sein können, weil das umstrittene 630 Mark-Gesetz diese Billigjobs uninteressant macht?

Ich schreibe diese Zeilen in den ersten Maitagen des Jahres 1999 und bin gespannt, wie man in Bonn nach dem Sturmlauf gegen dieses und andere neue Gesetze entscheiden wird. Wenn es bei den beschlossenen Neuregelungen bleibt, stirbt damit auch ein Stück Pressefreiheit, umso mehr als die Abonnements eine der festen Grundlagen unseres Verlags- und Pressesystems sind.

Oder sollen in Zukunft die Redakteure ihre Zeitungen auch noch selber austragen?

Ein weiterer Schatten über meinem noch unbeschwerten Morgen-Glück: Die drei Zeitungen sind gewellt und nicht glatt, ja, sogar ziemlich zerknautscht und wellig.

Vom Regen, der wieder mal so überreichlich vom Himmel herniederprasselt. Erwischt bei den paar Schritten vom Fahrrad des Austrägers zum Hauseingang.

Ich greife zum Bügeleisen. Spinne ich? Keineswegs. Ich werde die Titelseiten glatt bügeln und anschließend ordentlich zusammenlegen. Im Wiener Hotel »Imperial« ist dies Alltag, auch bei nicht zerknautschten Zeitungen. Dies ist ein so nobles Hotel, dass man eine Belästigung der edlen Gäste durch Druckerschwärze vermeiden möchte. Deshalb bügelt man auch bei trockenem Wetter.

In England gehört Zeitungsbügeln zur Ausbildung der Butler und ist Prüfungsfach. Das hat was mit Hochkultur zu tun.

Es ist inzwischen 5.49 Uhr. Die Zeitungen glatt wie Seide. Ein erstes Überfliegen. Es ist wieder völlig still im Haus. Nicht mal mehr der Lift schiebt sich rauf oder runter. Der Morgentee läuft bereits durch die Maschine. Ich mit meiner Zeitung wie Kevin allein im Haus. Nur Aimée in ihrer kleinen Küche. Allein mit ihrem Küchenradio.

Ich fleze mich – noch im Pyjama – in den Sessel, die langen Beine auf dem Tisch. So saß ich auch in der Redaktion. Der Gerichtsreporter Walter F. Kloeck, ein Witzbold, trat immer an meinen Schreibtisch heran und gab mir seine Hand, indem er den

Fuß schüttelte, der ganz oben lag. Dann erst überreichte er mir mit einer tiefen Verneigung sein Manuskript.

Ist es die richtige Haltung, Zeitung zu lesen? Im Total-Verwaltungsstaat Deutschland, wo selbst der Gang zur Toilette reguliert ist (wenn auf dem Weg dorthin ein Unfall passiert, wer trägt das Risiko und zahlt?) gibt es darauf weder vom Gesetzgeber eine klare Antwort, noch ein Urteil des Bundesverfassungsgerichts. Höchste Zeit für Brüssel, hier schnellstens genaue Verordnungen zu erlassen!

Unbedingt erforderlich ist ein helles Licht (aufgrund der Augenschutz-Verordnungen und verschiedener Urteile des Bundesverwaltungsgerichts). Gültig ist die mit den Gewerkschaften im Manteltarifvertrag vereinbarte »Überlesungs-Verordnung«. Sie beinhaltet, niemand darf länger als maximal sieben Stunden am Stück Zeitung lesen. Sonst könnten Gesundheitsschäden eintreten, die im Interesse der Leser stricktestens vermieden werden müssen.

Dies alles ist natürlich nur Ironie, aber Tatsache ist auch, noch nie kam es bei Zeitungslektüre zu schweren Unfällen mit Knochenbrüchen. Es gibt auch keine Berichte über gesundheitliche Spätfolgen.

Dagegen werden die Warnungen von Medizinern vor ungebremstem Fernsehkonsum immer lauter. Seh- und Haltungsschäden schon bei Kindern. Bandscheibenbeschwerden bei Erwachsenen. Fernsehen macht krank. Und dies ist jetzt kein Spaß!

Geschmackssache und garantiert gesundheitlich unschädlich ist ein Jahrhunderte alter Brauch, den Gang zur ersten größeren Sitzung des Tages an einen stillen Ort mit der Zeitungslektüre zu verbinden. Die einsetzende Erleichterung schafft doppelten Genuss durch die gleichzeitig einsetzende Informations- und Wissensaufnahme.

Wir können nur hoffen, dass dies noch lange so bleiben kann, und die neuen Herren in Brüssel nicht mit harten Hygiene- oder Umweltschutzverordnungen regulierend eingreifen!

Ein kaum zu überbietendes Erlebnis stellt der Zeitungserwerb spätabends in der Kneipe dar, während der Ober beim Chinesen gerade die warme »Frühlingsrolle« serviert und sich gleichzeitig der Zeitungsverkäufer mit der ebenso warmen Zeitung vom nächsten Tag, die gerade an der Rotation rollte, an den Tisch zwängt! Das schafft ein Gefühl des Vorausseins, des frühzeitigen Einblicks in die News-Welt vom nächsten Tag, die der Rest der verschlafenen Menschheit erst am anderen Morgen genießen wird. Man ist vorne mit dabei!

Ein ungetrübter Genuss ist auch ein Fernflug nach Mombasa. Der Weg vom Zeitungsstand zum Check In ermöglicht schon durch das Überfliegen der Schlagzeilen erste Erkenntnisse. Die Sitze im Flieger sind plötzlich nicht mehr so eng, wenn man seine Zeitung lesen kann. Bitte anschnallen! Endlich über den Wolken.

Ich gerate rasch in eine wohlig-entspannte Stimmung, fast vergleichbar mit der schon geschilderten Gefühlslage beim Lesen an dem bekannten stillen Ort. Der Flug schafft Abstand. Wer kurz vor Mombasa liest, es seien schon wieder mehrere Hedge-Fonds in Milliardenhöhe geplatzt, wird das plötzlich nicht mehr ganz so wichtig nehmen.

Hintergründe. Neue Zusammenhänge. Das zählt. Die Gedanken nisten für viele stille Flugstunden in der News-World oder sie fliegen voraus zu den ersten Gesprächen mit den kenianischen Managern.

Das Hotel. Alles so schön fremd. Die Halle voller aufgeregter Menschen. Die Aircondition. In einer Ecke ein Sessel. Ich bin nicht allein. Ich habe ein Stück Heimat. Meine Zeitung. Jetzt kann ich sie endlich zu Ende lesen. Noch ist eine knappe halbe Stunde bis zum ersten Interview.

Ist das Format von »Spiegel« und »Focus« deshalb so griffig, weil die Leserschaft überwiegend aus Managern, Vielfliegern und Geistesmenschen mit Hochschulabschluss besteht, die in Jets durch die Welt düsen? Tut sich die ZEIT mit ihrer Auflage schwer, weil das Handling in den engen Fliegern bei dem ausladenden Format schwierig ist? Leicht können hier Unfallschäden entstehen, wenn der Nachbar beim Umblättern einen Schlag auf die Birne bekommt. Der Abschluss einer Unfall- und Haftpflichtversicherung sei empfohlen.

Die Zeit am Morgen rast. Es ist 5.49 Uhr und wir schreiben den 14. April des letzten Medien-Jahres in diesem Jahrhundert, das bisher alle Maßstäbe gesprengt hat. In den ersten Monaten des Jahres lösten sich nicht nur in den Hochalpen gewaltige Lawinen. Über den Deutschen gingen Medienlawinen in noch nie erlebtem Ausmaß nieder. Das Jahrtausend verabschiedet sich mit einem Knall.

Die Headline der frisch gebackenen »Süddeutschen Zeitung«: »Serben dringen in Nordalbanien ein« ... Darunter ein Foto von Außenministerin Madeleine Albright, mit dem Moskauer Außenminister, die am Vorabend der »beste deutsche Außenminister, den wir je hatten« (so Leserbriefe in BILD) in die deutsche Bussi- und Bazigesellschaft eingeführt hat, indem er sie in Paris mit zwei Wangenbussis begrüßte. Joschka Fischer.

»Sei nicht Wallner, sei der Hans« der große Aufmacher auf Seite 3 über den bayerischen Landtagsabgeordneten, der sich mit nicht weniger als 27 000 Mark im Telefonsexnetz verfing. Weiter »Die Kriegskosten steigen wie im Flug«, über die jüngste Preisentwicklung an der Front. Es sind in den vergangenen 100 Jahren insgesamt elf größere Kriege geführt worden. Also rund alle 10 Jahre einer.

Der teuerste war Weltkrieg Zwo mit 4000 Milliarden Dollar, der billigste der arabisch-israelische Sechs-Tage-Krieg mit 3 Milliarden. Die US-Investmentbank Lehman Brothers schätzt die aktuellen Kriegskosten eines Kriegsmonats in Serbien auf 3–9 Milliarden Dollar. Die USA haben angekündigt, dass nach dem Krieg über die Kostenaufteilung gefeilscht werden müsse.

»ADAC: Autofahren ist erneut teurer geworden« im Wirtschaftsteil. Passt gut zu dieser Entwicklung. Der neue Konstantin Wecker-Prozess im Münchner Teil.

Über allem eine tieftraurige, für ganz Bayern grauenhafte Meldung. Ein ungeheurer Schock. Die generell unbesiegbaren Bayern sind bei Otto in Kaiserslautern unverschämterweise 2 : 1 vom Platz gefegt worden. Was wird da wohl der Kaiser sagen und erst Hoeness!?

Die Reaktionen der Auslandspresse auf Seite 4 auf die gerade erfolgte Wahl des Medienkanzlers Schröder zum SPD-Parteivorsitzenden. Die Wiener PRESSE findet: »Seine Züge zeigen seit Tagen betroffen-grimmige Entschlossenheit, das verschmitzte Gekräusel um die Augen, mit dem er eine Nation eingekocht hat, wird aus gegebenem Anlass reduziert eingesetzt ...« Journalistengift!

Das war ein erster kurzer leserischer Probelauf. Ein Anwärmen. Jetzt geht's zur Sache. Ich lese die Zeitung immer von ganz links oben nach rechts unten. Das Streiflicht. Au weia! Das gleiche Thema Schröder. Aber da kommen die Kameraden natürlich in Wien nicht mit. Jetzt fließt Journalistengift aus der Feinsprühdose. Aus dem Streiflicht-Zerstäuber.

»Gerhard Schröder lässt seine Nebentätigkeit als Model derzeit ruhen. Das ja. Aber rechtfertigt das schon die landauf landab verbreitete Diagnose, der Kanzler sei in den letzten Wochen ›ein anderer‹ geworden? Wir zumindest erkennen ihn auf Anhieb wieder, selbst dann, wenn er von Liebe redet.

Von mürrisch herumsitzenden Parteitagsdelegierten mürrisch gewählt zu werden: Das kann selbst einem niedersächsischen Machtmenschen nicht wirklich gefallen. Also ließ er kurz vorm Ende seiner Rede plötzlich das Manuskript sinken und sprach, trotzig wie ein Kind, über die Liebe.

So, so, die SPD liebe ihn nicht? Und schon! Was seinen Bedarf an persönlicher Liebeszuwendung betreffe, genüge ihm seine Doris-Dosis. Das klang glaubwürdiger als Erich Mielkes ›Ich liebe euch doch alle!‹, aber nicht ganz so glaubwürdig wie Gustav Heinemanns Feststellung, er liebe nicht den Staat, sondern seine Frau. Schröders sozialdemokratische Untertanen jedenfalls, die dessen Liebesverzicht noch mit erleichtertem Lachen quittiert hatten, erstarrten gleich wieder, als ihr Chef dann doch um ein ›kleines Stück Zuneigung‹ bettelte. Bloß, wozu eigentlich? ›Wer einsam ist, der hat es gut, weil keiner da, der ihm was tut‹, sagte Wilhelm Busch, ein anderer Niedersachse, und womöglich ein klügerer.«

Die so formulierten satirischen Giftpartikel lassen den verregneten Morgen mit meiner von Hand gebügelten Zeitung mit einem Male nicht mehr so verregnet aussehen. Da funkelt was. Das Streiflicht der Brillant, der weit in den Tag hineinleuchtet. Der alles relativiert. Die Qualität einer Zeitung wird von ihren Schreibern bestimmt. Kauft das neue »Streiflicht-Buch«! Esprit pur.

Ich juble und will alles gleich Aimée vorlesen. Dieses Formulierungs-Faszinosum. Sie ist mit dem Frühstück zugange. Ihr Küchenradio immer noch viel zu laut. Ihr erster Tagesauftritt mit dem Frühstück. Aber jetzt stoßen zwei Mediensysteme ungebremst aufeinander.

»Loddar« Matthäus, der deutsche Fußball-Gott, will sich wieder mal scheiden lassen, trumpft Aimée auf. Gerade im Privatsender als Spitzenmeldung gekommen. Und die Bayern haben, völlig unfassbar, bei Otto 2 : 1 verloren, was sie mir als Zugabe, als Info-Sahnehäubchen sozusagen, noch drauflegt. Aber Bayern wird dennoch Meister werden! Mario Basler hat schon einen Tanklastwagen mit Weißbier für die Siegesfeier bestellt!

Lothar wieder mal der großherzige, wunderbare Sports- und Gentleman. Schlappe vier Millionen hat er erst vor ein paar Jahren berappt für Ehefrau Nummer 1. Jetzt will er Kurzzeit-Gattin Lolita erneut Millionen in die Schweiz überweisen lassen, wie edel und fair! Bald wird er mit Joschka und Gerhard im Heirats-Marathon gleichauf liegen, denn Ehe Nummer 3 mit dem 16 Jahre jüngeren Töchterlein Maren seines Leibarztes steht bald auf dem Spielplan. Sport verbindet, und dies macht ihn so beliebt.

Wo so viel Gutes unter Gutmenschen passiert, ist auch Harald Schmidt nicht weit. Er mutmaßt, es habe bei Maren in dem Moment gefunkt, als sie wegen eines Fußballspiels mit Lothar länger aufbleiben durfte.

Ich halte mit meinem Streiflicht dagegen. Lese den Anfang vor. Das zündet. Lothar trotz seiner millionenschweren Steilvorlage als news-fact auf einmal glanzlos und matt. Unwichtig. Wir haben die Originalformulierung des »Streiflicht« obendrein auch schwarz auf weiß vor uns liegen. Die Radio-News irgendwo im Äther verflogen wie Zigarettenrauch. Die Zeitung liegt da und ist nicht wie die bewegten Fernsehbilder im Äther verschwunden.

Man kann die Streiflicht-Artistik endlos immer wieder neu genießen. Sie bleibt!

Ich schneide das Streiflicht aus und spieße es auf. Zur Zeitungslektüre gehören nun mal auch im Zeitalter milliardenfacher Speicherkapazitäten von Internet und CD-Rom nach wie vor Schere und Spieß, auf dem man Artikel einlagert. Ich spieße das frisch gelesene und ausgeschnittenen Streiflicht auf.

Inzwischen habe ich durch einen Blick ins »Morgenmagazin«, von Sport-News eingerahmt, zum sechsten Male erfahren, dass die Bayern verloren haben.

Im Palast der Staatsdiener nebenan ist es lebendig geworden. Die ersten von ihnen setzen Kaffee auf und packen ihre Brote aus. Der Tag ist lang und die Probleme sind schwer und nur langfristig lösbar. Wie gut, dass es Zeitungen gibt! Ich erlebe den ersten Moment das Aufschlagens, diese genussvolle Sekunde durch den Blick aus dem Fenster ein zweites Mal. Zeitunglesen im Amt als Muss! Wie sollen die von der Verantwortung gebeugten Menschen dort entscheiden, ohne unmittelbar am Geschehen teilzuhaben?

Vielleicht ist heute eine rasche Entscheidung im Hinblick auf die stark anwachsenden Müllmengen geboten? Oder eine Eilanordnung »Direkt auf den Schreibtisch«? Wie geht es mit Biomüll, überhaupt mit der Mülltrennung insgesamt, weiter? Es wird immer noch Missbrauch getrieben, auch wenn zugleich die Zeitungen voll von Berichten sind, dass unmittelbar vor der Haustüre milliardenteure Umweltschäden durch die Kriegszerstörungen entstehen. Wir leben im Hier und Heute. Es ist also Dienst am Volke, sich aus der Zeitung gründlich und mit Bedacht zu informieren! Außerdem ist Zeitung lesen harmloser als Pornos im Internet gucken oder sich mit windigen Anlagegeschäften abzugeben, wie es in höheren Amtsstuben Bayerns aufgedeckt worden ist.

Gretel kommt. Sie bringt vier weitere Publikationen vom Tage. Die »Frankfurter Allgemeine«, »BILD«, die »Welt« und den druckfrischen »Spiegel«. Erneut stoßen diesmal gleich mehrere verschiedene Info- und Mediensysteme aufeinander. »BILD«

laut und lärmend für den raschen Verbrauch »light« bestimmt, aber doch ernster und gewichtiger geworden. Mehr Zeit beanspruchend.

Der frische »Spiegel« natürlich für Aimée, richtig »Frau im Spiegel« diesmal mit deprimierenden Neuigkeiten. Prinzessin Stephanie muss die Taufe ihres Jüngsten ohne ihre Schwester Carolin begehen! Carolin jetzt beim Hochadel! Irre Entwicklungen!

Die »Frankfurter Allgemeine«. Die »Welt«. Ich kann sie aber jetzt nicht genießen. Ich muss weg. Die »Frankfurter« verlangt Ruhe, ja, Stille. Über dieses Übermaß an Informationen, Hintergründen, Zusammenhängen und Kommentaren kann man nicht »light« hinwegfliegen. Die »Welt« ebenso. Die Aufmacher identisch mit dem großen Thema des Tages vom Eindringen serbischer Truppen nach Albanien.

Diese Zeitungen eignen sich überhaupt nicht für überfüllte Busse, U-Bahnen oder die Schnell-Lektüre im Auto. Sie wollen erlebt werden. In weiträumigen Chef-Büros, in der VIP-Lounge des Airports oder in der First Class über den Wolken. Die FAZ ist ein First. Sie geht erst mal an Aimée, die am liebsten Theaterkritiken aufstöbert und sie mir dann erzählt. Marianne Hoppe 90. Das erfahre ich gleich noch. Erst mittags werde ich mir das Nobelblatt in der schon bekannten Haltung mit den Beinen auf dem Couchtisch in völliger Ruhe reinziehen. Und anschließend gleich die »Welt«.

Aus BILD läuft längst kein Blut mehr heraus. Man überschlägt sich nicht mehr, seit Udo Röbel das Blatt leitet und Paul Martin sein Stellvertreter ist. Röbel war jener junge Kölner Redakteur, der sich zu den Geiselgangstern von Gladbeck ins Auto setzte, um sie aus der City zu lotsen. Jetzt steht er wieder ganz vorne.

Das Blatt hat sich gewandelt. Zum Kosovo-Konflikt eine kenntnisreiche historische Serbien-Serie von Josef Nyary über diesen seit Jahrhunderten schwelenden Brandherd am Balkan. Nach der Hessen-Wahl im Februar eine gründliche Analyse des Wahlergebnisses von einem leibhaftigen Professor. Goethe, Schiller und Richard Wagner als Liebesbrief-Schreiber. Jürgen

Kerting, der es versteht, Musik mit seinen Texten dem Leser nahe zu bringen.

Dann eine neue Spalte »Korrektur« auf Seite 2 nach dem Vorbild der New York Times, in der Fehl- oder Falsch-Informationen wieder gerade gerückt werden. Wenn in der Hitze des Gefechts am Vortag berichtet worden war, die Donau fließe durch Moskau, so erfährt der Leser am nächsten Tag, dass es die Moskwa ist. Falsch zitierte Aussagen werden berichtigt.

Die Artikel im Inneren des Blattes länger, ausführlicher und gut bebildert. Sehr viel Eigenrecherchen. Weniger Blut. BILD ist glaubhafter und lesbarer geworden – ob's lange vorhält? Es geht ganz alleine um die Auflage! Die muss stimmen.

Während der ersten Schreckenswochen des Kosovo-Konfliktes hat BILD sogar auf seine täglichen erotischen Botenstoffe in Form von leicht bekleideten frisch-busigem Jungfleich heldenhaft verzichtet, wodurch der Menschheit leider auch die hochliterarischen Text-Implantate dazu erspart geblieben sind. Erst als der erste Bombenschock verflogen war, wagten sich die Halbnackten wieder häufiger aufs Titelblatt.

Zeitungen sind Frische-Produkte. Mit Verfallsdatum zum raschen Verbrauch bestimmt. Tag für Tag oder Woche für Woche von der ersten bis zur letzten Seite voller frischer Informationen, Berichte, Kommentare, Glossen, Beilagen und Werbung. Anders als beim Fernsehen stehen keinerlei »Film-Stöcke« zur Verfügung, aus denen man uralte Klamotten so lange abspielen kann, bis auch der letzte Zuschauer erschlafft aus dem Sessel taumelt. Zeitungen sind das Universum!

Auch die Funkstationen schöpfen aus ihren Archivproduktionen, die sie tonnenweise lagern haben. SAT 1 etwa tut sich deshalb so schwer, Gewinne einzufahren, weil es keine größere Basis von Alt-Filmen zur Verfügung hat, wie etwa ARD oder ZDF. Tages- und Wochenblätter müssen täglich und wöchentlich neu produzieren, den Roman oder die Serie ausgenommen.

Bei vielen Kaufzeitungen ist zu Beginn der vierten Kriegswoche im Kosovo das Interesse an den Ereignissen dort deutlich erlahmt. An diesem 14. April erscheint beispielsweise die tz mit dem Titel »Von der Krankenkasse zum Sterben verurteilt« ... darüber »Schreinemakers will von RTL 40 Millionen«. »Noch 262 Tage bis zum Jahr 2000« links außen. Etwas weiter unten »Schwein fühlt sich als Hund«. Jetzt wissen wir endlich auch, warum Bayern in Kaiserslautern verlor. »FC Bayern schenkte Otto den Sieg«. Na ja, ein so großer und erfolgreicher Verein wie die Bayern darf ruhig auch mal großzügig sein.

Die »Abendzeitung« titelt zwei Tage später »Bürgerbegehren gegen Münchner Bier-Wucher«. Ein Bayernprinz will seit Jahren auch aufs Oktoberfest mit seinem Bier und will gegen das Monopol der Münchner Brauereien eine Art Bürgerbegehren einleiten.

Links ein Foto von einem Nato-Unfall, bei dem Bomben versehentlich einen Flüchtlingskonvoi getroffen haben sollen. Täglich neue Bombardierungen als Titel, sogar das ist inzwischen langweilig. Man kehrt zum Alltag zurück und BILD erscheint wieder mit seinen Frisch-busigen. Aber auch die sind längst langweilig. Michael Maier schreibt im »Stern«: »Der Krieg hängt uns zum Halse heraus.« Er wird dort nur noch acht Wochen im Amt sein.

Wir nähern uns dem Ende des April 1999. Warum ich gerade diese Wochen gewählt habe, um zu beschreiben, was und wie alles in den Zeitungen dargestellt wird? Anhand von nur ganz wenigen Sätzen, die nie den Kosmos der Medien insgesamt beschreiben können? Dazu bedarf es wohl ganzer Bibliotheken.

Es können nur ein paar Impressionen sein, Spots auf diese, wie man später wohl sagen wird, Kriegszeit.

Im katalanischen Barcelona gibt es den 21. April, an dem Blumen und Bücher gefeiert werden. Das passt gut zusammen. Warum gibt es so einen Tag nicht bei uns? Natürlich ist keinem Menschen im Nato-Bereich dieses Jahres nach Feiern zumute. Aber das Leben geht weiter. Ein Tag der Blumen, Bücher und Zeitungen. Eine gute Mischung!

Werner Friedmann, der große Münchner Zeitungsmacher, ist in diesen Tagen vor 30 Jahren gestorben. 59 Jahre alt. Im Mai wäre sein 90. Geburtstag. Zusammen mit Augstein, Bucerius, Buttersack, Habe, Jahr, Nannen, Erik Reger und Springer gehört er zu den Urvätern unseres Pressesystems nach dem Krieg. Die aus Trümmern und nazistischer Verblendung und Barbarei wieder den Grundton fanden, der heute noch bestimmend ist.

Friedmann prägte das Gesicht der »Süddeutschen Zeitung« mit, machte die »Abendzeitung« zur ersten liberalen Boulevard-Zeitung in Deutschland.

Gründete die Lehrredaktion, aus der später die Deutsche Journalistenschule geworden ist, sein wohl bedeutendstes Werk. Die Fernsehsendung »Stars in der Manege« beruht auf seiner Idee.

Er entdeckte Sigi Sommer und Dieter Schröder, der später selbst Chefredakteur der »Süddeutschen Zeitung« war und heute Herausgeber der »Berliner Zeitung« ist. Und schließlich Sibylle, die wunderbare Schreib-Zauberfrau, die jahrelang Woche für Woche einen bunten Blumenstrauß in den »Stern« schrieb, und heute die »Abendzeitung« im Geiste ihres verstorbenen Mannes als Herausgeberin weiterführt. In jener Zeit liebten wir den »Stern«.

Ein Bücher-, Blumen- und Zeitungstag. Die Zeitung mit ihrer Bewegung des Aufschlagens, das passt so gut zum Frühling, zu Blumen, zu Büchern, die das Neue bringen.

Werner Friedmann war ein Mann mit Charisma. Entdecker und Beweger, der weit über den Schreibtischrand hinaussah. Dieser Macher mit dem Über-Charme wollte zusammen mit den guten Geistern jener Zeit auch München wieder in die Völker-Familie zurückführen. Er wollte Politik, Wirtschaft, Kunst und Menschlichkeit, das Glück der kleinen Leute befördern, darin mit seiner Entdeckung Sigi Sommer im Denken eng verbunden. Ich liebte Friedmann.

Ein anderes Grundmotiv Friedmanns war immer, die »beste Zeitung, die es gibt« zu machen mit dem »Sekt aus den Gehirnen der Redakteure«, wie Erich Kuby dies formulierte, und das war durchaus kritisch gemeint. Denn die Journalisten haben mit ihren Schreibkünsten oft zum Discountpreis nicht unwesentlich zum Aufbau der Nachkriegspresse, aber auch von Millionenvermögen der Anteilseigner der Verlage beigetragen.

»Sekt aus den Gehirnen der Redakteure« war schon immer ein gefragtes Aphrodisiakum gewesen. Als um die Jahrhundertwende in München die »Simplicissimus«-Mitarbeiter herausbekamen, dass ihr Blatt beträchtliche Gewinne für ihren Verleger Albert Langen abwarf, probten sie den Aufstand und verlangten Mitbestimmung und Mitbeteiligung. Langen musste nachgeben, und das erste Presse-Beteiligungssystem in Deutschland war etabliert. Schreiber und Zeichner mitbeteiligt.

Nichts anderes geschah später beim »Spiegel« in Hamburg, wo Augstein Teile seines Unternehmens an seine Redakteure abgab, die den Sekt aus ihren Gehirnen damit auch für sich selber produzieren und an dessen Erträgen durch diese ganz spezielle Form der Geldschöpfung ihres Beteiligungsmodells partizipieren.

Freilich darf dabei nicht außer Acht gelassen werden, dass die Gründer und Betreiber von Medienunternehmen immer auch ein enormes wirtschaftliches Risiko tragen. Es sind nach dem Krieg Millionen mit Flops in den Sand gesetzt worden. Ich darf nur an das inzwischen längst vergessene Magazin »Tango« erinnern, das dem Gruner & Jahr-Verlag einen zweistelligen Millionenverlust einbrachte.

Ständig schießen neue Objekte wie Pilze aus dem Boden mit immensen Anlaufkosten. Es ist schwer, sich im Mediendschungel auch wirtschaftlich zu behaupten. Die großen deutschen Unternehmen sind wirtschaftlich gesund. Aber es wird messerscharf kalkuliert. Alteingeführte Blätter stürzen überraschend ab oder erwirtschaften keine Rendite mehr.

Ein solcher Fall ist die »NEUE REVUE« aus dem Bauer Verlag in Hamburg, die mal 1,7 Millionen verkaufte, und mittlerweile bei 390 000 liegt. Sie hat inzwischen nur noch 50 statt 100 Mitarbeiter. Statt 130 Seiten pro Ausgabe im Jahr 1970 mit 71 Anzeigenseiten waren es im Januar 1999 bei 80 Seiten Umfang nur noch viereinhalb Anzeigenseiten. Da schrillen die Alarmglocken!

Man will das Konzept ändern. Kommt damit die »Selbstgedrehte«? Der Ausdruck spielt auf die im Handbetrieb selbst hergestellte Zigarette an. Selbst gedrechselt und gedreht könnte auch bald im neuen Gewand die »NEUE REVUE« erscheinen, bei der die Redakteure in Zukunft ihre Ausgabe auch selber herstellen, also Foto-Redaktion, Layout und Textverarbeitung übernehmen. Mit einer Investition von fünf Millionen Mark will man durch spezielle Schulungen Personalkosten einsparen und wieder in die Gewinnzone kommen. Auch die Inhalte sollen modernisiert werden.

Computertechnologie soll bei diesem Konzept immer mehr technische Arbeitsabläufe zu den Redakteuren verlagern. Begeisterung kommt da nicht auf! Viele Mitarbeiter nahmen bereits Reißaus, weil sie sich nicht mit der komplizierten Elektronik anfreunden können. Teamarbeit soll ein weiterer Kernpunkt der Erneuerung sein. So soll, um das Gemeinschaftsgefühl zu stärken, auch mal gemeinsam getischlert werden oder es werden Therapieausflüge ins Gebirge unternommen.

Ich weiß nicht, ob dies ein Weg ist, die Qualität des Blattes zu verbessern. Teamarbeit ist wichtig. Sie dient in der Regel auch zur Vorbereitung von neuen Projekten. Doch ganz am Ende sitzt der Schreiber ganz alleine mit seiner Story und seinem Einfall vor Laptop oder PC.

Nur der liebe Gott ist dann vielleicht noch nahe. Oder für recht-gläubige Katholiken St. Urban, der Schutzheilige der Schreiber und des Weins. Oder der Beelzebub persönlich. Auch er führt manchem Journalisten die Hand. Wer gar nicht weiter kommt, soll sich an Dienstmann Aloysius Hingerl halten, der im Münchner Hofbräuhaus auf die göttliche Eingebung wartet.

Welche Mega-Summen für neue Zeitungen inzwischen erforderlich sind, zeigt der Fall der geplanten deutschen »Financial Times«. Das ist das pinkfarbige Blatt der britischen Pearson-Group, mit der weltweiten Geld-, Börsen- und Wirtschaftsentwicklung. Ähnlich dem deutschen »Handelsblatt«.

Zwischen Gruner & Jahr und den Briten ist ein Joint Venture für eine deutsche Ausgabe der FT geplant. Man spricht offiziell von Anlaufkosten in Höhe von 160 Millionen DM. Hausintern ist von mehr als der doppelten Summe die Rede. Das Risiko ist horrend. Zeitungen sind auch Wirtschaftsunternehmen. Die Kasse muss stimmen.

Die Millionen und Milliarden, die von Verlagen in kostspielige Fernsehprojekte geflossen sind, seien in diesem Zusammenhang nur am Rande erwähnt.

Die ersten Monate des Jahres 1999 gehen zu Ende. Monate, die wieder mal Europa veränderten. Die »Nachkriegszeit« ist wohl vorüber. Unglaubliche 50 Jahre des Friedens in Mitteleuropa ebenso. Dies ist mit Blick auf unsere europäische Geschichte eine schier unfassbar lange Zeitspanne und politische Leistung. Zwischen Weltkrieg I und II lagen nur knappe 20 Jahre, dann begann ein noch viel größerer und umfangreicherer Welt-Brand als je zuvor. Der teuerste Krieg aller Zeiten. So kurz war die Zeitspanne gewesen, dass die Italiener noch mit Ausrüstungen von Weltkrieg I an die Front von Weltkrieg II marschierten.

Am Staatsschauspiel in München in diesen Apriltagen die Premiere von Grabbes »Don Juan und Faust« und auf dem Bühnenvorhang sein Satz »Zerstören ... ja, das kann der Mensch!« Waren die Spielplanplaner so genial, dieses Stück mit dem Grabbe-Zitat so haarscharf und zeitgerecht zu platzieren?

Ach, leider nein. Die Zeit entwickelt sich immer passend zum Theater, das die ewigen Wahrheiten widerspiegelt und illustriert. Sie gelten immer noch und immer wieder, wenn wir auch 50 Jahre lang träumen und glücklich sein durften. Von Frieden und einer Welt ohne Krieg. Ohne Siege und Niederlagen. Aber es war eben auch diesmal wieder nur ein unrealistischer Traum. Zerstören ... ja, das kann der Mensch. Das Einzige, was die Menschen verbindet, ist das Nicht-Verstehen.

Ich träume von einer Zeitung, die alle paar Stunden von vorne bis hinten komplett neu erscheint. Und die werden sie noch als Giga-, Mega- und Monster-Computer auf der Basis von Laptop und Lederhose erfinden, so wahr mir Blasius vom Himmel aus mit dem Kopf zunickt!

Unendlich viele neue Zeitungsentwicklungen, die weiter ausstrahlen werden. Ein paar, die mir »trendy« erscheinen, halte ich fest. Noch in der »Vorkriegszeit« von Januar bis März 1999 hatten sich ungewöhnliche und neuartige Medienentwicklungen angebahnt, die zum Teil zu wahren Lawinen geworden sind.

Dabei kam die erste große Medienlawine des Jahres nicht mal von den Medien selbst. Politiker und Banker hatten sie in seltener Solidarität gemeinsam ausgeheckt und losgetreten. Ich spreche von der Einführung des Euro, von meinem amerikanischen Nachbarn Chris, District-Chef der Nations Bank, Juro genannt. Er sieht dieses Gebilde skeptisch, denn für ihn gilt der Lehrsatz »One nation, one money«.

Hinter dem Juro stünden viel zu viele Volkswirtschaften und massive nationale Eigeninteressen. Das werde nicht gehen. Und in seiner Nations Bank notiert er weiter den Kurs der Deutschmark zum US-Dollar. »Du wirst doch nicht für die neue Währung gestimmt haben?«, lacht Chris. »Oh nein«, musste ich zurückgeben. »Da gibt es bei uns keine Abstimmungen!«

Chris gehört übrigens zu der nicht geringen Zahl von Amerikanern, die amüsiert-mitleidig die Entwicklungen in unserem Land verfolgen. Und uns zu den »newly declining nations« zählen, den Nationen, die von Niedergang und Verfall bedroht erscheinen.

Die Über-Bürokratie und Über-Regierung, mit nicht weniger als sieben Regierungen, Parlamenten und Bürokratie-Wasserköpfen über dem Haupte des ahnungslosen Steuerzahlers. Der starre und reformunfähige Sozialstaat mit einer Überfülle von Regulierungen und Gesetzen. Die horrenden Steuern und Abgaben und Nebenkosten. In Bayern die vielen Bezirksregierungen mit Amigos als Präsidenten, die ein feudales Leben mit aufwendigen Auslandsreisen auf Kosten von Steuerzahlern und Bauträgern führen. »So viel Regierung hält kein Volk aus«, lacht Chris.

In Amerika hat der alte Cowboy Ronald Reagan schon vor vielen Jahren damit aufgeräumt, weil er seine eigene Steuererklärung nicht kapierte. Und seitdem gehts mit einem einfachen, bescheidenen Steuersystem bergauf. Amerika wird schon im nächsten Jahr einen Haushaltsüberschuss von 80 Milliarden einfahren. Die Politiker streiten, wofür sie das viele Geld verwenden sollen.

Chris lacht: »Es wird schon wieder werden bei euch drüben. Ihr steckt ganz schön im Dreck!« Dann erzählt er vom Konsumrausch in den USA, der schon seit neun Jahren anhält. Von Wal-Mart, der größten Supermarktkette der Welt, wo man auch nachts um drei Uhr noch shoppen kann, weil dort immer offen ist. Alle Kaufhäuser melden Rekorde. Es »wurlt« überall von Kunden. Der beliebteste Einkaufstag ist der Sonntag. Bob, der Cadillac-Verkaufsleiter, bietet mir freudestrahlend an, er werde am Sonntagmorgen zu einer Probefahrt mit seinem neuesten Caddy vorbeikommen.

Wal-Mart erzielte im ersten Vierteljahr 1999 einen Gewinn von einer Milliarde Dollar. Pelz kommt wieder in Mode! Die Amerikaner haben durch steigende Aktienkurse, bessere Bewertung von Immobilien und niedrige Steuern auch für die unteren Einkommensklassen mehr Geld in der Tasche. Allein im ersten Quartal 1999 gaben sie 6,7 Prozent mehr Geld aus als im gleichen Zeitraum des Vorjahres. Sehr viel allerdings auf Pump.

Und Chris ist happy. Seine Bank verdient glänzend mit an Verkaufsrekorden bei Autohändlern, Modeketten und Elektronikshops. Wird uns der Euro wieder voranbringen?

Im Jahre 1998 war massive Kritik und Ablehnung des Euro über Monate hinweg das bestimmende Thema in den Medien. Politiker fast jeder Couleur äußerten Bedenken, ja, einige taten so, als seien sie vom Scheitern des in der Geldgeschichte einzigartigen Schrittes felsenfest überzeugt. Auch in den Medien immer wieder giftige Kritik. Vier angesehene Banker und Professoren unter Führung von Wilhelm Hankel als radikale Gegner der neuen Währung sogar vor höchsten Gerichten. Erfolglos. Die Richter schmetterten die Klagen ab. Deutschland wird, wie Bismarck vor mehr als hundert Jahren meinte, längst nicht mehr nur von Inspektoren, sondern von Gerichten regiert.

Aber mit dem 1. Januar brandete Jubel, ja Triumph auf! Der Start – zum Kurs 1,18 zum US-Dollar grandios gelungen! Endlich der erste große Schritt zu einem gemeinsamen, wirtschaftlich prosperierenden Europa. Ein Medienerfolg ohne Beispiel! Die Banker an den Schaltern, die noch vor Weihnachten skeptisch die Köpfe gewiegt und Zweifel geäußert hatten, plötzlich und exakt ab dem 1. Januar 1999 positiv engagiert. Für die neue Währung.

In den Medien ein totaler Umschwung. Start gelungen. Alles phantastisch! Alles phantastisch? Zunächst ja. Alle hatten die Maastricht-Kriterien erfüllt. Ihre Hausaufgaben gemacht. Ich habe noch nie so eine glänzende einhellige Zustimmung zu einem Thema erlebt. Alle Kritiker verstummt. Alle Politiker, Banker, Wirtschaftsexperten freudig erregt. Jetzt werde man europäisch geeint am Weltmarkt auftreten.

Durch niedrige Zinsen neuen Antrieb für die europäische Wirtschaft, Arbeitsplätze und Wohlstand schaffen. Die Medien, die gestern noch erbarmungslos Kritik geübt haben, wie durch eine magische Verwandlung mit im Chor der Begeisterung. Wie das kam, wird wohl nie ganz geklärt werden. Es ist jedenfalls eine glänzende PR-Leistung, aber zugleich zeigte sich: »Journalisten sind Herdentiere« (Wilfriede Münster). Sie stimmten in die Begeisterung völlig überraschend mit ein. Kein einziger Giftspritzer mehr.

Zumindest volle vier Wochen lang. Rechtzeitig zum Euro-Start hatten die Top-Blätter auch noch ihre Wirtschafts- und Geld-Redaktionen massiv ausgebaut. Die »Welt« konnte dadurch in kurzer Zeit ihre Auflage um erstaunliche 10 000 Exemplare steigern. Auch die »Süddeutsche« mit einer Verstärkung des Umfangs des Wirtschaftsteils. Die »FAZ« mit einem eigenen, neuen »Geldmarkt«. Alles paletti!

Doch in der Geldzeitung der FAZ schon Anfang Februar erste Zweifel an der neuen Währung. Erste Zahlen. Im rauen Währungs-Weltmeer nicht die Riesen-Euphorie des europäischen Starts. Der Euro beginnt zu bröckeln. Er fällt. So groß ist dennoch weiter die Begeisterung, dass in den meisten Zeitungen der Kurs des US-Dollar zum »Auslaufmodell DM« gar nicht mehr veröffentlicht wird. Lediglich noch zum Euro. In München erwägt man in dieser etwas unklaren Gemengelage bereits die Einführung des UDE als regionale Ersatzwährung, wie schon an anderer Stelle berichtet.

Bald meldet sich wieder die Gruppe der vier Banker und Wirtschaftsprofessoren mit Wilhelm Hankel als Sprecher. Sie schlagen vor, die D-Mark-Scheine und Münzen nicht einzustampfen.

Man werde vielleicht froh sein, sie nach einem nach wie vor denkbaren Scheitern des Euro noch zu haben und erneut in Umlauf setzen zu können.

Inzwischen ist der Kosovo-Konflikt ausgebrochen und das Thema Euro nach hinten gerückt. Aber gerade durch den Konflikt wird ein neuer Rückgang des Euro-Kurses eingeleitet. Allmählich wenden sich endlich auch die Medien dem Thema zu. Die DM als Teil des Euro sei zu hoch bewertet gewesen. Man habe die Wachstumsprognose für die Bundesrepublik zu hoch angesetzt und diese müsste nun nach unten korrigiert werden. Das starke Wachstum der amerikanischen Wirtschaft treibe den Dollarkurs. Der Kosovo-Konflikt habe die Probleme verstärkt.

Endlich, zu Beginn des Monats Mai, eine ausführliche Zusammenfassung in »Capital«. »Wachstumsschwäche und Niedrigzinsen belasten Euro« die knallharte Diagnose. Mehr als 10 Prozent an Wert gegenüber dem Dollar bisher verloren! Aber die Banker beruhigen wieder mal. Derartige Kursschwankungen zum Dollar habe es immer gegeben. Die Diagnose von »Capital« dennoch: Der Euro ist nur noch ein »Halbstarker«. Italien ist schon ausgebüchst. Will mehr Schulden machen. Wie sagte Chris? One nation, one money.

Die Italiener freuen sich sehr auf den Euro. »Dann sind wir endlich unsere Schulden los und bekommen ein stabiles Geld«, sagen Freunde in Mailand. Ich hoffe, sie bekommen Recht.

Die Medienlawine zugunsten der neuen Währung ist ausgelaufen. Sie war ein Meisterwerk der PR! Doch es zeigt sich, nicht immer ist Medienwirkung auch identisch mit Erfolg. Operation gelungen, Patient tot? Keineswegs. Der Euro wird sich behaupten müssen. Aber zu viele haben vorher wieder mal den Mund zu voll genommen. Für eine Idee, die gut sein mag, die sich aber erst noch in der Realität bewähren muss.

Wer das bezahlt? Ich und du und Müllers Kuh – oder wer sonst?

Das Thema Euro also im krassen Gegensatz zum Vorjahr in 1999 vorerst nicht besonders umfangreich auf der Medien-Agenda. Nur noch eine Nebenstimme im dissonanten Konzert. Andere Themen haben sich nach vorne gedrängt. Der ständige Wandel vor allem auch im »Auftritt« vor der Öffentlichkeit ist geblieben.

Da liest man plötzlich im »Spiegel« unter oder über den Artikeln Autorennamen. Nach mehr als 50 Jahren ist die Kastratenzeit vorüber. Der Autor hat die Chance, aus seiner Anonymität herauszutreten und sich einen Namen zu »erschreiben«. Dafür kann ihn jetzt auch Kritik ungebremst und direkter treffen.

Leser sind ja intellektuell auch »Teilhaber« eines guten Blattes, indem sie an dem von Kuby erwähnten »Sekt aus den Hirnen der Redakteure« mitschlürfen. Vielfach ist es Champagner. Deshalb kann dem Leser auch niemals »wurst« sein, wie einer schrieb, was in dem Blatt steht, und von wem es gestaltet wird. Für mich ist ein brillanter Schreiber jedenfalls ein tausendmal größerer Star als jeder lausige Balltreter, der im Jahr Millionen kassiert, nur weil er ein paar Mal aufs Tor getroffen hat. Hohe journalistische Qualität wird nur allzu leicht als Selbstverständlichkeit wahrgenommen.

Die ernste, hochseriöse und wertkonservative »Frankfurter Allgemeine« trumpft ebenfalls mit einer Neuerung auf. Ein Goethe'sches Röslein auf der Titelseite. Unter den »Themen des Tages« blüht es auf. Der Wetterbericht. Nicht mehr mit Gewittern, nüchternen Hochs und Tiefs, sondern zart lyrisch. »Wieder zieht ein Wetter auf«, heißt es Anfang Mai. »Wer kann dem blauen Himmel glauben? Bald liegen Wolken Bauch an Bauch, dem Mai sein Licht zu rauben.« Da steckt ein witziger Kopf dahinter.

Inzwischen hat sich nach der Euro-Lawine ein neues mediales Naturereignis am Himmel zusammengebraut. Sind die »schläfrigen Medien« schuld an unserem deutschen Stillstand, wie Arnulf Baring in seinem Buch »Scheitert Deutschland« meinte?

Nach der Lawine, die unmittelbar nach der Bundestagswahl am 23. Oktober 1998 über Bonn niederging, kann man die Frage Barings wohl mit einem ziemlich eindeutigen Nein beantworten!

Gerhard Schröder und seine SPD und Bündnis 90/Die Grünen hatten zu ihrer größten Überraschung eine triumphale Mehrheit errungen und bilden die neue Regierung. Alles ändert sich von heute auf morgen, aber das Durcheinander, das schon vorher in Bonn geherrscht hatte, steigert sich. Joschka Fischer Außenminister. Oskar Lafontaine geht an seine Hausmacher-Steuerreform. Vergünstigungen fallen weg.

Die Wirtschaft schreit auf. Bald steigert sich das Chaos immer mehr. Die Medien, die den neuen Kanzler herbeigeschrieben hatten, schalten um. Die Frage lautet schon kurz nach der Wahl »Wer regiert in Bonn?« Der smarte Gerhard oder der finstere Jakobiner Oskar? Bahnt sich hier eine Auseinandersetzung an, die der ganzen Republik schaden wird? Die Medien bald außer Rand und Band. Die Lawine ist los.

Rasch sinken dadurch die Werte der neuen Koalition. Obwohl im Land noch kurz nach der Wahl eine positive Stimmung herrschte. Nur einer bleibt oben, hat weiter hervorragende Umfrageergebnisse. Es ist der Strahle-Kanzler selbst, der einen völlig neuen Stil in die Politik einführt, zusammen mit der neuen First Lady Doris aus Tagmersheim, die bald Titelblätter von Illustrierten ziert.

Der Kanzler im Glamourhauch seiner teuren Cohiba-Zigarren, die er mit Vorliebe raucht. Regiert wird im Kennedy-Stil. Alles ist phantastisch und obendrein zeigt sich, dass auch ein linker Politiker Highlife spielen kann. Brioni-Anzüge aus Italien. Kaschmir. Es ist überhaupt alles so neu und herrlich, und den Kanzler Gerhard, der sich aus kleinsten Verhältnissen nach oben geschuftet hat, schlägt Zustimmung, ja, Liebe entgegen.

Was will da ein kleiner, weithin unbekannter Provinzpolitiker aus Hessen, der sich am 7. Februar als Gegenkandidat des verdienten Ministerpräsidenten Hans Eichel zur Wahl stellt? Der Mann heißt Roland Koch, aber das ist auch schon alles, was man von ihm weiß.

Nur Bayern opponiert gegen Bonn. Eine düstere Wolke über dem Kanzlerglück. Angezettelt von der CSU. Es geht um die von der neuen Regierung in Bonn geplante doppelte Staatsbürgerschaft für Ausländerkinder. Stoiber will sie mit einem Volksbegehren, heftig kritisiert, zu Fall bringen. Die CDU ungern mit dabei. An die 500000 Stimmen hat er bald eingesammelt dafür.

Die erste Landtagswahl nach einer Bundestagswahl war immer schon ein Gradmesser für die Stimmung der Wähler. Es sieht glänzend aus für die neue Regierung. Auch wenn die rot-grüne Verbindung stark verloren hat, wird es der Kanzler richten.

Außerdem scheint die Stimmung im Volk ziemlich eindeutig. Johannes Gross drückt dies in seinem im Magazin der FAZ erscheinenden Notizbuch auch wenige Tage vor der Landtagswahl in Hessen aus. Gross schreibt: »Die neue Regierung mag sich so tollpatschig anstellen, wie sie kann – die Erleichterung des Publikums, von der alten erlöst zu sein, gleicht alles aus. Das wird noch eine gute Weile halten.«

Ich war derselben Meinung, als ich die Sätze las. Aber sie stimmten leider nicht. Das Volk hatte sich längst wieder eine andere Meinung gebildet. Rot-Grün verlor in Hessen. Der unbekannte Roland Koch kam an die Macht und Hans Eichel musste zurücktreten und war bald Finanzminister in Bonn.

Nicht immer ist Medien-Meinung identisch mit Erfolg, habe ich zum Euro geschrieben. Nicht immer ist Medien-Meinung auch Volkes-Meinung. Aber diesmal stimmte alles zusammen. Aus für Rot-Grün in Hessen.

Der Lawinenbericht zeigt, dass die Medien trotz vieler Zweifel eben doch eine entscheidende Rolle im politischen Leben spielen können! Nicht immer. Es gibt andere Beispiele. Aber der Sieg von Roland Koch in Hessen ist auch ein Sieg der Medien und nicht der Opposition, die sich seit ihrer Wahlniederlage im Tiefschlaf befand. Nicht die »schläfrigen Medien« sind schuld an unseren Verhältnissen. Es könnten viel eher schläfrige Politiker sein. Manfred Bissinger brachte es im Presse-Club der ARD auf die einfache Formel. Er sagte »Die Medien waren die Opposition.« Nicht mal zum Thema Atomausstieg, den der neue Umweltminister im Handstreich vornehmen wollte, habe diese sich geäußert.

Die Medien ganz allein waren die Opposition. In seltener Einigkeit. Schröders »Cohiba«-Zigarre wird kalt.

Mit einem goethe'schen Röslein auf der Titelseite der FAZ begann ein neues Jahr der Innovationen bei den Printmedien. Zeitung ist Innovation. Jede Überschrift, die aus der Inforoutine herausragt, Innovation. Jeder gut geschriebene Artikel. Jedes Interview.

Am 29. Januar anno 1999 eine Interview-Innovation des SZ-Magazins. Das impressionistische Hip-Interview. Interviews mit Rede und Antwort, ohne sonstiges Beiwerk gehören zum Reporteralltag. Kurze Frage. Nicht zu lange Antwort. Ein Bankpräsident wird zur neuesten Großfusion befragt. Mehrere Frager bei Boris Jelzin, als er gerade mal nüchtern war. Ein knapper Einspalter mit dem Finanzminister über die größten Haushaltlöcher. Immer quillt da allerlei neues heraus. Manchmal weniger. Manchmal mehr. Manchmal fad und abgestanden. Wenn der Interviewte nichts hergibt.

Das Goethe-Jahr hat gerade angefangen. Der Bildhauer Stephan Balkenhol eigens für den Titel des Magazins eine Goethe-Büste geschnitzt. Fotographiert von Albert Fuchs.

Im Inneren des Magazins dann das Interview aus der Serie »Hundert Fragen...« mit Peter Stein, »Goethes Lieblingsregisseur«. Geführt, gestaltet und aufgeschrieben von Moritz von Uslar.

Ein Interview ist immer nur so gut, wie die Fragen des Interviewers. Von dessen Einfall und Witz hängt alles ab. Aber auch der Befragte muss ein heller Kopf sein. In diesem Falle sind Frager und Befragter Genies. Wenn dann auch noch ein drittes Genie als Gesprächsgegenstand hinzukommt, kann es ein Feuerwerk geben. Genie Nummer 3 Goethe. von Uslar, Stein und Goethe schufen ein süffiges, duftig-impressionistisches Interview von historischer Bedeutung.

Da prickelt was. Ein Capriccio. Es muss nicht immer stocknüchtern zugehen. In München sind die Literaten.

von Uslar zu Stein

Ich weiß, dass man Goethe nicht mit ö schreibt. Wenn Sie mehr wissen, könnte es eine Superstunde werden.

Stein

Präzision, die gibt's ja nicht umsonst. Wohl, wenn Ihre Fragen präzise sind.

*Augenbrauenrollen. Stein ruckelt da auf einem Sofa herum. Spannung.*

von Uslar

Macht Ihnen Goethe gute Laune?

Stein

Ja!

von Uslar

Ihr schönstes Erlebnis mit Goethe?

Eindeutig: die Überraschung, nach 35 Jahren Beschäftigung mit einem seiner Werke, es nun endlich verstanden zu haben. Faust II.

*Das Interview gewinnt an Dynamik.*

Trug Werther gelbe Socken?

Gelbe Westen, glaube ich.

von Uslar

Was sonst?

Stein

Den bewusst offenen Hemdkragen. Das war der Werther-Kult.

Keine gelben Socken?

Wie kommen Sie denn da drauf?

Nummer 34 von Uslar

War Goethe charmant?

Stein

Offensichtlich!

Witzig?

Klar.

Gelegentlich eingebildet?

Sicher. Ja.

Über wen hat Goethe gelästert?

Gott, über fast alle. Er war ein kritischer Mensch.

Nummer 38 von Uslar

Auch selbstkritisch?

Stein

Er war überzeugt, dass er sehr weit oben stand, aber nicht an der Spitze. Da stand Shakespeare.

*Das Interview wird immer spannender.*

Nummer 81 von Uslar

Wäre Goethe 68er gewesen?

Stein

Selbstverständlich.

Lebte Goethe heute in Berlin?

Stein

Vielleicht in München. So halb drin, halb draußen. Er suchte die Distanz.

Frage 86 von Uslar

Läse Goethe die SZ oder die FAZ?

Stein

Vielleicht doch die FAZ.

*Stein sitzt jetzt. Die letzten Fragen haben ihm offensichtlich Spaß gemacht.*

Dem Leser auch. Es ist ein Ping Pong. Mit leuchtenden Bällen im Dunkel des Laienschreibertums. Es ist hinreißend. Es ist eine literarisch-journalistische Innovation.

Letzter Satz Nummer 100. von Uslar:

Danke für die tolle Goethe-Stunde!

Stein

Ja. Bitte gern.

Ganz am Ende noch ein paar Zeilen über den Goethepreisträger Stein. Eine Zeile über den Interviewer von Uslar wäre auch nicht schlecht gewesen. Und den Goethepreis wird er sowieso bald bekommen.

Es wird noch viel geschrieben werden über den Olympier aus Frankfurt, der in Weimar lebte und schrieb und so unendlich viele Bäume dort pflanzen ließ. Aber das Interview wird für mich der interessanteste Beitrag zum Goethe-Jahr bleiben. Glücklich, wer mit dabei war und es gelesen hat. Das süffig-duftig-elegante impressionistische hip-Interview. Ein Unikat!

Wie das SZ-Magazin selbst, das nach dem Ausstieg der »Frankfurter Allgemeinen« aus einem Verbund und des ZEIT-Magazins jetzt allein auf weiter Flur als hochwertiges Intellektuellen-Blatt dasteht. Man will alleine weitermachen, versichert der Verlag trotzig.

Meinem Freund Klaus ist durch all die Um- und Einstellungen dieser Blätter zwischen Hamburg und München sein Job abhanden gekommen. Er hat das Pech, inzwischen 55 zu sein. Keine Abfindung. Kein Übergangsgeld. Keine Frührente. Seine Frau verdient als freie Mitarbeiterin die Brötchen. Klaus spielt Hausmann.

Innovationen und Lawinen. Fast synchron zu denen des Februars 1999 im Alpenraum, die Häuser mit ins Tal rissen und Menschen töteten, braut sich der nächste »Abgang« zusammen. Zum Glück kommt niemand zu Schaden. Aber die Wirkung ist dennoch verheerend, was gewisse bis dahin gültige eherne Grundsätze über die Trennung von Information und Werbung in den Medien anbelangt. Andererseits sind so außergewöhnlich bedeutende Mega-Genies am Werk, dass man die gewohnten Denkmuster schlicht außer Acht lassen musste. Oder? Kritik an dieser Entwicklung vielleicht nur sauertöpfisch und kleinkariert.

An jenem güldenen Samstagabend im Februar kamen vier der bedeutendsten Künstler des Jahrtausends zusammen. Dazu noch trat ein leibhaftiger Bundeskanzler erstmals in einer Fernseh-Unterhaltungssendung auf und gab so dem »Wetten dass ...«-Spektakel die entsprechenden höheren Weihen. Noch dazu in seinem hocheleganten und wirklich schönen Brioni-Outfit.

Die vier Mega-Stars: Die berühmte Original-Darstellerin Veronika Ferres und ihr berühmter Regisseur Helmut Dietl. Harald Schmidt, und als Krönung Thomas Gottschalk, als Darsteller in seinen künstlerisch hochwertvollen Nasen-Filmen längst in die Filmgeschichte eingegangen.

Worüber die großen Vier, und schließlich noch der strahlende Gerhard talkten?

Über eines der offenbar gewaltigsten Kunstwerke des ausgehenden Jahrtausends, das Dietl-Meisterwerk »Late Show«.

Nun hat man sich als Zuschauer schon längst daran gewöhnt,

dass der Karli seinen Freund Michael vor die Kamera holt, der zufällig auch ein Fernsehmoderator ist. Oder dass für den Film des Freunderls Hubert in der Sendung des Spezi und mitspielenden Harry massiv Reklame gemacht wird.

Aber das waren bis dorthin nur Nichtigkeiten, peanuts an Werbegetöse gewesen. Die Vier Mega-Künstler hämmerten unerbittlich ihr Mega-Filmkunstwerk den 18 Millionen Zuschauern in die Gehirnzellen. Mega gut. Begnadet. Mega originell. Begnadet. Ein echter Dietl! Der Mega-Darsteller Thomas. Der Mega-Witzler Harald. Begnadet! Vroni Mega grandios. Und ebenfalls grandios begnadet.

Ein Gesamtkunstwerk dieser Film »Late Show«. Deshalb auch mit Recht freie Bahn für eine massive Anpreisung dieses Werkes in einem öffentlich-rechtlichen Sender? Ein Gesamtkunstwerk auch der Bundeskanzler, der strahlend und locker im Rampenlicht steht, umweht von den Sympathien der 18 Millionen Zuschauer. Als er schließlich auch noch eine ältere Dame zum Italiener fährt, ist es ein triumphaler Abend geworden.

Nur Sieger stehen im Licht und an diesem gigantischen Abend voller Triumphe gibt es nur Sieger. Dietl und sein Team der Star-Giganten siegt in den folgenden Wochen weiter. Die Lawine ist losgetreten. Die restlichen Klein-Medien der Republik nehmen das Thema begierig auf und hetzen dem offenbar eindeutigen Monster-Erfolg mit den Mega-Künstlern mit hechelnder Zunge hinterher. Journalisten sind Herdentiere.

Es gibt in den folgenden Wochen keine einschlägige Fernsehsendung, in der nicht über den Film »Late Show« berichtet und diskutiert wird. Vroni und ihr Helmut, einer der erfolgreichsten Regisseure mit vielen vielen Preisen.

Media Control in Baden Baden listet haargenau auf, wann und wo der Film vorgestellt wird. »Late Show und kein Entrinnen: TV Quoten und Print-Auftritte« nimmt wiederum die BUNTE das Jahrhundert-Thema auf. Allein 26 Fernsehauftritte und Berichte werden gezählt von ARD übers ZDF zu SAT 1, RTL und WDR 3. Weitere 26 zum Teil seitenlange Artikel, Meldungen und Kritiken in den Printmedien.

Auch in dieser Zusammenfassung der BUNTEN die Großen Vier mit Headlines erneut präsent. Thomas Gottschalk: Er ist die Show. Helmut Dietl: Übte TV-Kritik im TV. Veronica Ferres: Zierde für jede Show. Harald Schmidt: Machte sich früher rar.

Es entsteht eine Melange aus Euphorie, human touch und Erfolgs-Glücksgefühl, das sich über das ganze Land wie ein Sturmwind verbreitet. Mitten im Massenchor der Jubler und Freudenfeuerwerker giftet unerwartet und befremdend eine erste Kritik. Der »Stern« senkte den Daumen. Hoppala! Und berichtet gleichzeitig und völlig überraschend, die Besucherzahlen blieben hinter den Erwartungen zurück. »Nicht hinter meinen«, kontert der Meisterregisseur. »Mit mehr als einer Million bin ich glücklich.«

Aber so weit kommt es nicht. Den Film sehen sich unerwarteterweise lediglich 800 000 Zuschauer an. Er bleibt damit hinter allen Erwartungen zurück. Woraus man wieder mal sieht, wie schwer es die ganz großen Kunstwerke haben. Sie werden vielfach zu Lebzeiten des Künstlers noch nicht richtig begriffen. Oft kommen sie erst lange nach dem Tod ihres Schöpfers zur Geltung.

Georges Bizets Oper »Carmen« erlebte erst 37 Jahre nach ihrer Entstehung ihren Erfolg, lange nach dem Tod des Komponisten.

Helmut Dietl hat viele wunderbare Filme geschaffen. Tolle Preise bekommen. Vielleicht ist das Publikum einfach noch nicht reif für sein Meisterwerk »Late Show«.

Der Film ist hier in Deutschland bisher noch nicht ausgezeichnet worden, und ist merkwürdigerweise auch nicht für einen internationalen Wettbewerb, wie etwa den »Oscar« nominiert worden. Sollte da der Satz von Thomas Gottschalk im »Spiegel« eine Rolle gespielt haben, das Fernsehprogramm werde »immer grauenhafter«?

Wenn ein Schlitzohr wie Helmut Dietl an die richtigen Regler im Fernsehen kommt, dann löst dies eine Medienlawine aus. Aber nicht immer geht auch die Gleichung auf: viel Reklame – viel Erfolg. Viel Reklame, Promotion, Werbung und Geschrei können oft nicht viel ausrichten, ja, sie stimmen misstrauisch. Das gibt es auch, und das hat die »Late Show-Lawine« gezeigt.

Bald war in den großen Zeitungen gar von Missbrauch des Fernsehens zugunsten eines kommerziellen Unternehmens die Rede.

Alexander Gorkow und Hans Werner Kilz suchten deshalb Professor Stolte, den Intendanten des ZDF, zu einem Interview für die »Süddeutsche Zeitung« auf. Es wurde nicht gerade ein süffig-impressionistisches Interview und kein Capriccio. Aber es erhellte Hintergründe und gab einen Blick frei auf das Denken der Fernsehleute.

Gorkow/Kilz zu Stolte:

Könnte man nicht auch sagen, dass Gottschalk die Sendung durch die Einladungen an Veronica Ferres, Helmut Dietl und Harald Schmidt zu einer aggressiven Werbung für den Film »Late Show« missbraucht hat?

Dazu Professor Stolte:

Tja, zuerst mal hatten wir eine riesige Einschaltquote, den Zuschauern hat es also gefallen. Zweitens kommen wir an eine solche Prominenz so kostengünstig nicht ohne weiteres heran. Also hatten alle etwas davon: Die Zuschauer hatten ihre Prominenz, wir mussten nicht viel bezahlen, und die Late-Show Leute hatten eine PR für ihren Film. Jetzt frage ich Sie: Was ist daran schlecht?

Tja, so einfach ist das. Die Lawine ist vorübergedonnert. Dem Film hat sie nicht viel geholfen. Ihre Wirkung hat sich – und da fällt mir ein witziger Ausdruck von Dieter Hildebrandt ein – irgendwie »verdingst«.

Glückliche Vorkriegszeit!

Bald tauchten ganz andere Bilder in den Medien auf. Die Verhandlungen in Schloss Rambouillet bei Paris. Ein serbischer Ministerpräsident, der lächelt, und Njet sagt. Das hatten wir schon mal. Die besorgte Außenministerin der USA Madeleine Albright. Es geht um Verfolgung und Vertreibung der Kosovo-Albaner. Die amerikanische Außenministerin hat als Tochter eines hohen tschechischen Diplomaten schon mal das Thema Vertreibung erlebt. Bald fliegen die ersten Bomben und Raketen auf Ziele in Serbien und im Kosovo.

Eine neue Medienlawine. Und diese sprengt alle Maßstäbe. Nach 50 Jahren Frieden ist wieder mal Krieg in Mitteleuropa.

Das Einzige, was die Menschen verbindet, ist das Nicht-Verstehen.

Den Deutschen bleibt nichts als »skeptisch und bedrückt« (Klaus Hartung in der »ZEIT«) dem Kampfeinsatz zuzustimmen. Glücklich ist niemand. Der einzig positive Unterton vielleicht der Umstand, diesmal wenigstens auf der richtigen Seite zu sein. Der Strahlekanzler bald todernst und bedrückt, wird zum Kriegskanzler. Oskar, der längst von der Fahne gegangen ist, plant ein Leben auf dem Bauernhof. Dafür unser neuer Bismarck Joschka aktiv. Ein markig-entschlossener Rudolf Scharping. Die Journalisten tief frustriert. Stinkesauer. Kaum Informationen. Über tausend Reporter, Kameraleute und Kommentatoren im Kriegs- und Krisengebiet. Bald gibt es die ersten Toten. SAT 1-Korrespondent Pit Schnitzler wird schwer misshandelt und schließlich nach knapp vier Wochen wieder freigelassen.

Der amerikanische News-Channel CNN wieder mal an vorderster Front, wobei mir die große Zahl von Reporterinnen auffällt, die im Fernsehen berichten. Ganz vorne Christiane Amanpour. Ein neuer Star. Und (Redaktions-Machos aufgepasst) eine Frau! Der Superreporter ist nicht mehr dabei, der bisher immer dabei gewesen ist. Immer ganz vorne. Der mutigste von allen. Der in Vietnam unerschrocken von der vordersten Linie berichtete. Peter Arnett. Er stammte aus einem kleinen Nest in Neuseeland. Ging nach Australien zu einer Gewerkschaftszeitung. Kam nach Vietnam, und schrieb danach das beste Reporterbuch »Unter Einsatz des Lebens«. In Bagdad im amerikanischen Bombenhagel. Manche bezeichneten ihn als besten Reporter der Welt. Er war schon eine ganze Weile vor Ausbruch des neuen Krieges gescheitert. Hatte seinen guten Namen für eine gefälschte Reportage aus Vietnam hergegeben. Auch das kann Reporter-Schicksal sein. Peter Arnett wird nie mehr für CNN ganz vorne stehen. Inzwischen hat Peter längst wieder woanders festgemacht. Bei einem amerikanischen Internet-Dienst soll er den Aufbau eines Korrespondenten-Netzes übernehmen und zugleich die Top-Politiker der Welt ins Netz holen. Foreign.tv.com, sein neuer Brötchengeber, möchte bald der größte Anbieter im

Internet werden, und mit Peter Arnett wird ihm dies sicher auch schon sehr schnell gelingen.

Ein großer deutscher Reporter, Hans Ulrich Kempski, stellt in diesem Medien-Frühling sein neues Buch vor, »Um die Macht«. Kempski war jahrzehntelang Chefreporter der »Süddeutschen Zeitung«, kannte die sechs Friedenskanzler aus nächster Nähe und war dabei, als der neue »Kriegskanzler« Gerhard Schröder den Kampf um Bonn führte. Es ist in diesen Wochen viel politische Unsicherheit im Land spürbar. Die Grünen stehen vor Zerreißproben. Skepsis und radikale Ablehnung gegen das Eingreifen der Amerikaner und die deutsche Mitwirkung sind spürbar.

Ich lese Kempskis Buch in einem Zug. Auf Seite 131 dann eine Szene, bei der der damalige Bundeskanzler Kurt Georg Kiesinger sich unerwartet die Worte des britischen Premiers Wilson anhören musste, die dieser »mit scheinbar rosigster Laune« und »heiterem Wohlbehagen« sagte: »England hat beste Beziehungen zu Amerika ... die Deutschen sollten also darüber nachdenken, wer ihre Interessen wirkungsvoller vertreten könne.«

Wilson sprach dies damals in Bezug auf das deutsche Verhältnis zu Frankreich und Moskau aus. Maastricht war noch in ziemlicher Ferne. Aber die Worte passen ganz genau in die Szenerie des Jahres 1999. England und Amerika. Die Busenfreunde Bill & Tony. Mit ihnen sind wir verbunden durch unsere Nato-Zugehörigkeit. Und wir sind diesmal nicht mal besonders wichtig. Amerika und England geben die Richtung vor. Wir Deutsche spielen nur »dritte Geige«. Das ist gut so.

Medienlawinen und Innovationen. In Atlanta, der Weltzentrale von CNN, ist man rund um die Uhr am Ball. Es gibt keinen Redaktionsschluss. Das muss faszinierend sein. Die Welt kennt keinen Redaktionsschluss. Ein globales News-Dorf.

Bei CNN brütete man neue Innovationen aus, die vielleicht die ganze News-world verändern werden. Eine neue Medienlawine. Die Journalisten und Reporter selbst als News-Designer. Der US-Prediger und Bürgerrechtler Jesse Jackson, selbst Mitarbeiter des Senders, holt die drei gefangenen US-Soldaten durch ein Übereinkommen mit Milosevic aus dem Land wieder heraus. Ein Exclusiv-

Einfall von CNN? Außer der »New York Times« kommt nur der Reporter dieses Senders mit dem Kameramann zur Übergabe der drei GI's. CNN hat den Act weltweit exclusiv. Hat ihn wahrscheinlich selbst erfunden. Das sind neue, unheimliche Perspektiven.

Journalisten kreieren selbst Ereignisse. Ausgeheckt in den drei Hochhaustürmen von CNN in der Olympiastadt Atlanta. 2800 Journalisten sind in der dortigen Zentrale rund um die Uhr an den Ereignissen dran. 76 Millionen amerikanische Haushalte werden von CNN erreicht. 36 Nachrichtenbüros in der ganzen Welt, davon 24 allein in den USA schaffen die News heran. Immer auf der ganzen Welt prime time.

Was uns verbindet ist das Nichtverstehn. Das Nichtwissen. Die Nichtinformation. Ein bitterböses, todtrauriges Wort. Denn alles zusammen ist schlimmer als der schlimmste Krieg. Nur Kommunikation kann diesen entsetzlichen Zustand überwinden. Und Journalisten, die bereit sind, sogar ihr Leben einzusetzen. Journalistengift ist das Ferment der Zeit.

Aber gerade in unserem Land ist die Sicherung der journalistischen Qualität gefährdet. Der Deutsche Journalistenverband erwartet sich von der neuen Regierung mit Nachdruck eine Stärkung der freien Journalistenarbeit, die in Gefahr ist in der Republik. Aber es ist noch nichts passiert bisher.

Die Journalisten sind in ihrer Freiheit bedroht. »Immer mehr Festangestellte werden in Scheinselbständigkeit entlassen«, klagt der DJV-Vorsitzende Hermann Meyn. Immer mehr Redaktionen werden ausgedünnt, und niemand dürfe sich über nachlassende redaktionelle Qualität wundern. Stellenabbau. Kostensenkung. Journalisten würden vielfach »wie Freiwild« behandelt und seien »jederzeit zum Abschuss« freigegeben. Die Altersversorgung für viele ungenügend.

Bittere Wahrheiten. Die Freiheit der Meinung, die immer bedroht war, auch unter den hier genannten Aspekten gefährdet. Wir müssen im weltweiten Wettbewerb mithalten.

Die Welt dreht sich weiter. Sie braucht Kommunikation. Journalisten, die in Freiheit tätig sein können. In Atlanta gibt es keinen Redaktionsschluss.

## Curd Jürgens singt meinen Text kaputt

General Harras spielte einfach hinreißend auf der Bühne des Straubinger Stadttheaters. Die stahlblauen Augen, seine eleganten Bewegungen. »Des Teufels General« von Carl Zuckmayer. Pützchen und all die anderen Damen um ihn herum. In schulterfreien Abendkleidern, abgrundtiefen Dekolletés, und draußen tiefster Winter. Niemand kann richtig heizen in diesen Nachkriegswintern. Aber im Straubinger Theater ist es bullig warm. Und deshalb kommt der Schauspieler mit seiner Truppe besonders gern in diese Stadt an der Donau. Es ist das einzige Theater in Bayern außerhalb Münchens, das über eine gut funktionierende Heizung verfügt, und die Damen können wieder zeigen, was sie haben. Der Schauspieler auf der Bühne ist Curd Jürgens und sein Tourneetheater kommt aus der zerbombten Landeshauptstadt.

Jetzt setzt er zu seinem berühmten Monolog an. Fräulein von Mohrungen hat die Verlobung mit dem Fliegeroffizier Hartmann gelöst. Wegen Unklarheiten in dessen Familienstammbaum. Da legt General Harras los, und jeder Theaterbesucher, der ihn hörte, wird diesen Text nie vergessen, den er Hartmann entgegendonnert.

»Da läuft so ein armer Junge mit einer unbestimmbaren Großmutter herum. Na, und was wissen Sie denn über die Seitensprünge der Frau Urgroßmutter? Die hat doch sicher keinen Ariernachweis verlangt. Oder – sind Sie womöglich gar ein Abkömmling von jenem Kreuzritter Hartmann, der in Jerusalem in eine Weinfirma eingeheiratet hat? ... Was kann da nicht alles vorgekommen sein in einer alten Familie.

Vom Rhein noch dazu. Vom Rhein. Der großen Völkermühle. Von der Kelter Europas! ... Da war ein römischer Feldhauptmann, der hat einem blonden Mädchen Latein beigebracht ... und dann kam ein jüdischer Gewürzhändler in die Familie ... und dann kam ein griechischer Arzt dazu ... ein keltischer Legionär ... ein schwedischer Reiter ... ein Soldat Napoleons ... das hat alles am Rhein gelebt, gerauft, gesoffen ... und der Goethe, der kam aus demselben Topf, und der Beethoven, und der Gutenberg und der Matthias Grünewald, und – ach was, schau im Lexikon nach ... Seien Sie stolz darauf, Hartmann – und hängen Sie die Papiere Ihrer Großmutter in den Abtritt. Prost.«

Unvergessen, wie General Harras-Jürgens jetzt zur Gitarre greift und von dem »prähistorischen Pilotenlied« spricht, das er mit seinen Flieger-Kameraden gleich brüllend anstimmt. Es handelt sich nicht um Musik, sagt er trocken. Und dann geht er in die Vollen:

»Darum Puff, darum Puff, darum Aus-Puff-Puff-
Immer schneller der Propeller,
Immer besser, Herr Professor ...«

Die Bühne dampft. Das Publikum rast. Jürgens hatte es besoffen gespielt.

Ach, war das gut! Standing Ovations. Nicht nur für den Text, der nach all den Rassetheorien der Nazis wie ein befreiendes Gewitter wirkte. Für den Song. Für Curd Jürgens.

Er blieb für uns von da an der beste Harras, den es gab. Die Rolle war ihm auf den Leib geschrieben. Irgendein Wahnsinn, ein brennender Ehrgeiz und eine Leidenschaft rissen ihn mit. Das fühlten wir. Nicht forte. Fortissimo. Immer schneller der Propeller. Turbo-Tempo. Fortissimo auf der Bühne. In der Liebe. Im Leben. Muy Macho. Dieser Mann war wie eine Kerze, die an beiden Enden brannte.

Auf den Champs-Élysées in Paris hingen bald Filmplakate für die französische Version des »General du Diable«, gespielt von Jürgens. Und oben rechts der Zusatz »Le meilleur artiste du monde«, und das war ziemlich großgeschrieben. Nun hauen alle Filmverleiher mächtig auf den Putz. Forte. Fortissimo. Dennoch, sie konnten dies nur deshalb schreiben, weil Jürgens so meisterhaft spielte.

Oder war sein Fortissimo im Straubinger Stadttheater nur Folge der horrenden Gagen, die er und sein Ensemble zu erwarten hatten? Zwischen Ingolstadt, Deggendorf, Landshut und Geiselhöring bestand sie überall aus – Fressalien. Ein Spanferkel war sozusagen die Grundgage. Gänse, Enten, Hühner, Eier und heimlich gehortete Alkoholika trieben die Künstler zu Höchstleistungen. Der ehemalige Ortsgruppenleiter von Geiselhöring bot gar sein Auto an, das er unter Heu und Stroh durch den Krieg gerettet hatte. Jürgens griff zu.

Jetzt stand er strahlend auf der Bühne und nahm die bescheidenen Blümchen entgegen.

Diesen Künstler musste ich kennen lernen, schoss es mir durch den Kopf. Er spielte immer wieder gerne in dieser Stadt. Nirgendwo sonst fühlte er sich so gut, wie hier. Nicht nur wegen der guten Heizung. Das Publikum vergötterte ihn und sein Ensemble mit Robert Graf, der an den Münchner Kammerspielen zum Star wurde und früh verstarb.

Ich drängte mich hinter die Bühne. Kein Durchkommen. Menschenschlangen. Verehrerinnen. Was wollte ausgerechnet ich eigentlich bei ihm?

Ich beschloss, mich als Reporter auszugeben, der ich gar nicht war. Ich dachte den ersten gedanklichen Schritt in diesem Beruf, obwohl ich gerade angefangen hatte, für das erste Lehramtsexamen zu studieren in Straubing. Psychologie. Pädagogik. Deutsch. Kunstgeschichte (Das ist Pädagogik!). Kluge und skurrile Professoren. Und was ich studierte, ist nie umsonst gewesen. Gut angelegte Zeit. Ich erzählte meinem Lieblingsprofessor von diesem sprühenden Theaterabend, und der meinte, ich solle doch mal am späten Nachmittag versuchen, Jürgens im Theater zu interviewen. Am nächsten Tag war ich dort.

Jetzt erlebte ich Jürgens in Idealdarstellung. Er hielt Hof. Als Pascha. Umgeben von Frauen aller Schattierungen. Erotisches Knistern. Girls und reife Damen. Irgendein Gesöff. Champagner gab es noch lange nicht wieder. Zwei Augen im Dunkeln, die mich anfunkelten. Moira. Sie gehörte zur Entourage in dieser blauen Stunde vor dem Auftritt. Sie lächelte.

Irgendwer outete mich als Fremdkörper. »Was wollen Sie hier«, fragte er. Ich: »Ich ... ich bin Reporter ... ich möchte gerne ein Interview mit Herrn Jürgens machen ...« Der Schauspieler, dem man mich schließlich vorstellte, blickte misstrauisch. Bald erkannte ich, dass man mit Jürgens kein Interview machen konnte.

Alle, die er im Lauf seines Lebens gab, waren Monologe. Ich stotterte herum, er palaverte. Blies sich auf. Ich kam nicht zu Wort. Er ließ mich stehen. Vor Schreck hatte ich mir nur ein paar Notizen gemacht, die ich nicht mehr lesen konnte.

Ich schrieb trotzdem meinen Artikel. Jürgens hatte mich für Luft genommen. Nicht mal nach meinem Namen hatte er mich gefragt. Ich beschloss, nochmals hinzugehen. Wieder tat er so, als gebe es mich gar nicht. Ich war Luft für ihn. Reporterschwachkopf. Sein Leben lang tat er so, als würde er diese Kaste von Nicht-Menschen verachten. Sie meiden wie die Pest. Und dennoch habe ich keinen Künstler kennen gelernt, der so gierig nach Veröffentlichungen, nach Glanz und Publicity gewesen ist.

Seine Begrüßung schon beim ersten Wiedersehen sprach für sich. Ein hamburgisch-berlinerischer Satz, den ich von da an immer wieder von ihm hörte. Er ist eine Art Running Gag unserer Beziehung geworden. In dem bereits ein Hauch von Herablassung und Verachtung lag: »Er nun wieder!?«, und da steckte auch noch ein wenig Abwehr drin. Was will der nun schon wieder? Ich gab nicht auf. Aber es war wieder nichts. Ich kam nicht dazu, meine Fragen zu stellen. Stattdessen quetschte er jetzt mich aus. Ich erzählte ihm meine Berufspläne.

»Alles Dreck, was du da machst«, polterte er los. »Mach's wie ich und werde Journalist.« Mit seiner rauen Steinhäger- und Whisky-Stimme orgelte er fort. »Das ist ein Job, da kannst du alles werden. Schauspieler, Werbefritze und Politiker. Kannst Stücke schreiben.« Jetzt mit Pathos: »Ich mach das hier nicht mehr lange. Ich fange wieder zu schreiben an. Wie ich es bei Ullstein gelernt habe. Romane. Geschichten. Dramen. Shakespeare!«, schrie er. »Der war auch zugleich Schauspieler.«

Die Damen wuselten wieder um ihn herum. Von mir hatte er inzwischen genug. Ich hatte wieder so gut wie nichts aus ihm herausbekommen. Doch ich schrieb erst recht. Eine halbe Seite stand über das Gastspiel in der Zeitung. Mit Urteilen der Theaterbesucher zu »Des Teufels General«.

Die Aufmachung mit Fotos und Texten sah optisch interessant aus. Ich war wild und neugierig darauf, von Jürgens zu hören, wie ihm dies alles gefallen hatte. Ich sah mir die Seite nur flüchtig an und rannte mittags zum Bus, der ihn mit seinen Künstlern nach München zurückbrachte. Hielt ihm die Zeitung unter die Nase. Er blickte gar nicht richtig hin. Blieb misstrauisch. »Er nun wieder!«, und dann verkroch er sich ohne ein Wort für mich hinten im Bus, ein dickes Fresspaket unterm Arm. Zwei Augen an der Bustüre. Moira. Sie lächelte. Winkte. Der Busfahrer rief mir was nach. Ich drehte mich um. »Da, Junge«, sagte er und deutete auf ein Bündel meiner Zeitungen. »Ich hab zwanzig Stück mit deinem Artikel kaufen müssen. Für Herrn Jürgens!«, grinste er.

Er nun wieder.

Jürgens fuhr ohne ein Wort weg und ich wusste nicht recht, sollte ich diesen Narren jetzt weiter lieben oder ihn hassen und verachten? Er war in meinen Augen plötzlich ein Vollidiot. Wie konnte man sich so hochnäsig benehmen? Ein freundliches Wort von ihm hätte mir genügt und mich aufgemöbelt. Ich würde schon noch mal was Tolles schreiben, dachte ich wütend und enttäuscht, und da käme er ganz schlecht dabei weg. Dachte ich. Aber es kam alles ganz anders. Vielleicht würde ich gar mit ihm eine Zeitung machen, denn er wollte kein Schauspieler bleiben. Ich nahm mir vor, überhaupt nie mehr was über Schauspieler zu schreiben, die alle größenwahnsinnig waren wie er. Ach, überhaupt.

Erst als ich in meiner Studentenbude angekommen war und die Zeitung genauer ansah, erfuhr ich, warum sich Jürgens so verhalten hatte. Es war ein umfangreicher Bericht über sein erfolgreiches Gastspiel, in den man ein paar Absätze von mir eingebaut hatte, ohne mich als Autor zu erwähnen.

Meine Ernüchterung war grenzenlos. So ging es also zu in diesem Beruf, den mir Jürgens so warm empfohlen hatte. Und da sollte ich tätig werden? Wildwestmethoden waren das. Mir wurde speiübel.

Aber alles Entscheidene passiert eben trotzdem.

Wenige Wochen später. Frühling an der Donau. Die »Neue Zeitung«, die ich jeden Tag verschlang. Ein Aufruf an alle jungen Menschen im Land. Eine Chance. Der Wettbewerb für Friedmanns Lehrredaktion. Ich entschloss mich, die Jürgens-Anregung, Journalist zu werden, aufzunehmen. Meine allererste Begegnung mit Hans Habe und Werner Friedmann!

Ich setzte mich in eine Stadtratssitzung und schrieb einen Bericht, wie er in den Teilnahmebedingungen gefordert worden war.

Gab ein paar dürre Daten über mich dazu (was konnte ich über mich schon groß erzählen?), schickte alles nach München und vergaß es.

Als ich Wochen danach spät nachts in meine Studentenbude schlich, lag ein Schreiben aus München im Briefkasten. Meine eingereichten Artikel waren positiv gewertet worden. Ich sei eingeladen, an der Endauswahl für die Lehrredaktion teilzunehmen. Ich fuhr nach München, kam durch und wurde Journalist. Immer besser, Herr Professor!

Curd Jürgens ist kein Journalist und schon gar kein Shakespeare geworden, obwohl er mächtig stolz auf seinen Drehbuchentwurf mit dem Titel »Begegnungen« war, den er mir in Straubing ganz am Ende gezeigt hatte. Er hatte für mich Symbolcharakter. Ich hatte noch viele »Begegnungen« mit ihm und eine davon hatte ein fatales Ende für mich.

Bald ging sein Name wie ein Komet am Himmel der Stars auf. Er spielte Theater zwischen Berlin, Paris, München und Wien. Und er drehte einen Film nach dem anderen, sodass er schon aus Zeitmangel nicht dazu gekommen wäre, viel zu schreiben. Welterfolge kosten Zeit. Seine Frauen kosteten noch mehr Zeit. Geld, viel Geld. In rasendem Wirbel riss er sie an sich und stieß sie wieder ab. Nicht forte. Fortissimo. Immer schneller der Propeller.

Turbo-Tempo. Wie gemein war doch das Leben zu ihm: Die einzige Frau, die er wirklich zu lieben glaubte und der er ganz am Ende seine schwülstigen Memoiren widmete, Elisabeth, kam bei einem Verkehrsunfall ums Leben. So banal und grausam kann das Leben sein. Auch zu einem Star und einzigartigen Menschen, für den er sich selbst hielt.

Er hatte also doch geschrieben. Oder schreiben lassen. Seine Memoiren. Schön kitschig im Schaumbad der Gefühle. »Der Flaum um Karins Schoß wird im gleichen Verhältnis blonder wie ihr Bauch brauner wird«, erinnert er sich an den August 1939 in den Dünen von Jershoeft, am einsamen Ostseestrand, wo »Nacktbaden und Nacktleben obligatorisch« ist. »Flugzeuge kreisen über uns, schmale Pfeile, und jedes Mal, wenn eins direkt über uns den Tiefflug übt, spreizt sie ihre Beine.«

Jürgens spielte auf der Bühne den Macky Messer mit Hilde Knef in Berlin, den Sigmund Freud in Paris, und mit Senta Berger in Salzburg den Jedermann.

Er stand mit Brigitte Bardot (»Und ewig lockt das Weib«) und Jean Gabin in Frankreich vor der Kamera, und in Hollywood mit Robert Mitchum, Danny Kaye und Dorothy Dandridge. Forte. Fortissimo. Ganz am Ende spielte er sich nur noch selbst. Normannischer Kleiderschrank. Erotiker, Herzensbrecher, Übermensch und ewig »großer Junge«, der nie erwachsen wird. Immer auf der Überholspur. Le meilleur artiste du monde.

Was wollten da eigentlich all die giftigen Kläffer von der Presse? Er hasste sie bald, und seine Wut überstieg bei weitem seine gelegentlich gezeigte Zuneigung. Begegnungen: Wir hatten eine neue. Diesmal Jahre später in seiner Garderobe auf dem Bavaria-Filmgelände, wo er gerade einen Film mit Lilli Palmer drehte.

Als wir uns sahen, war er besonders wütend und schnaubte: »Eigentlich möchte ich von den ganzen Pressestrolchen überhaupt nichts mehr wissen. Was wollen Sie denn?« Ich sagte nur »Straubing. Des Teufels General.«

Jetzt löste sich seine Aufregung. Er drehte sich mir zu. »Er nun wieder«, polterte er. Und dann bot er mir einen Garderobenhocker an. Und einen ganz großen Whisky, den er sich zugleich selbst reinjagte.

Er hatte mich wieder erkannt. In Stichworten erzählte ich ihm meinen Weg. »Angestiftet von Ihnen«, sagte ich. »Setz dich auf den Hosenboden, wenn du schon Schreiber geworden bist. Häng dich rein. Du hast was in der Hand mit diesem Blödsinnsberuf«, fauchte er mich an.

»Information. Macht. Mach's bloß nie wie ich und werde Schauspieler«, schrie er. »Du wirst Freiwild. Sie verfolgen dich bis ans Ende der Welt. Bis auf die Toilette. Wie ein gejagtes Wild. Du hast keine Sekunde mehr ein Privatleben. Verdammt. Mich kotzt das alles so an!« Ich meinte, damit müsse er als Star leben. Das sei der Preis.

»Zu hoch!«, jaulte er zurück.

Er war eben von seiner Herzdame geohrfeigt worden in einer Münchner Bar und diese wichtige News ging durchs ganze Land. Er hatte sich mit dieser Schauspielerin aus Ungarn in innig-verliebter Pose ablichten lassen. Diesmal für immer. Und dann passierte das. Er heiratete sie dennoch. Draußen am Schliersee. Und ließ zugleich eine kleine Thailänderin über Rom einfliegen, die im eisigen Oberbayern schrecklich fror. Wärmte sich das Trio am Schliersee gemeinsam auf?

Er war immer größer und gewaltiger, phantasievoller und leidenschaftlicher als alle Kollegen. Ein Renaissance-Kraftprotz, Haudegen, Großkotz und Herzensbrecher. Mit einem Leben zwischen Kunst und Kitsch. Mit Häusern über die ganze Erde verstreut, wo er »überall ein bisschen ungern« war, ob dies nun sein Haus am Schliersee, seine Rosenfarm in Südfrankreich oder der Holzbungalow am Strand von Great Harbour Bay auf den Bahamas. Überall ein bisschen ungern. Forte. Fortissimo.

Jürgens, aus gutem Berliner Hause, war Feudalist. Er lebte in einer verkehrten Welt, die nie ganz die Seine gewesen ist. Was trieb ihn nur so stürmisch voran?

Und seine Frauen trugen alle Namen der Welt von Lulu bis Judith, Mathilde, Jane, Simone, Karin, Elisabeth und Margie. Er war ohne Ruhe, wirbelte und spielte. Whisky, Steinhäger und Champagner machten seine Stimme immer rauer und rauer.

Überall ein bisschen ungern. Frauen, Rollen, Häuser, Witz und Champagner, Ehrenkreuze und Orden, glückliche und zerbrochene Herzen, gespreizte Frauenbeine und alles immer wieder in den Zeitungen und Jürgens hasste diese und wollte ganz anders leben und lieben, und las sich doch so ungern-gerne.

Ich solle sein Pressechef werden, dröhnte er. Ordnung in sein Chaos bringen und für bessere Berichte sorgen. Die seine Kunst in ein strahlendes Licht rückten. Darum gehe es. Er könne so nicht weiterleben mit Veröffentlichungen, die in seine private, ja Intimsphäre eingriffen. Das sei Mord. Psychomord.

Ich nahm sein Angebot nicht an. Er hatte es schon anderen Kollegen gemacht. Um sie für sich zu gewinnen. Oder sie zu kaufen?

Ich sagte ab. Ich ließ mich nicht kaufen. Aber an Jürgens und einigen anderen seiner Kollegen erlebte ich dramatisch das Spannungsfeld zwischen Menschen und Medien. Auf der einen Seite Politiker, Künstler, Manager, Beamte und Unternehmer, auf der anderen die Meute der unbarmherzigen und giftigen Journalisten. Ein Dauerkonflikt. Ein permanentes Missverständnis. Eine Hassliebe und ich schreibe diese beiden Worte zusammen. Weil sie zusammengehören.

Ahnungsloser Curd Jürgens. Er und manche seiner Kollegen machen meist einen weiteren Denkfehler. Sie malen eine Verschwörungstheorie an die Wand. Mich mag keiner. Neid. Wut auf meine Erfolge. Irgendwo sitzen welche ganz hinten, um mich abzuknallen. Da kannst du nichts dagegen machen. »Sie werden deinen Bericht, und sei er noch so gut, verwässern, verfälschen, verändern – versauen!«, sagte er wütend zu mir beim Abschied.

Ahnungsloser Curd Jürgens. Er wusste noch nichts von der Treibjagd, wie sie heute unter Aufwand horrender Mittel auf VIP's ausgebrochen ist. Da gibt es die Grimaldis. Fergie. Prinzessinnen und Prinzen zuhauf.

Sie alle, wie viele andere Stars und Promis oder Mitglieder von Königs- und Fürstenhäusern spielen in einem Schmierenstück mit dem Titel »Umsatzsteigerung« die Pausenclowns. Irgendwie ungeheuer wichtig. Und ungeheuer unwichtig. Es ist vielfach Menschenjagd.

Die Wurzeln für diese neue Dimension von Veröffentlichungen sitzen tief in uns. Es ist die Gier des Menschen. Nach dem Neuen. Dem Unbekannten. Sie hat uns Fortschritt und Wohlstand beschert. Die Neugier ist legitim. Auch die Sucht nach Bildern. Sie werden in unserem Medienzeitalter immer wichtiger und verdrängen mehr und mehr den Text. Sensationsfotos können Millionen einbringen. Viel Geld demoralisiert.

Es gibt so herrlich interessante Themen auf der Welt, über die unsere besten Blätter mit den fähigsten Journalisten, Reportern und Redakteuren Berichte und Bilder liefern. Tag für Tag. Die mit Sorgfalt jeden Bericht abfassen und immer wieder prüfen, ehe er in Druck geht. Wie spannend ist jeden Tag der Wirtschaftsteil!

Milliarden Deals! Ganz hinten Banken und Versicherungen, die die Fäden ziehen. Gewinnoptimierung in gigantischem Ausmaß. Konzentration das Zauberwort. Konzentration für wen? Der Verbraucher als Opfer. Aber der liest dieses gar nicht. Er kann sowieso nichts dagegen machen.

Bemerkenswert ist eine neue Entwicklung, die als Gegenbewegung auf die Auswüchse im Medienwesen gesehen werden kann. Viele große Blätter haben längst eigene Medienredaktionen. Sie üben immer häufiger Kritik an Auswüchsen in Presse, Rundfunk und Fernsehen.

Das kann betroffen machen, aber auch amüsant sein. Meistens ist es deprimierend. Die Schamgrenze ist weggebrochen. Kostendruck und Jagd auf Auflagen und Einschaltquoten sind die einzigen Kriterien. Der moralische Anspruch ertrinkt in der Wahnsinnsjagd nach dem Gewinn.

Mein Interview mit Curd Jürgens war zu Ende. Ich sicherte ihm einen exakten Bericht über ihn und seinen neuen Film zu. Er grinste höhnisch. Doch ich hatte mein Tonbandgerät dabei. Es gibt Menschen, die – wenn sie ihr Interview in einer Veröffentlichung lesen – das Gesagte abstreiten oder das Gegenteil behaupten. Ein Mitschnitt lügt nicht.

Als ich schon auf dem Gang war, lief er mir nach. »Hier«, gab er mir einen Zettel, »die Telefonnummer von Moira. Die Tänzerin. Du kennst sie. Ruf sie mal an. Aber sei vorsichtig. Sie ist eine Hexe!«

Ich war überhaupt nicht vorsichtig. Ich rief sie tatsächlich an. Kurze Zeit später trafen wir uns. Sie war an einem Münchner Theater Mitglied des Ballettcorps. Wieder ihre Augen. Ihr Lächeln. Aber sie lächelte diesmal anders. Ein wenig selbstvergessen. Wollte sie mich überhaupt wieder sehen? Gibt es bei Frauen, wie die Psychologen behaupten, ein »First man Syndrom«? Durch den Vater? Den ersten Mann? Die erste Liebe? Diese präge dann angeblich ein Leben lang die Einstellung zum anderen Geschlecht.

Moira sah mich anders an als damals, und in mir stieg eine Ahnung hoch. Ich war nicht ihr »first man«, und ich fragte mich, wer dies wohl gewesen sei. Eine starke Persönlichkeit. Der Kleiderschrank? Die Phantasie ermöglicht viele Variationen. Vielleicht konnten wir Freunde werden. Dies ist mit einer Tänzerin verdammt schwer, wie ich bald erkennen musste. Ballett ist Knochenarbeit. Die kleinen Schwäne in »Schwanensee«, das ich bald sah, scheinen die Erde gar nicht zu berühren. Sie schweben leicht dahin, als würden sie fliegen. Aber sie haben Schwerstarbeit geleistet, ehe sie abheben.

Brutale Proben gehen voraus. »Die Dame und das Einhorn«, ein Märchen. »Coppelia«, alles duftig und leicht. »Cake Walk« – Jazz-Dance pur. Doch davor: Stellproben. Hauptproben. Generalproben. Premieren. Und ich bekam von Moira haarklein erklärt, wann und warum ich an welcher Stelle bei der Aufführung zu klatschen hatte.

Moira war meine Cinderella. Auf der Bühne phänomenal. Wunderhübsch. Zerbrechlich. Wir trafen uns nach den Vorstellungen und saßen ganze Nächte zusammen. Wir jagten in ihren wenigen freien Stunden vor die Stadt. Techtelten, mechtelten und kuschelten. Liefen durch Wälder. Aber Moira war für weite Wege zu müde und schlief meistens im Gras in meinen Armen ein. Manchmal tat ihr jeder Schritt weh. Der beste Freund der Tänzerinnen ist der Orthopäde. Oder der Quacksalber. Ich fuhr mit

Moira in entlegene Dörfer. Für Kräuter- und Salbentherapien. Sie halfen oft besser. Ohne Risiken und Nebenwirkungen. Glaube versetzt Beine.

Tausendmal berührt. Und nichts passiert. Ich gab dennoch nicht auf, aber ich kam ihr auch nicht wirklich näher. Sie war wie die Venus von Boticelli schön. Doch passiert ist nichts zwischen uns.

Im Sommer gondelten wir mit einigen Freundinnen und Freunden vom Ballett in die Berge. Auf halber Höhe eine breit hingelagerte Hütte. Wurde aus unserer Liebelei doch ein Pas de deux? Ihre Küsse wie Sommerwein.

Doch es kam alles ganz anders und ganz am Ende stand die Erkenntnis des Hüttenwirts, und der war schon um die halbe Welt als Seemann gekurvt und hier in den Bergen vor Anker gegangen. »Nix bliev, wie et is«, meinte er in seinem breiten Kölsch unerbittlich, und das heißt: »Nichts bleibt, wie es ist. Alles ist anders. Alles ändert sich.«

Viel Traumtänzerei in der fiebrigen Sommerluft. Spaß und Heiterkeit. Kurze Stunden. Barbecue-Rauch, der den Berg hochwirbelt. Und bald schon wieder Stellproben, Hauptproben, Generalproben. Premieren und nervige Aufführungen.

Ich war mit Moira nie allein am Berg. Und eines Tages stellte sie mir ihre Freundin Sharon vor, eine Kanadierin. Jetzt wusste ich, warum ihre Augen so anders leuchteten und ihr Lächeln an mir vorbeiging.

Ich tanzte mit Cinderella nicht mal einen Sommer. All die anderen, die mit hinausgefahren waren, liebten sich so wie Moira und Sharon. Die Mädchen ihre Mädchen und die Tänzer ihre Tänzer. Und das war o. k. und ich begriff, ich war in der falschen Inszenierung. Kein Tango Passion. Nur sterbender Schwan.

Und wenn sich die Nacht in die Berge hineinzwängte, saß ich ganz allein mit dem Hüttenwirt aus Köln auf der Holzbank vor dem Haus und dachte, wie Recht er doch hatte. »Nix bliev, wie et is«, und damit traf er ins Schwarze.

Aus. Mit Moira, das war wohl nichts. Ich hatte begriffen. Sollte ich es jetzt doch mit der braven, etwas hausbackenen Eva-Maria aus der Redaktion versuchen? Sie liebte mich, das hatte sie mir schon oft zu zeigen versucht. Sie schrieb Jugendbücher, und ein Held aus einer ihrer Geschichten trug sogar meinen Vornamen.

In jeder Redaktion brodeln Liebe, Hass und Eifersucht. Machoismus und Feminismus. Redaktionen sind aber immer noch Männergesellschaften. Frauen hatten und haben es schwer, sich durchzusetzen. Als man 1998 an die Spitze eines Hamburger Boulevardblattes eine Frau berief, gab es einen Aufstand in der Redaktion.

Es gibt aber auch feste, gute Freundschaften. Manche halten ein Leben lang. Lotte. Oder Johannes und Helga. Zwei Freunde, die ein ganzes Journalistenleben lang eine tolle Ehe führten, Kinder haben und glücklich leben. Es gab und gibt Journalistenpaare, die die gemeinsame Aufgabe zusammenführte. Werner Friedmann und Sibylle. Helmut Markwort und Patrizia Riekel, die als Redaktionschefs von »Focus« und BUNTE sich nächtelang durch Manuskripte wühlen.

Mit Journalisten leben ist eine Achterbahn. Reporterliebe kann ein Problem sein. Da ist ein Parteitag am Wochenende. Eine Unwetterkatastrophe. Der Reporter muss hin, und wenn gerade die ganze restliche Familie zu Besuch angesagt ist, weil die Tochter Kindergeburtstag feiert. Damit kommen Frauen nicht zurecht und die Ehe geht schief.

Der ideale Ehemann ist immer noch der deutsche Förster im schicken, grünen Rock. Der Buchhalter. Oder der Staatsdiener mit Pensionsberechtigung. Pünktlich um 17.00 Uhr schlüpft er in seine Pantoffel und sitzt fröhlich und ausgeruht am Tisch. Das erfreut Frauenherzen, und der Reporter, der abends noch zu einem Interview mit dem togolesischen Finanzminister muss, hat da schlechte Karten.

Von riskanteren Aufträgen gar nicht zu reden. Reporter leben immer gefährlich, und dies ist eine sehr bittere Wahrheit. Der Kosovo-Konflikt führt dies wieder grausam vor. Zwei Top-Reporter des »Stern« und ihre Dolmetscher aus dem Hinterhalt erschossen. Morde an Journalisten werden nur ganz selten aufgeklärt.

Jahr für Jahr stirbt eine große Zahl von Journalisten in Ausübung ihres Berufes. Oft noch sehr jung und die Hinterbliebenen haben geringe Ansprüche an Renten und Versicherungen. Dies ist grausam.

Müssen wir alle unseren Kopf ein klein wenig einziehen, um uns näher zu kommen? Ich glaube, die Frage sollten wir mit Ja beantworten. Fred Denger, Journalist und Autor des erfolgreichen Bühnenstückes »Langusten«, war ein toller Hecht. Ein Schlitzohr. Er zog seinen Kopf nicht ein und heiratete neunmal. Davon drei Ehefrauen gleich mehrmals.

Ich fragte ihn, ob mehr Frauen auch mehr Vergnügen gebracht hätten. Und wo der Vorteil liege. Er überlegte kurz und dann sagte er voller Bedacht »Vorteile? Gar keine. Du wechselst nur die Fehler!«

Bei den heutigen Gesetzen in Deutschland bedeutet eine Scheidung häufig den Ruin des Mannes. Er wird zum Ehekrüppel. Und die neue Versuchung, die in Form einer rassigen Kollegin am Nebentisch lauert, geht ins Leere. Der arme Teufel lebt inzwischen am Rande des Existenzminimums und ist froh, wenn er die Miete zahlen kann. Er ist frisch geschieden und hat nicht mal mehr so viel Geld flüssig, um mit der neuen Versuchung in der Redaktion durch eine Einladung zum Italiener den allerersten Schritt in ein neues Unglück zu tun.

Jammerte vielleicht deshalb in der Weihnachtszeit vorigen Jahres eine Journalistin so steinerweichend, sie komme einfach nicht unter die Haube? Sie habe ihre Frisur verbessert und neu gestylt, ihr Auftreten filmreif gesteigert, Kochkurse besucht, und dennoch. Sie könne einfach kein Mannsbild finden. Die Bindungslust wird immer schwächer.

Dennoch können Journalistinnen in letzter Zeit gute »Fangquoten« vorweisen, wie Brigitte Brandt-Seebacher, Doris Köpf oder Nina Ruge, die sich Wirtschaftsbosse und Politiker angelten.

Die gute Frau sollte in einem Beamten-Fachblatt nach einem gut erhaltenen, frühpensionierten Enddreißiger inserieren. Hier kann sie fündig werden. Und muss kein bisschen ihren Kopf einziehen.

Ich lebte immer in Hetze, und es kam nicht selten vor, dass jemand einen meiner Artikel besonders übel nahm. Telefonterror, Drohungen und Beschimpfungen die noch verhältnismäßig harmlosen Folgen. Heute droht gelegentlich die Russenmafia.

Da war ja auch noch Isabel. Ich hatte ihre Eltern durch eine Reportage kennen gelernt. Alteingesessene Münchner Patrizier. Immobilien, Beteiligungen. Ein Schloss am Starnberger See in einem gepflegten Park. Ich konnte mich dort wie ein Millionär fühlen. Isabel bildhübsch wie Barbara Hutton. Ein verwöhnter Fratz. Sommersitz in St. Tropez. Aber ich war als Prinz Troubetzkoy ungeeignet. Ein herrliches Leben erwartete mich. Ein wenig die Börse beobachten. Pfandbriefe umschichten. Die Hausverwaltung kontrollieren.

Ich war zu neugierig auf mein eigenes Leben. Auf meinen Beruf, den ich so verdammt schrecklich fand. Und den ich so liebte.

Journalisten sind überheblich. Vielleicht weil sie ein klein wenig mehr über vieles wissen. Sie haben Macht. Oder glauben es zumindest.

Eines Tages Irmgard. Sehr gescheit. Wir machten gemeinsam Städtebesuche und schrieben darüber. Die Eltern sahen mich schon als Schwiegersohn. Aber mein Herz kam nicht recht in Fahrt. Die Chemie ... Bald wusste ich auch, warum.

Irmgard lebte mit einem erfolgreichen Kollegen am Ammersee, nicht weit von Brechts Seestraße. Sie luden mich ein. Der berühmte Kollege kochte. Irmgard sah zu und unterhielt sich mit mir. Irmgard gestaltete ihren Tod als Inszenierung mit Mozartmusik.

Der berühmte Kollege, der für sie kochte, starb bald nach ihr. Ich spreche von Irmgard-Sandra Paretti und Hans Herlin.

Journalisten und Schreiber sind ganz im hintersten Winkel halt auch nur Menschen. Auf der Suche nach Gemütlichkeit, Zuwendung, Versorgung. Nicht alle. Aber doch die meisten. Jack Nicholson hat das so hinreißend in dem Film »So good as it gets« (»Besser gehts nicht«) dargestellt. Und den Kopf eingezogen. Ein wenig kleiner gemacht, als sich der überhebliche Schriftsteller-Eigenbrötler eigentlich fühlte.

In jener Zeit gab es viele singende Schauspieler. Das Urbild war Hans Albers. Größter Star jener Jahre: Hildegard Knef. Viele Produzenten machten sich bald, vom Knef-Erfolg beflügelt, auf die Suche nach singenden Stars. Einer keilte Curd Jürgens im Flugzeug von Zürich nach Paris. Es war Helmut Schmid, der mit »Hair« auch eines der ersten großen amerikanischen Musicals nach Deutschland gebracht hatte. Jürgens sagte zu. Schmid wandte sich an den erfolgreichen Münchner Komponisten Walter Geiger und dieser bat mich, für den Star zu texten.

Für mich schloss sich ein Kreis.

Ich kannte Jürgens wie wenige. Sein Auftrumpfen. Sein Machogehabe. Seine Herzensbrecherpose. Immer schneller der Propeller. Turbo-Tempo. Bald hatte ich die entscheidenden Zeilen, die dem Normannischen Kleiderschrank auf den Leib zu passten. »Ich hab Bäume ausgerissen ... und ich hatte kein Gewissen, ich war Playboy, Cowboy – Sexboy!« Moira mit ihrem »First Man« tanzend voran und all die vielen, vielen Frauen ließen grüßen. Wir jubelten. Das war der Jürgens-Titel schlechthin und würde unserem Star wie ein Maßanzug passen.

Die Musikaufnahmen in Hamburg. »Er nun wieder!« Jürgens fiel aus allen Wolken, als er mich sah. »Er nun wieder«, dröhnte er. Er sang nur nachts. Die Nächte in Hamburg können ganz schön lange sein. Ein paar Standards gehörten zum Programm wie »Kleine Möwe, flieg nach Helgoland« oder »Auf der Reeperbahn nachts um halb eins«. Geiger äußerte Bedenken. Weil er der Meinung war, mit Jürgens solle man nicht eine Hans-Albers-Reprise aufnehmen, sondern lauter neue Songs. Jürgens-Songs. Nur für unseren Star, unseren Macho. Der es wirklich nicht nötig hatte, sich an irgendein Vorbild anzulehnen, wenn dieses auch nur aus noch so weiter Ferne grüßte. Doch die Plattenleute, ängstlich und ahnungslos, bestanden auf den Albers-Titeln. Das Verhängnis nahm seinen Lauf.

Der Scotch. Der Steinhäger. Der Champagner. Sie hatten in all den Jahren ihre Wirkung getan. Die Jürgens-Stimme klang jetzt unverwechselbar rau und männlich. Ein Kerl. Ein Macho-Feuerwerk im süßlichen Schlagereinerlei!

Jürgens kommt immer nur spätabends, aber dann legt er los. Jeder Song nach seinen Vorstellungen vorher einstudiert. Spätnachts endlich mein: »Ich hab Bäume ausgerissen ... ich hatte kein Gewissen ...«

Der erste Durchgang. Top. Jürgens singt weiter. Den Schlussabsatz. Jetzt wird er, wie so oft, von sich selbst und seiner Leidenschaft mitgerissen. Seine Euphorie schwemmt ihn hoch. Geradezu manisch schmettert er jetzt: »Ich hab Bäume ausgerissen ... und ich hab mich angeschissen ... ich war Playboy, Cowboy, Sexboy ...!« und im Studio heben alle ab. Der Whisky. Er hat die halb leere Flasche in der Hand. Jubel. Stürmischer Beifall. Er reißt die Flasche hoch. Ein Einfall! Ganz der Typ, den er spielt. Es war der Hammer. »Ich hab mich angeschissen.« Seine eigene Zeile!

Forte. Fortissimo. Immer schneller der Propeller. Turbo-Tempo. Muy Macho. Curd Jürgens Superstar.

Der Produzent jubelte mit. Die Plattenfirma jubelte mit. Sie versprach eine Schiffsgala für die Medien auf der Elbe mit Vorstellung der Jürgens-Platte.

Am liebsten für alle Journalisten von ganz Hamburg und der restlichen Welt. Dann die große Ernüchterung, als die Platte herauskam. Sie hieß nicht »Ich hab Bäume ausgerissen«, sondern belanglos »Auf der Reeperbahn nachts um halb eins«. Albers-Neuaufguss, urteilten viele Kritiker. Schon mal da gewesen. Sie fiel durch. Ohne unsere Schuld. Mein Song ging unter. Und doch nicht.

Kenner und Song-Freaks stöberten ihn auf und fanden ihn cool. Eine neue realistische Sprache. Aber sie wagten dennoch nicht, ihn in die Rundfunkprogramme zu nehmen. Sie stießen sich natürlich an der von Jürgens gedichteten Zeile »... und ich hab mich angeschissen.« Im Radio gabs nur Liebes-Sahne und noch keine Alltagssprache. Es war nichts zu machen. Jürgens hatte meinen Song kaputtgesungen.

Wir waren unendlich traurig. Machtlos. Zu Tode betrübt. Keiner von uns allen hatte bedacht, dass die Alltagssprache noch lange nicht reif für die Medien war. Es war noch ein weiter Weg bis zu den Toten Hosen oder »Ich find dich Scheiße«. Der Jürgens-Einfall war dennoch nicht umsonst gewesen. Mein Name stand ja neben dem inkriminierten und abgeschmetterten Titel »Ich hab Bäume ausgerissen«. Man schrieb mir jedenfalls den Text zu, wie er war, und das lenkte die Aufmerksamkeit der Insider auf mich.

Meine Karriere als Song-Schreiber kam dadurch auf Touren. Durch die Bekanntschaft mit Schmid war ich auf seine Hair-Hauptdarstellerin aufmerksam geworden, die die »Sheila« über 500 Mal mit Afrolocken und Blumenkinder-Outfit rüberbrachte. Ich nahm mit ihr eine eigene Hair-Version mit den wichtigsten Songs auf und produzierte schließlich mit ihr »Frei sein«, eine Langspielplatte mit zwölf neuen, eigenen Songs, die ein unbeschreibliches Medienecho auslöste. Wieder waren es Alltagsthemen. Wieder kein seichter Schlagerschmu, und keine vertonten Schundromane. Oh yeah.

Auch beim Bayerischen Fernsehen bewies man Gespür für den neuen Trend. Die Redakteure holten den Regisseur Axel Corti, der eine stil- und phantasievolle Show mit surrealen Bildern über die zwölf Titel der Longplay drehte. Sie lief und läuft immer wieder in den Dritten Programmen.

In der DDR brachte es »Frei sein« zu einer Art »Samisdat«-Status. Allein schon den Titel »Frei sein« empfanden die Menschen im Osten, die sich nach Freiheit und Unabhängigkeit sehnten, als Aufruf, anders zu leben. Sie hörten ihn in den Westmedien und schrieben mir Briefe voller Zustimmung und Dankbarkeit. Die Jugend in Ost und West empfand gleich.

Curd Jürgens griff eines Tages doch wieder zum Mikro. Und diesmal machte er es besser und dichtete sich nicht selbst um seinen Erfolg, wie bei unserer Produktion. Sein Song »60 Jahre und kein bisschen weise« war ein Treffer und ich dachte voller Wehmut an unseren von ihm kaputtgesungenen Song »Ich hab Bäume ausgerissen«. Es hätte sein Hit sein können. Aber fürs »hätte« kriegt man im Leben nichts. Längst hat sich wieder alles verändert. Das Leben. Die Liebe. Und die Songs.

# Heinz Rühmann lässt sich mit Journalisten ein und wird vom Affen gebissen

Sexy Esther Schweins unter der Zirkuskuppel schwebend mit dem Kopf nach unten an einem Trapezreifen hängend, ohne Netz und doppelten Boden ... Sabine Christiansen, kaltblütig auf den Stockzähnen eines Elefanten herumturnend ... Senta Berger mit Seelöwen und Hans-Dietrich Genscher, Außenminister im Ruhestand, als bestohlenes Opfer von Carmen Nebel ... Science Fiction unter der Zirkuskuppel? Nein, nein. Alles Roger.

Dieses etwas unglaubliche Programm bestreiten »Stars in der Manege« ganz real im Münchner Cirkus Krone in der Vorweihnachtszeit. Mit alljährlich neuer Besetzung und schon seit 34 Jahren. Mehr als 5 Millionen Mark haben all die tapferen Amateur-Artisten in dieser Zeit zusammengeturnt, dressiert und dompptiert, gelächelt, gehüpft und gesprungen. Denn Gagen bekamen sie viele Jahre lang keine.

Und für die vielen Moneten sind ein paar bildhübsche Seniorenhäuser in der Münchner City gebaut worden. Wo alte Journalisten und Künstler drinsitzen und ihr Leben im Rückspiegel betrachten.

Alle Mitwirkenden an der großen Zirkusgala kann man dann alljährlich am 2. Weihnachtsabend im ARD-Programm bestaunen. Die »Stars in der Manege« sind schon fast so lange auf dem Spielplan wie die »Tagesschau« der ARD, nie im Quotentief und eine der ältesten Sendungen des deutschen Fernsehens überhaupt.

Alles Roger?

Keiner weiß heute mehr, wer der Erfinder dieses TV-Dauer-

Hits überhaupt war und die Grundlagen dafür schuf. Es war der Presse-König Werner Friedmann, der so unendlich viele gute Ideen hatte und damit Sterne am Medienhimmel entzündete. Der Nachhall seiner guten Einfälle ist heute noch hör- und sichtbar. Von ihm und seinen Impulsen ist in diesem Buch mehrmals die Rede.

Doch von Friedmann spricht heute im Zusammenhang gerade dieser guten Idee kaum noch jemand. Und von mir schon gleich gar nicht. Dabei war ich »Gründungsmitglied« und »Aktiver« seiner wohltätigen Vereinigung. Er hatte mich zum Generalmanager für sein Vorhaben ernannt, das er bei einem Paris-Aufenthalt entdeckte und von dem er ein Foto hatte. Marlene Dietrich im »Cirque d'hiver«, wie sie gerade Pferdeäpfel einsammelt. Auch im »Winterzirkus« ging und geht es um Wohltätigkeit mit Künstlern, die Bären und Elefanten tanzen lassen und keinen Sou Honorar dafür einkassieren.

Friedmann hätte es verdient, ähnlich wie Ho Chi Minh an der Einfahrt von Saigon mit Riesen-Plakatwänden an den von ihm gebauten Heimen als Urvater der »Stars in der Manege« geehrt zu werden. Und ich daneben. Vielleicht mit einem Täfelchen von der Größe einer ecuadorianischen Briefmarke und genauso bunt.

Doch für mein Engagement hab ich nie was bekommen und genommen. Nicht mal 'ne Freikarte für einen Stehplatz in meiner eigenen Gala, denn der Maximo Leader Friedmann fuhr eisern sein Sparpaket, um jede Mark für die Wohltätigkeit einzuhamstern.

Von den Stadtvätern erhielt ich bis heute nicht mal 'nen warmen Händedruck. Warum, das weiß ich seit kurzem auch. Als ich am Schiller-Denkmal vorbeilief, öffnete dieser seinen Mund und murmelte im Roboterstil einen Satz, der sich etwa so anhörte wie: »Dem Mimen flicht die Nachwelt keine Kränze!«, und ich gab zurück, das sei irgendwo geklaut und ich wüsste das sowieso schon, Fritze! Da schrie er mir hinterher: »Dem Journalisten sowieso nicht, du Idiot!« Und da hatte der Dichter des »Wallenstein«, der auch ohne einen Dukaten Eigenkapital ganze Kriege führte, sogar Recht.

Doch ich kam noch prima davon. Wallenstein ermordete man in einer schaurigen Februarnacht in Eger. Ich lebe noch.

König Werner schickte mir jedenfalls von seinem Hochsitz im Verlagsgebäude den alles entscheidenden Zeitungsausschnitt aus Paris mit Marlene drauf, und bei einer anschließenden gemeinsamen Gründungskonferenz – Teilnehmer nur wir beide – definierte er auch meine Rolle. Durch die Zeitung käme ich mit so vielen Künstlern zusammen, dass es doch kein Problem sein könne, im Laufe eines Jahres ein gutes Dutzend von ihnen zu den Zirkusfahnen zu rufen. Deren Gage werde eine Veröffentlichung in der »Abendzeitung« sein. »Das wird sein wie bei Olympia. Dabei sein ist alles«, strahlte der große Zampano siegessicher. »Und mit den Krones vom Zirkus rede ich selber. Die machen bestimmt mit!« Und so kam es denn auch.

Nun muss man wissen, Friedmann war nicht nur ein Genie des Einfalls, sondern noch viel mehr der Finanzen. Und so, wie diese schon seit Jahren in Bonn jämmerlich darniederliegen, kann man es nur bedauern, dass der große Moneten-Zauberer nicht mehr lebt.

Er würde in ganz kurzer Zeit sämtliche Konvergenzkriterien erfüllen und auch noch einen Juliusturm voller Dukaten aufbauen, und Deutschland stünde wieder als Geld-Weltmeister da!

Sein Engagement hatte stets etwas hypnotisch-ansteckendes an sich. Ich ließ mich also mitreißen von ihm und versprach, in meine neue Zusatz-Laufbahn als Zirkusmanager mit einem dreifachen Salto hineinzuspringen.

Die Künstler würden sich balgen, meinte er, mit einer Riesenschlange oder einem grimmigen Grizzlybären in die Manege zu stürmen. Ich war gespannt!

Wir kamen mit den offiziellen Stellen, aber auch der Familie Krone nach langen Verhandlungen zu einer Zusammenarbeit. Auch dort hatte man ein Gefühl für die mögliche Werbewirkung, und nun lag es nur noch an mir, die größten Super- und Ober-Stars antanzen zu lassen.

Es fing bescheiden an. Wir hatten Erfolg. Bis das Fernsehen schließlich mit seinen Redakteuren, Regisseuren und Großmanagern die Gala in eigener Regie übernahm und ich meinen im Lauf der Jahre zum Alptraum gewordenen Managerposten los war. Heute gibt es mit Sicherheit Gagen, und dies ist viel gescheiter. Ohne Geld gibt's nun mal keine Musi.

Unter Friedmanns Regie war die Abendzeitung wegen ihrer weltoffenen und liberalen Haltung und des brillanten Feuilletons in ganz Deutschland geschätzt. Mit der Kritikerin Ponkie hat das Blatt sogar eine Art Kult-Madonna hervorgebracht, deretwegen viele zu Lesern wurden und werden.

In kurzer Zeit pushte er damit die Auflage von 100 000 auf 300 000 täglich verkaufte Exemplare hoch. Die Stadt München hat diesen bedeutenden Medienmann der Nachkriegszeit denn auch nicht mit einer Straße, sondern beziehungsreich mit dem »Werner-Friedmann-Bogen« geehrt, und dies stimmte besser. Friedmann spannte Bogen und Brücken zu Menschen, ihren Problemen und Wünschen. Er war Menschenfänger.

Sobald mir von jetzt an ein Künstler über den Weg lief, versuchte ich ihn zu keilen. Ich schilderte diese für Deutschland völlig neue Gala in strahlenden Farben. Natürlich kam immer gleich auch die Frage nach der Gage. Ich erklärte einfach, dies sei doch alles gar nicht so wichtig, es gebe eine Veröffentlichung in der Zeitung und neue Fans durch den Zirkusauftritt selbst. Hinzu komme noch die Wohltätigkeit der ganzen Aktion.

Darauf bildeten sich zwei Gruppen. Die einen erklärten sich spontan bereit, nicht nur mitzumachen, sondern sich auch reinzuhängen und Risiken zu übernehmen. Die andere Gruppe meinte, sie würden zwar mitmachen, könnten aber keinerlei Risiken, besondere Einstudierungen mit viel Proben oder sonstigen Purzelbäumen übernehmen. Auch dafür musste ich Verständnis aufbringen. Wer geht schon freiwillig ohne eine Mark Knete in den Tigerkäfig und riskiert sein Leben?

Bald zeigte sich jedoch, es gab auch »Schätze« wie Senta Berger, die bald mehrmals dabei war, Nadja Tiller, Hans Joachim Kulenkampff oder »Axi« von Ambesser, um den sich Friedmann mit seinem Übercharme selbst bemüht hatte. Friedmann dirigierte rasch eine froh gestimmte Künstlerfamilie. Bald hatten wir

Glück. Bei einem Besuch in Rom lief mir der Schlagerkönig Freddy Quinn über den Weg, der dort gerade einen Film drehte.

Er sammelte Goldene Löwen und Schallplatten ein, wie andere Isarkiesel beim Sonntagsspaziergang. Er hob ab, als er von unserer Idee hörte! Sah er sich doch selbst als Zirkuskind, liebte die Tiere samt Manege und er werde auch noch singen, versprach er mir.

Mit Freddy gewannen wir endlich auch die Fernsehleute.

Und deshalb war uns rasch klar, wir brauchten auch im nächsten Jahr einen Scoop, und der Name Heinz Rühmann, an den wir schon so oft gedacht hatten, fiel erneut. Friedmann gelang es mit viel Geschick, dem Star eine Zusage abzuhandeln.

Er war durch seine unzähligen Filme damals schon beliebt wie kein anderer. Sein Lächeln, seine Kunst als Schauspieler, seine Bescheidenheit hatte ihn über alle anderen hinausgehoben. Ihn im Programm zu haben, das war schon great, wenn auch damals noch längst nicht seine »Vergottung« eingesetzt hatte, wie sie das Fernsehen dann in seinen letzten Lebensjahren betrieb.

Friedmann wünschte sich, sein Star sollte auf einem dicken Elefanten in die Manege reiten, wie einst Hannibal über die Alpen. Und er würde mit dreifach donnerndem Applaus vom Publikum empfangen werden. Und dieses Foto, da war sich der Maestro total sicher, ja, dieses Foto würde um die Welt gehen! Aber Hannibal kam gar nicht bis Rom. Doch daran dachten wir in diesem Augenblick noch lange nicht.

Jetzt bin ich an dem Punkt angelangt, warum ich die Story überhaupt erzähle. Denn es begann eine ganz eigene Geschichte. Von Begeisterung und Ernüchterung. Von Hoffnung und Enttäuschung, Eigensinn und Leichtsinn. Höhenflug und Absturz.

Mit Heinz Rühmann kam alles ganz anders, als wir es uns in berauschenden Farben ausgedacht hatten, und eine Ahnung davon bekam ich gleich bei meinem ersten Besuch in seiner Garderobe. Eher mürrisch empfing er mich, als ich zu einer Rede über die Freude ansetzen wollte, die er uns und seinem Publikum mit seinem Auftritt machen würde. Und da höre ich heute noch seine Worte, mit denen er meiner Begeisterung seine Ernüchterung entgegenschickte. »Langsam, junger Mann, das ist alles noch nicht ganz so sicher. Ich weiß noch gar nicht, ob ich auch wirklich auftreten darf. Und auf einem Elefanten schon gleich gar nicht! Ich habe Verträge, die schließen ein Risiko wie dieses aus.«

Über sieben Brücken musst du gehn. Ich ging über alle sieben und wünschte mir mein Schaukelpferd zurück. Die nüchterne Rühmann-Erklärung war ein harter Schlag. Ich war eingeklemmt zwischen Friedmann, der das ganz Große im Kingsize-Format und zum Nulltarif wollte, und Rühmann, der es sicher auch wollte, aber sich seinen Verträgen beugen musste.

Es war wie ein Eimer eiskaltes Wasser mitten ins Herz. Ich schlich mich weg, um mit Friedmann zu beraten. Auch der zeigte sich tief erschrocken. Rühmann nicht auf dem Elefanten? Kein Foto für die Weltpresse? Sämtliche roten Lämpchen leuchteten auf und es blieb nichts anderes mehr übrig, als Carl Sembach als Schutzheiligen anzurufen.

Nun muss ich hervorheben, Sembach-Krone und seine Frau hatten zusammen mit ihrer Tochter Christl etwas getan, was mir heute beinahe übermenschlich erscheint. Sie stellten ihren gesamten Zirkus zum Nulltarif bereit. Ihre Tiere, Hausartisten und Clowns und noch eine historische Schreibmaschine, die von »Harry Piel« stammte. Und noch viel mehr: Ihre Erfahrung! Deshalb hatte Carl Sembach auch das Verhängnis kommen sehen. Große Stars – kleine Termine, flüsterte er. Wir müssten Rühmann verstehen. Doch er hatte Trost parat. Selbst bei den allergrößten Zirkus-Acts wird getrickst.

Es gibt hinreißende Auftritte mit Tieren, die wirken so echt, als wären sie seit Jahren allerbestens studiert und fest in deren Repertoire. Dabei werden sie gar nicht vom Dompteur selbst bewegt. Vertrautheit freilich muss hergestellt werden. Manche Tiere haben gar so etwas wie Humor, zumindest scheint es so.

Marianne Sägebrecht bekam dies mal zu spüren, als sie den Klaps eines Elefanten auf ihren barocken Po abbekam.

Auf diesen Vertrautheitseffekt setzte auch Sembach. Er würde uns helfen, doch zugleich meinte er, selbst wenn Rühmann die allerkleinste Nummer übernehme, müsse er diese proben. Und zwar beinhart! »Sehen Sie sich Freddy an, was der machte«, so Sembach.

Ich ging zugleich weiter auf Promi-Jagd. Mit Rühmann alleine konnten wir ja unseren Abend auch nicht bestreiten. Und schon bald half mir Kommissar Zufall. Eines schönen Abends lief mir Walter Slezack, der Sohn des Kammersängers Leo Slezack, über den Weg.

Leo Slezack ist Älteren von uns vielleicht noch ein Begriff. Er war nicht nur ein gewichtiger Opernsänger sondern schrieb auch viele, viele Bücher und spielte in Filmen. Sein Sohn Walter, der am Tegernsee aufwuchs, war ein Hollywood-Star und erschien mir optimal.

Ich sprach ihn in einem Promi-Hotel an. Er war natürlich Profi und zeigte eine ähnlich vorsichtige Reaktion wie Rühmann. Er wolle eigentlich nur seine alte Heimat am Tegernsee besuchen und nicht im Zirkus auftreten, meinte er. Schließlich erklärte er sich bereit, an seinen Aufenthalt noch zwei Wochen anzuhängen. Zugleich forderte er eine Nummer ohne das geringste Risiko. Also Gruppe II in meiner Liste: Künstler, die mitmachen – ohne was zu machen!

Im Fall 3 hatte ich eine goldene Pfote. Denn im deutschen Theater lief gerade mit großem Erfolg die Operette »Maske in Blau« mit Marika Rökk. Aber auch das Engagement der noch immer rassigen Ungarin gestaltete sich nicht ganz einfach. Sie war zwar bereit aufzutreten, forderte aber die Teilnahme ihres gesamten Balletts. Außerdem konnte sie nur nach ihrer Vorstellung in den Cirkus Krone kommen.

Ich willigte in alles ein. Was Marikas spätes Erscheinen betraf, so sah ich hier keine Probleme. Ich wusste längst, dass Zirkusprogramme regelmäßig dreimal so lange dauern, wie geplant.

Wir sahen Land. Vor allem auch wegen der Zusage von Walter Slezack, der mit Stars wie Cary Grant und vielen anderen vor der Kamera gestanden hatte. Das brachte uns erstmals internationalen Flair.

Auch für Slezack war es enorm kompliziert, einen attraktiven Auftritt zu basteln. Nachdem ja sein Vater Österreicher war und auch der Sohn einen Hauch Wien ausstrahlte, boten wir ihm an, auf einer Art Heurigen-Wagen mit einer Schrammelkapelle darauf, gezogen von zwei Pferdchen und einem Esel dahinter, in die Manege zu fahren und ein Wiener Lied zu singen. Der Titel ergab sich von selbst. »Ich hab zwei harbe Rappen, mein Zeugl steht am Stand!« Slezack erklärte sich einverstanden. Das Lied hatte er sowieso drauf.

Rühmann blieb nach wie vor unser größtes Problem. Ich suchte ihn erneut am Filmgelände auf. Wir mussten, wenn auch bitter würgend, auch seine Argumente akzeptieren. Durch seine Filmverträge sei er gehalten, beruflich wie privat jedes Risiko eines Unfalls oder gar einer Verletzung zu meiden.

Mit dem Elefanten-Einzug und dreifach donnerndem Applaus würde es also mit Sicherheit nichts werden. Auch kein Foto davon würde es geben, das um die Welt gehen würde. Nur die Geschichte von Begeisterung und Ernüchterung. Die dämmerte mir allmählich.

Ernüchterung. Rühmann war keineswegs der Strahlemann und Sonnyboy, wie er uns in vielen Leinwandwerken entgegentrat. Eher ernst, vergrübelt und nicht allzu kooperativ. Der Konflikt zwischen Schein und Sein. Das wars wohl. Ach ja, Eigensinn und Leichtsinn! Wir schminkten unsere hochfliegenden Pläne ab, und es blieb nichts anderes übrig, als Carl Sembach-Krone in unserer Verlegenheit erneut um Hilfe zu bitten. Der zog mit dem Äffchen Cora einen Jocker aus dem Ärmel: ein zierliches Orang Utang-Mädchen.

Von seinem Trainer betreut und von unserem Star Rühmann vorgestellt. War es das? Es war's. Es war mehr als bescheiden. Aber wir hatten gar keine Wahl mehr, und als ich Rühmann dieses Arrangement anbot, nickte er mit dem Kopf. Es würde eine »getrickste Nummer« werden. Cora beherrschte allerlei Kunststückchen, ihr Trainer würde hinter Rühmann stehen. Erfolg garantiert. Oder?

Je näher unsere Gala rückte, desto unruhiger wurden wir alle. Drei Tage vor dem großen Abend die erste große Durchlaufprobe. Ohne Rühmann. Carl Sembach stürzte auf mich zu. »Wo ist

Rühmann?«, donnerte er mich an. Verdattert musste ich zugeben, dass er keine Zeit habe. Er sei am Set. Sembach kannte ich als besonnenen Gentleman. Er war ein liebenswürdiger Manager und geduldiger Dompteur eleganter Pferdenummern. Doch nun zeigte er mir die Gelbe Karte. »Wenn Sie Rühmann nicht zur Probe bringen, können Sie seinen Auftritt vergessen«, brüllte er mich an. »Wir sind Profis und keine Laienspieler!« »Aber er ist doch unser Star«, wandte ich beklommen ein. »Bei uns gibt es keine Stars. Wir leisten harte Arbeit. Und wer da nicht mitspielt, der fliegt! Auch wenn er Rühmann heißt! Bei uns ist der Star das Publikum!« Und dann ließ er mich stehen.

Ich begriff, dass er sein Programm und seinen Zirkus und damit den Erfolg seines Hauses höher stellte, als all unsere PR-Konzepte und Künstler. Doch das war gelaufen. Ich machte in den nächsten Nächten kein Auge mehr zu und schlich leichenblass durch die Tage. Denn jetzt war alles zu spät. Der Mond rückte ins achte Haus. Ich hatte Mondflimmern.

Unsere Absprache mit Rühmann lautete, dass er – um ja keine Sekunde seiner kostbaren Zeit zu verlieren und warten zu müssen – unmittelbar vor seinem Auftritt mit dem Wagen am Eingang ankommen und ich ihn von dort abholen und zu Cora und seinem Trainer bringen würde.

Der große Abend war endlich da. Ich fieberte. Meine Hände waren feucht. Rühmann kam mit seinem Chauffeur rechtzeitig an. Ich geleitete ihn in die Manege. Hochspannung beim hochgestimmten Publikum. Der Superstar als Dompteur! Stürmischer Applaus zur Begrüßung! Ihr Auftritt, Heinz Rühmann!

Er stand jetzt unmittelbar am Eingang zur Manege. Der Trainer mit Cora auf dem Arm schritt auf ihn zu. Rühmann, Cora und der Trainer sahen sich zum ersten Mal. Das Äffchen wirkte zittrig und nervös. Der Trainer beruhigte es immer wieder und die beiden Akteure hatten wenigstens einen kurzen Blickkontakt. Aber eben keinen Haut-, Hand- oder Körperkontakt. Und der ist im Leben und in der Manege halt unerlässlich. Rühmann wirkte ruhig. Er wagte aber nicht, das Äffchen zu streicheln. Zunächst war er auch noch nicht ganz konzentriert. Doch das

Trio schritt schließlich unter stürmischem Beifall in die Manege hinaus. Standing Ovations schon vorher!

Auf der einen Seite der Trainer, der Cora hielt, ich selbst unmittelbar hinter Rühmann, den ich mit nach vorne begleitete. In dem weiten Zirkusrund plötzlich atemlose Stille. Man erwartete, Rühmann würde einige Worte sprechen. Aber als altgedienter Profi wusste er, dass er sich jetzt bewegen und seine Nummer abziehen musste. Es gab kein Zurück mehr. Ich stand jetzt unmittelbar daneben und spürte, wie die Affendame immer nervöser wurde und in eine Art Panik vor dem fremden Mann geriet, auf dessen Arm sie plötzlich Platz nehmen sollte.

Offenbar wollte Cora nicht von dem ihr vertrauten Trainer weg zu dem Fremden. Sie sah nur den ihr nicht bekannten Menschen, der sie jetzt an sich nahm und zu sich rüberzog. Schließlich übergab der Dompteur Cora ganz an Rühmann, der zaghaft, vielleicht zu zaghaft, nach ihr griff und einige beruhigende Worte flüsterte. War es die fremde Stimme? Der Unbekannte? Cora verlor die Nerven!

Sie blickte wie in Panik wild um sich, starrte in den riesigen Raum hinein, sah die Menschen, die Lichter, hörte die grelle Zirkusmusik, die einen Tusch spielte. Da war es vorbei. Das Äffchen bäumte sich auf, drehte sich zu Rühmann und biss ihn verzweifelt in die Brust. War es Angst? Wut? Oder einfach die Panik, von dem Fremden fortgenommen zu werden?

Der war zunächst vor Schreck starr und blickte Hilfe suchend um sich. Der Trainer riss Cora von dessen Brust weg und es war ein kleines Wunder geschehen an diesem Abend: Rühmann trug unter seinem Anzug eine braune Lederweste! Cora war mit ihrem panischen Biss also nicht sehr tief in seine Brust eingedrungen. Aber unser Star wurde plötzlich ganz fahl. Ich packte ihn. Andere stürzten herbei und zusammen führten wir ihn nach rückwärts. Inzwischen hatte man einen Arzt alarmiert.

Ich war wie gelähmt. Dass ausgerechnet bei Rühmann ein derartiger Vorfall passieren würde! Ich war mit schuld, dass Rühmann gekommen war. Ich war verantwortlich, dass alles glatt ging. Schlagartig fielen mir die Worte von Carl Sembach ein. Er hatte eindringlich Proben gefordert. Tiere müssen ihren Partner riechen ... fühlen, hatte er gesagt. Rühmann bekam zunächst eine Spritze, dann einen Verband und raste mit einem Notarztwagen in die Klinik. Er hielt sich enorm tapfer und zeigte nicht eine Spur von Angst. Eigensinn und Leichtsinn. Höhenflug und Absturz. Das alles ging mir jetzt durch den Kopf. Was wäre wohl gewesen, wenn Cora den Star einige Zentimeter höher in die Halsschlagader gebissen hätte? Oder wenn dieser ohne die schützende Lederweste gekommen wäre? Ich durfte gar nicht daran denken.

Rühmann zeigte sich als Held. Schon vor der Fahrt in die Klinik hatte er so getan, als sei nicht viel geschehen. Andererseits war natürlich doch eine blutende Wunde in seiner Brust entstanden, die noch dazu von einem Tier stammte, dessen Zustand wir alle nicht genau kannten. Man hatte ihm die Lederweste ausgezogen und legte seinen Kopf auf ein Kissen im Krankenwagen.

Nur mit viel Mühe brachten wir Rühmann aus dem Zirkus heraus. Niemand wusste genau, was wirklich passiert war. Er lächelte gequält. Na ja, es sei ja auch Pech im Spiel gewesen, es täte ihm so Leid, flüsterte er, dass die ganzen Menschen im Zirkus ihn nicht so hatten sehen können, wie er es eigentlich vorhatte. Das Publikum blieb ratlos zurück. Chaos.

Ich blieb im Hause und fuhr nicht mit in die Klinik, denn dieser Abend hatte es weiter in sich. Es sollte noch eine ganze Reihe von Pleiten, Pech und Pannen geben. Im Grunde kam alles ganz anders, als wir es uns ausgedacht haten. Alle Mitwirkenden waren tief betroffen, aber keiner ließ sich was anmerken. The show must go on.

Der missglückte Auftritt Rühmanns ließ mich bis heute immer wieder über das Thema Promis und Medien nachdenken. Normal ist, dass Prominente und VIP's die Medien dringend benötigen, allein schon, um die Menschheit über ihre so erfolgreiche und glanzvolle Karriere zu informieren und auf dem Laufenden zu halten. Oder ihre gekonnte Politik. Dabei kann es sich um Wirtschaftsführer, Unternehmer, Politiker, Autoren, Regisseure und Darsteller handeln. Sie benötigen den Medienreflex für ihre Taten und Untaten.

Nun gibt es aber Berühmtheiten, die so berühmt sind, dass ihnen die Medienpräsenz rein gar nichts mehr bedeutet. Es kann ihnen egal sein, was berichtet wird über sie. Längst schweben sie über allem und sind zu Gottheiten geworden.

Ein Franz Beckenbauer ist so einer. Der Kaiser kann sagen und tun, was er will, es hat alles seine Ordnung. Die Medien liegen diesem »Halbgott« zu Füßen und üben sich in Dauerjubel. Er kann Trainer und Spieler feuern, sich im Getriebe der Fernsehrechte verhalten, wie er will. Er wird kritiklos bejubelt.

Giftige Journalistenpfeile bleiben im Köcher. Und sollte wirklich mal einer der Presseleute doch scharf schießen, stellt er sich selbst ins Abseits. Beckenbauer ist längst die Lichtgestalt.

Mit Rühmann war es nicht viel anders. Für Fernseh- und Filmleute und Veranstalter war der kleine Mann der Größte. Auch wir hatten uns ja seiner Prominenz bedient für unsere »Stars in der Manege« – Journalistengift wird da gar nicht erst angerührt. Rühmann war Nationalheiliger.

Er brauchte wirklich keine Publicity mehr. War abgehoben. Umso positiver sein Entschluss, sich für den guten Zweck unseres Abends dennoch breitschlagen zu lassen. Als gute Tat. Gutmensch Rühmann.

Der nächste Auftritt von Walter Slezak. Ebenfalls einer, der die deutschen Medien schon gleich gar nicht brauchte. Er lebte meist in Hollywood. Ob er da in einer deutschen Zeitung stand mit seinem Auftritt, konnte ihm völlig egal sein. Warum er doch kam, das war wohl sein Geheimnis. Nostalgie? Ein bisschen was Gutes tun? Unerreichbar auch er für »Journalistengift«. Dafür war auch er zu groß. Da kuschen die Zeitungen und jubeln lieber.

Slezak blieb gelassen – obwohl auch sein liebevoll geplanter Auftritt gründlich danebenging.

Kurz nach Rühmann fuhr er schon mit seinem Stellwagen und seiner Wiener Schrammelmusik in die Manege hinein. Der Kutscher auf dem Bock mit den beiden Pferden davor und einem Eselchen dahinter drehte frohgemut seinen Kreis. Herzlicher Beifall. Die Kapelle drehte auf, Slezack begann zu singen. »I führ zwa harbe Rappen ...« Noch mehr Beifall.

Plötzlich scheuten die beiden Pferde, rissen das Fahrzeug mit einem wilden Ruck nach innen und Slezack mit seinen Musikern stürzte aus dem Wagen heraus und knallte zu Boden.

Zum Glück war man im Zirkus auf derartige Zwischenfälle gefasst. Sofort eilten mehrere Helfer herbei und lasen Slezack und die zu Boden gefallenen Musiker wieder auf und stellten sie auf die Beine. Walter Slezack war natürlich nicht gerade begeistert, als er die Sägespäne abschüttelte. Aber als ich ihm das Missgeschick seines Kollegen Rühmann erzählte, war er froh, mit einem blauen Auge und ohne Affenbiss davongekommen zu sein.

Nun folgte Akt Nummer 3. Der Auftritt von Marika Rökk. Im größten Durcheinander kümmerte ich mich selbst um Marika und den Einstieg der Ballett- und Garderobedamen aus dem Deutschen Theater in die geheizten Busse. Wir kurvten zum Circus Krone. Das Timing stimmte. Der Auftritt von Marika war, wie erwartet, positiv aufgenommen worden. Es war alles gut gegangen.

Ende gut, alles gut? Noch längst nicht, denn auf uns lag immer noch wie ein Mühlenstein das schreckliche Geschehen mit Äffchen Cora und Rühmann. Es war durchaus denkbar, dass er mit einer Schmerzensgeldforderung auf uns zukommen konnte. Wir wollten ein Versöhnungsfoto mit Rühmann und Cora machen. Er hatte zwar keinen Ausfall erlitten. Nach dem missglückten Auftritt im Zirkus war er am nächsten Tag schon wieder am Set. Versichert waren wir dennoch nicht. Es hätte im Ernstfall sowieso keinen Sinn gehabt, denn wenn es ums Zahlen gegangen wäre, hätten sich die Versicherungen, wie so oft, geweigert, auch nur eine Mark herauszurücken, und sie wären auch noch, wie meistens, im Recht gewesen. Denn es hatte sich ja um einen Auftritt auf Sägespänen gehandelt. Und im Vertrag steht auf der letzten Seite hinten drin, dort wo keiner hinschaut, dass es nur dann was gibt, wenn die Veranstaltung auf einem brandsicheren Beton- oder Steinboden stattfindet. Und der darf nicht älter als drei Monate sein.

Wir beschlossen, ich solle noch einmal zu Rühmann fahren, um Klarheit zu schaffen.

Alles ein bissl traurig? Nein, nein, die Story wird bald eine Wendung zum Guten nehmen. Rühmann blieb nämlich Rühmann. Als Held und guter Mensch.

In der ganzen Zeit der Vorbereitungen hatte ich ihn als sehr ernsten, wenn auch wenig humorvollen Menschen kennen gelernt. Stocknüchtern und weit von dem Bild entfernt, das er in seinen Filmen oder auf der Bühne spielte. Ein verschlossener, sehr zurückhaltender Mann. Ganz anders eben, als man ihn von seinen Darstellungen her gewohnt war, wo er witzig, frech, heiter und voller Ironie auftrat.

Wenn ich mit ihm verhandeln musste, hatte ich immer ein ungutes Gefühl und Würgen im Bauch. Für ihn sprach natürlich, dass er ständig unter ungeheuerem Druck stand, in seinen Rollen der zu sein, als den ihn sein Publikum liebte. Wie er selbst dazu stand und sich in diesem Spiel sah, hat er mir ganz am Ende unserer Begegnungen gesagt. Da war auch Bitterkeit dabei. Doch es zeigt den Menschen Rühmann, wie er wirklich war. Ein Star ohne Maske. Ich vergesse seine Worte nie. Sie haben mich erschüttert und nachdenklich gemacht. Ich lernte den Menschen Rühmann kennen. Und dies war der absolute Gewinn für meinen Einsatz.

Wie gewohnt, empfing er mich auch diesmal wieder eher abweisend. Ich konnte nur sagen, wir bedauerten den Vorfall. Doch mit einem Mal war er wie gelöst und meinte, wir sollten uns nichts denken und die ganze Geschichte sei für ihn vorbei. Mir fiel mein Mühlenstein wieder vom Hals. Und jetzt kam etwas, was ich bei Künstlern nur ganz selten beobachtet habe.

Rühmann übte Selbstkritik. Er habe an dem missglückten Auftritt selbst viel Schuld. Er habe sich nicht optimal verhalten. »Ich liebe doch Tiere. Cora hätte mit ihrem Trainer mal zu mir nach Haus kommen müssen. Sie war ja so putzig. Nur gut, dass ich diesmal meine Lederweste anhatte.«

Dann ging er zum Schrank und holte die in Brusthöhe ganz schön angebissene Lederjacke heraus und zeigte sie mir. Und das sah nicht ganz so harmlos aus. Ich erschrak. Aber Rühmann lächelte. Sein unnachahmliches Rühmann-Lächeln, mit dem er die Menschen sein Leben lang gewonnen hatte.

Und in diesem Moment war er zum Verlieben.

Jetzt wirkte er heiter, natürlich und lachte. »Sie haben mich ja eigentlich vergewaltigt. Sie sind schuld, nein, ich auch – wir alle! Welch ein Leichtsinn!«

Er war jetzt wie einer von den Dreien an der Tankstelle oder der Hauptmann von Köpenick. Pater Brown, Quax der Bruchpilot oder der brave Soldat Schweijk. Seinen Verband trug er nur noch locker.

Er ging an das kleine Garderobenfenster. Es war, als würde er mit sich selber sprechen. »Manchmal ist mir einfach alles zu viel ... Gestern waren zwei italienische Produzenten hier ... eine Serie. Ich kann nicht mehr. Ich hab die Nase voll. Ich glaube, wir machen alle zu viel. Wir kommen nicht mehr ... zu uns selbst.«

Ohne mich noch einmal anzusehen ging er hinaus. Ich lief ihm nach. »Und das Versöhnungsfoto mit Cora?«, rief ich ihm nach. »Ja ja«, sagte er, »das Versöhnungsfoto.« Rühmann brauchte keine Fotos.

Die erste Million ist immer die Schwerste. Eines Tages hatten wir sie dennoch beisammen. Und all die Gutmenschen, die wir zu Zirkusartisten gemacht hatten, die Familie Krone und auf seine ganz eigene Weise auch Heinz Rühmann, die hatten sich als »Stars in der Manege« verdient gemacht. Alle zusammen.

Alles paletti?

Es kam noch besser. Ich erhielt ein Dankeswort. Mit Händedruck und Blümchen von Margit Symo, Ungarin und Star von einst und denkmalwürdig als Mutter der großen Darstellerin Eva Mattes. Margit hatte es geschafft, in eines »unserer« Häuser zu kommen und verbrachte dort ihre alten Tage.

»Hast du mitgemacht an die große Künstlerabende in Zirkus?«, begrüßte sie mich in ihrem eigentümlichen deutsch-ungarischen Kauderwelsch. »Ach ja, ein wenig«, sagte ich. »Das Dach auf deinem Haus hat so viele schöne Ziegel. Ein paar sind vielleicht von mir.« Margit war in Schwung. »Na ja, das ist särr gut, ich fühle mich särr wohl da!«, und sie schüttelte mir temperamentvoll die Hand und gab mir ein paar Blümchen. Na also!

Der alte Schiller hat auch nicht immer Recht.

# Marlene Dietrich – eine Göttin fällt aus der Rille

Berlin, kurz nach Mitternacht. Leichter Regen. Die Autoscheinwerfer blenden. Aus dem Autoradio eine leise Stimme. Die Moderatorin redet was vom »einzigen Weltstar, den Deutschland hervorgebracht« habe ... eine Berlinerin. Ich schalte das Gerät lauter. Wir biegen in den Kurfürstendamm ein. »Sag mir, wo die Blumen sind, wo sind sie geblieben ... » Marlene Dietrich singt. Der Regen ist stärker geworden. Wir fahren an den Straßenrand und bleiben kurz stehen. Die Modulation. Marlene jetzt etwas lauter. »Sag mir wo die Männer sind, wo sind sie geblieben ...«

Es gibt noch so viele Refrains von dem Lied.

Einen hat Marlene selbst geschrieben. Er hat den Titel »Sag mir wo die Platten sind, wo sind sie geblieben?« Von diesem speziellen Refrain wird in dieser Erzählung die Rede sein. Sie spielt zwischen Hollywood, Paris und Berlin. Ach ja, auch noch München. Es ist eine nachdenkliche Geschichte ohne happy end. Marlene spielt die Hauptrolle, zusammen mit dem größten Verehrer, den sie auf Erden je hatte. Dem Münchner Rundfunkmacher, Film-Freak, Plattensammler und Dietrich-Fan Jimmy Jungermann, der Marlene liebte, bis über den Tod hinaus. Sogar weit darüber hinaus. Und nie davon ablassen wird. Das weiß ich. Amen.

Viele Berliner können sich im Gegensatz zu Jimmy Jungermann bis heute nicht recht für Marlene begeistern. Obwohl sie ihre Laufbahn dort begann, in Hollywood zum Weltstar wurde, dem einzigen, den unser Land je hervorbrachte, und da hat die Moderatorin vom Radio wirklich Recht. Hier in Berlin änderte die preußische Offizierstochter ihren Mädchennamen Maria

Magdalena von Losch in Marlene Dietrich. Sie zeigte ihre Beine in nie gesehener Offenheit, spielte die »fesche Lola« und schenkte der Welt Lieder wie »Ich bin von Kopf bis Fuß auf Liebe eingestellt« und viele andere, die sich bis heute im Repertoire gehalten haben. Sie bleibt mit ihrem Film »Professor Unrat« mit Emil Jannings unvergessen. Wie in vielen, vielen anderen, die später aus Hollywood zu uns kamen.

Selbst als man Marlenes letzten Willen erfüllte, in ihrer Heimat Berlin begraben zu sein, war das Echo dort eher mäßig. Nur ganz wenige Freunde standen an ihrem Grab. Der Senat veranstaltete keine offizielle Trauerfeier. Wieder mal erklang das Lied ihres Lebens »Sag mir wo die Blumen sind«, aber es hatte diesmal, wie eine Zeitung schrieb, »einen schmerzlichen Klang«.

Marlene Dietrichs Weg durch die deutsche Nachkriegszeit ist mit Ressentiments, ja gewalttätigen Aggressionen gepflastert, was sich vor allem bei ihrem Comeback-Versuch in den 60er Jahren zeigte, von dem auch ich als Spätschaden etwas abbekommen habe, nämlich einen Tritt ins rechte Knie. Immer, wenn sich das Wetter ändert (und das tut es im rauen Oberbayern ziemlich häufig), spüre ich den Tritt eines ihrer Leibwächter. Und dann muss ich jedes Mal wieder an Marlene denken.

Die Berliner begrüßten sie damals bei ihrer Rückkehr als »Verräterin«, mit massiven Protesten und Demos vor ihrem Hotel, weil sie nach Kriegsende in amerikanischer Uniform in der zerbombten Hauptstadt einmarschiert war. Das führte zu scharfen Protesten, als sie erneut an die Spree kam. Ihre politische Haltung war eindeutig gewesen. Sie war gegen das Naziregime. Hatte im Krieg bei der Betreuung der GI's mitgewirkt und für sie gespielt und gesungen. Das passte vielen Berlinern nicht. Manche haben das bis heute nicht verarbeitet.

Auch mit einem Marlene-Dietrich-Platz ist es in Berlin lange nichts geworden. Wir Deutschen benennen unsere Plätze lieber nach Feldherren und Generalen, Kaisern und Königen. Erst hatte man an Schöneberg gedacht. Den Kaiser-Wilhelm-Platz, der umbenannt werden sollte. Dieser Meinung waren auch viele Abgeordnete. In dessen Nähe kam Margarete von Losch zur Welt und lebte dort, ehe sie auszog, den Show-Himmel zu stürmen. Inzwischen hat sie ihren Platz. Im alten »neuen« Berlin, mitten im modernen Zentrum.

Marlene ist für mich immer ein Star gewesen, an dem jede Kritik ins Leere lief. Journalistengift wirkungslos. Wer so gigantische Erfolge wie diese Frau eingesammelt hat, der ist Denkmal und Monument gleichzeitig. Was habe ich nicht alles über sie geschrieben! Immer wieder meine Geschichte über die von ihr nach dem Krieg kassierte Plattensammlung meines Freundes Jimmy Jungermann! Das war doch sowas wie ein Schatten auf ihrem glänzenden Namen. Dieser schickte ihr sogar meine Veröffentlichungen immer wieder zu. Kein Echo! Marlene blieb Marlene, ganz oben im Show-Himmel. Selbst der schon angedeutete Tritt ihres Leibwächters änderte an meiner Einstellung nichts.

An der Isar hatte und hat überhaupt niemand was gegen die Hollywood-Diva aus Berlin. Im Gegenteil. Jungermann starb gar, ohne ein tröstendes Wort oder eine Entschuldigung oder Erklärung seines geliebten Idols.

Liebe ist stärker als Krieg und Vernichtung. Stärker als Enttäuschung und Tod. Und davon handelt die folgende Geschichte. Denn der Marlene-Verehrer Jimmy Jungermann ließ sich durch nichts von seiner glühenden Liebe abbringen, nicht mal von Marlene selber. Die ihn doch so geschädigt hatte.

Jungermann war im Grunde Weltbürger und fühlte sich in Deutschland, dem Land der Verordnungen und Gesetze, nie richtig wohl. Er war in Istanbul zur Welt gekommen, wo sein Vater einen außerordentlich erfolgreichen Nahosthandel betrieb. Dort überstand die Familie, wie übrigens mancher deutsche Architekt, Politiker oder Wissenschaftler, die Nazijahre ziemlich ungeschoren. Dafür aber spielten die siegreichen Amerikaner der Familie sehr böse mit. Kurz vor Kriegsende kamen die Jungermanns jedenfalls nach München, mit vielen ihrer Schätze des Orients beladen, und brachten diese, wie manch andere wohlhabende Bürger auch, nach Schloss Eurasburg im romantischen Isartal vor Bomben und Plünderung in Sicherheit.

Schwerpunkte des Jungermann-Besitzes, der dort gebunkert war: die Plattensammlung des Juniors, die dieser sich in Istanbul aufgebaut hatte, und ein Gemälde des Niederländers Jan Vermeer, genannt Vermeer van Delft (1632–1675), von dem es auf der ganzen Welt angeblich nur ein Dutzend erhaltene Werke gibt. Ein Name jedenfalls, der bei Kunstkennern Schauer der Bewunderung und des Entzückens auslöst.

Sohn Jimmy heuerte unmittelbar nach Kriegsende beim Bayerischen Rundfunk an. Spindeldürr, aber von Musik besessen, beschallte er die Bayern, die nur NS-Marschmusik gewohnt und durch das Nazi-Musikembargo der Weltmusik total entfremdet waren, mit Jazz zur »Mitternacht in München«. Die Sendung stieg zum Quotenhit auf. Film war seine zweite große Passion.

Rundfunk, inzwischen zur Abspielstation für internationale Hitparaden verkommen, hatte damals noch Profil. War provokativ, lebendig und eigenständig. Jungermann stellte Sinatra, Eddie Fisher und Rosmarie Clooney vor. Bot französische Chansons. Swing, Gospel, Country und Blue Grass, alles eingespeist aus den Restbeständen seiner türkischen, privaten Plattensammlung. Er entdeckte aber auch Lisl Karlstadt und Karl Valentin neu für die bayerischen Hörer. Er war ein Glücksfall für das Land.

Über allem aber stand seine Hingabe an Marlene. In seiner Leidenschaft für sie ging er sogar so weit, kurzerhand die berühmte Solo-Tänzerin Lylott vom Deutschen Theater zu ehelichen, in der er so etwas wie eine geklonte Marlene sah, und dies nicht ganz zu Unrecht. Lylott war hinreißend schön, ebenfalls Berlinerin und stammte zwar nicht aus Offiziers- dafür aber aus Gourmet-Adel. Ihr Vater war so etwas wie ein Paul Bocuse der Berliner gewesen. Chefkoch im sagenhaften Restaurant »Horcher«, der Feinschmecker-Oase schlechthin.

Inmitten von Schallplattengebirgen in seiner weitläufigen Bogenhausener Altbauwohnung entwickelte sich bald unter Jimmys und Lylotts Regie eine »Szene« der Münchner Rundfunk-Musik- und Filmemacher, es entstand so etwas wie ein »Salon«. Da sah man die Diseuse Eva Busch aus Paris, einen Boxer aus

Berlin, Zirkusclowns, Produzenten und Sänger, Hollywood-Reporter und Drehbuchschreiber.

War die Stimmung dann etwas vorgerückt, kam es schon mal vor, dass Jimmy seine Lylott aufforderte, Salomes Tanz der Sieben Schleier zu seiner fetzig-exotischen Jazz-Melodie zu tanzen, die er auflegte, und noch etwas später kam es dann vor, dass sie ihre ganze Schönheit ohne jeden Schleier darbot! Die Gäste rasten und der Fußboden im Altbau schwankte bedenklich. Wenn Gourmet-König Ehlers, Lylotts Vater, dann noch seine Wachtelbrüstchen in Hummersauce, mit Pampas-Zitronengras umlegt, servierte, war dies ein Highlight, das lange Zeit die Tage erleuchtete.

Eines Tages lobte ich Jimmy bei einer dieser Partys für seine tollen Musikprogramme, doch er meinte etwas bitter dazu, sie seien aus seiner Sicht gar nicht so toll. Er könne nicht, wie er wolle, denn seine eigentliche, große Schallplattensammlung habe ihm – »ja, da wirst du jetzt staunen« – sein Super-Schwarm Marlene »gemopst«, wie er mir zuflüsterte.

Ich: »Das kann doch gar nicht sein!«

Er: »Doch! Sie hat sie mir gestohlen, als sie mit ihrer US-Einheit in Eurasburg war.«

Die Dietrich tauchte tatsächlich in den ersten, wirren Monaten nach dem Krieg mit einer Gruppe von Offizieren und Mannschaften auf einem Laster in Schloss Eurasburg auf, und nun kreuzte sich ihr Weg schicksalhaft mit dem ihres größten Verehrers. War es ein Tip, der das Sieger-Grüppchen ausgerechnet in dieses versteckte Schloss geführt hatte? War Verrat im Spiel?

Jedenfalls erscheint es doch höchst merkwürdig, dass die Amerikaner ausgerechnet an diesen abgelegenen Ort kamen und offensichtlich gezielt daran gingen, Beute zu machen. Eine ganz bestimmte Beute. Aus dem Familienbesitz Jungermann.

Im Beisein von Marlene schnitt ein Offizier den Vermeer aus dem Rahmen und steckte ihn ein. Marlene spürte die Kisten mit der Plattensammlung auf und ordnete deren Verladung auf den LKW an.

Ging es ihr wie so vielen Künstlern, die von den eigenen Tonträgern keinen Beleg hatten, weil er verloren gegangen, verschenkt oder irgendwie vergessen worden war? Hier hatte sie alles in seltener Perfektion beisammen, und nicht nur ihre eigenen Scheiben.

Von Kindesbeinen an hatte nämlich der kleine Jimmy in Istanbul gesammelt und keine Behörde hatte dazwischengefunkt. Sein ganzes Taschengeld hatte er in die Musik gesteckt, und wenn er sie dort hörte, war dies ein Stück Heimat und Welt zugleich für ihn gewesen.

Woher wir von der Beschlagnahme des Vermeer, der Plattensammlung und der Rolle Marlenes so genau wissen?

Es war ein cleverer Pater dabei! Geistesgegenwärtig ließ er sich von Marlene für die requirierten Gegenstände eine ganz normale Quittung geben. Marlene blieb nichts übrig, als zu unterschreiben!

Der Gottesmann war so korrekt, dass er die Quittung für Vater Jungermann aufbewahrte und sie ihm übergab, als dieser die Reste seiner Habseligkeiten in Empfang nahm. Der Krieg, dem er ausweichen wollte, hatte ihn doch noch eingeholt. Obwohl er eigentlich schon vorbei war.

Und diese Originalquittung mit Marlenes Unterschrift holte Jungermann in einer Partynacht wie eine kostbare Reliquie aus dem Tresor seiner kleinen Bibliothek, wohin wir uns zu unserer Besprechung zurückgezogen hatten. Ich staunte. Als ich mich wieder gefangen hatte, sagte ich in den Augen von Jungermann etwas ganz Gemeines.

Cool meinte ich, mit der Quittung Marlenes könne er zu jedem Gericht gehen. Er werde durchkommen und die Herausgabe seiner Sammlung mit Sicherheit erreichen. Er solle Marlene, vielleicht gar in Paris, einfach auf die Herausgabe seiner Sammlung verklagen.

Haben Sie in Ihrem Leben schon mal versucht, zwei Liebende, die sich bis aufs Blut bekämpft und angefetzt haben, zu irgendetwas zu bewegen? Zu einer endgültigen Trennung? Einem Neuanfang? Sie werden nichts erreichen und nur den glühend heißen Hass beider ernten.

In diesem Fall war es jedenfalls Jungermann, der, wie von einer Tarantel gestochen, hochfuhr und wütend auf mich losging. Friedfertig und immer freundlich, so kannte ich ihn.

Doch nun durchbohrten mich seine Augen und er bolzte zurück: »Ich ... Marlene verklagen? Wie stellst du dir das vor? Das kann ich nicht. Das werde ich nie, niemals tun! Ich kann es nicht! Marlene ... ich ... ich liebe sie doch. Sie ist ein Star, ... Marlene ist eine Göttin! Eine Göttin kannst du nicht verklagen! Eine Göttin kannst du nur lieben!« Er werde nur friedlich vorgehen.

Auf meinem Tisch liegt ein Bändchen mit Liebesgedichten von Wolf Wondratschek. Ich blättere darin. O-Ton Wondratschek: »Es gibt etwas,/ woran wir glauben,/ auf Jahrmärkten,/ im Stroh einer Puppe, ob wahr oder falsch,/ es ist gleichgültig, man weiß nichts ... alles dreht sich im Kreis, alles ist Diebstahl ...«

Ach, Jimmy. Du zeigtest mir alle deine Briefe an Marlene, die nach Hollywood gingen. Und die nach Paris. »... alles dreht sich im Kreis ... es gibt etwas, woran wir glauben. Alles ist Diebstahl ...« Eine Antwort kam nie. Jimmy's Göttin blieb stumm.

Doch die Geschichte ging weiter. Und Jimmy ging zum Regenbogen in jener Nacht.

Plötzlich sprang er auf. »Du, ich hab's! Wir fahren zusammen nach Paris und besuchen Marlene. Wir läuten einfach an ihrer Wohnungstür. Oder warten vor dem Haus. So lange, bis sie rauskommt. Ich werde ihr meine Briefe zeigen. Ihre Quittung. Und sie wird nicht Nein sagen, sie wird mir helfen! Was sagst du?«

Hochstimmung erfasste uns.

»Riesig!«, schrie ich. »Natürlich komme ich mit. Marlene kann uns nicht wegschicken. Ich werde meine Kamera mitnehmen. Marlene und du – das Bild des Jahres! Und ich habe eine grandiose Zeitungsgeschichte!«

Die Sonne ging auf. Mitten in der Nacht!

Jimmy war jetzt nicht mehr zu bremsen. Er turnte schon auf seinem Regenbogen Richtung Eiffelturm und Seine. »Und ins Folies Bergère und den Louvre gehen wir auch noch rein, wenn wir schon mal in Paris sind«, jubelte er. »Du wirst sehen, wir schaffen das.«

Er wurde immer hochgestimmter. »Jetzt zeig ich dir noch was, da legst du die Ohren an«, lachte er geheimnisvoll. Er hatte die ganzen Gäste draußen vergessen. Ein regelrechtes Fieber hatte ihn erfasst.

Bedeutungsvoll schritt er erneut zum Schrank, öffnete ihn und zog eine umfangreiche Mappe mit Marlene Dietrich-Fotos heraus. »Da, schau mal hier rein«, sagte er mit unverhohlenem Stolz. »Hier ist noch eine weitere Dietrich-Sammlung von mir.« Genau und gründlich, wie er die Platten seiner Göttin sammelte, hatte er auch die Fotos aus ihren unzähligen Filmen zusammengetragen. Von ihrem allerersten Stummfilm im Jahr 1923, »Der Mensch am Wege« (»So sind die Männer«), in dem sie in einer Mini-Rolle mitwirkte, als sie noch am Deutschen Theater in Berlin engagiert war, bis zum »Blauen Engel« und ihren Hollywood-Welterfolgen, angefangen von »Marokko« mit Gary Cooper, »Der Garten Allahs« mit Charles Boyer bis zu »Kismet«, »Zeugin der Anklage« oder »Der große Bluff« mit James Stewart und »Im Zeichen des Bösen« mit Orson Welles.

Jetzt erst verstand ich ihn richtig. Es war faszinierend, was Marlene geschaffen und Jimmy Jungermann von ihr gesammelt hatte!

Ich starrte ihre Fotos an mit den geheimnisvollen Augen, den leicht vorstehenden Backenknochen. Der Hauch von Erotik und Sex, der sie umgab, männermordend. Ein Gesicht, das die Welt erobert hatte. Ja, sie war ein Weltstar, eine Frau, die die Menschen verzauberte, nicht nur mit ihren großen Filmen allein, sondern auch noch mit ihren Songs, die um die Welt gingen.

Wir beide wollten nach Paris und zu ihr hingehen und sagen: »Sag uns, wo die Platten sind!«, so schoss es mir durch den Kopf. Aber mit einem Mal hielt ich dies für provinziell, töricht und kleinkariert. Wir mussten uns bei ihr bedanken, für die Größe ihres Spiels und ihres Gesangs, für die Faszination, die sie der Welt geschenkt hatte. Was zählten dagegen ein paar Platten?

Sollte ich ihm meine Gedanken jetzt sagen? Ich brachte es nicht übers Herz. Eine Hoffnung zu haben ist schon gut und besser, als ohne Hoffnung zu leben.

Und obendrein mussten wir gar nicht nach Paris. Marlene kam zu uns. Es war eine Sensation, als sie bekannt geben ließ, sie wolle sich wieder ihrem deutschen Publikum zeigen. Erste Station werde Berlin sein, von wo aus sie dann durch die Republik touren werde.

Ich habe schon eingangs geschildert, dass die Berliner sie mit wütenden Protestdemos begrüßt hatten, die so weit gegangen waren, dass sie sich in ihrem Hotel verbarrikadieren musste.

Wer auch nur ein klein wenig Bescheid wusste, konnte dies nie und nimmer verstehen. Marlene war immer eindeutig gegen das Regime gewesen. Nie gegen die Deutschen oder gar ihre Berliner. Es war ihr gutes Recht, als Befreierin zu erscheinen. Zum Glück war es ja auch nie so gewesen, dass »die Berliner« sie attakierten. Es war ein kleiner Bodensatz von Menschen, den es vielleicht immer gibt und geben wird, die sie ablehnten. Die Berliner hätten ihr Blumen streuen und einen Triumphbogen für sie errichten müssen.

Die wüsten Angriffe bei ihrem deutschen Comeback hatten für mich eine höchst unerfreuliche Nebenwirkung. Sie musste während ihrer Berliner Tage buchstäblich um Leib und Leben fürchten, so rau ging man gegen sie vor. Zugleich wollte sie ihre Pläne für ihre Deutschlandtournee aber auf gar keinen Fall aufgeben. Außerhalb von Berlin – das zeichnete sich schon bald ab – würde ihre Gala zum Triumphzug werden. Marlene im durchsichtigen Pailettenkleid, mutig und unglaublich schön, dieses Foto ging schon vorher um die Welt und riss ihre Fans bei ihrem Auftritt selbst zu Stürmen der Begeisterung hin!

In der aufgeheizten Berliner Stimmung beschlossen ihre Berater offenbar, ihren Personenschutz zu verstärken, und heuerten mehrere knallharte Bodyguards an. Und mit diesen rauen Gesellen sollte ich schon bald in München zu tun bekommen.

Gemeinsam beschlossen Jungermann und ich jetzt, einen liebenswürdigen Brief an die Künstlerin zu schreiben mit der Bitte, wenigstens über den Standort der Plattensammlung Auskunft zu geben und vielleicht eine Rückgabe zu erwägen. Kurz. Nüchtern. Freundlich.

Dieses Schreiben wollten wir Marlene mit einer Art Doppelstrategie nahe bringen. Jungermann wollte es nach der Vorstellung in ihrem Münchner Hotel versuchen und ich während der Pause im Theater. Einem von uns beiden würde es ganz sicher gelingen, an den Weltstar heranzukommen.

Nun plante und dachte sich alles so leicht und einfach hin. Im Deutschen Theater war ich zwar »zu Hause«. Ich kannte alle Künstler, die dort auftraten, und ihre Marotten. Mit Marlene lernte ich eine neue Art von Starverhalten kennen.

Ihre Gala in München. Superstimmung im Theater. Was würde man sehen von ihr, wenn sie im Pailettenkleid herauskam? Welches Programm würde sie vorstellen? Jungermann und ich im Parkett. Großspurig hatte ich Jungermann zugesagt, ich würde in der Pause zu ihr gehen.

Doch daraus wurde nichts. Keiner meiner vielen Bekannten im Hause konnte mir helfen. Überall ihre Bodyguards.

Es war sinnlos, hier irgendwelche weiteren Annäherungsversuche zu machen.

Aber manchmal gibt es eben Engel im Leben. In Form hilfsbereiter Pressechefs. So einer war Rudi Raab, der selbst mal als Tenor begann und im Deutschen Theater Direktor, Pressemanager und Mädchen für alles spielte. Raab versuchte immer noch etwas, wenn schon nichts mehr gegangen war. Er flüsterte mir zu: »Kommen sie zum Bühnenausgang mit Ihrem Brief. Ich helf ihnen. Sie muss da raus, wenn alles vorbei ist. Ich erwarte Sie dort!«

Raab erwartete mich am Ausgang. »Hier kommen wir ran an Marlene«, strahlte er siegessicher. Draußen war alles geräumt. Ein abgedunkelter Lincoln stand unmittelbar am Eingang.

Oben flog jetzt die Türe auf. Zwei Männer stürzten die Treppe herunter. Raab stammelte etwas im schlechten Englisch. Einer der Bodyguards packte ihn am Kragen und stieß ihn die Treppe hinunter, wo er unsanft landete.

Jetzt bekamen sie mich ins Visier. Vor Aufregung brachte ich meinen Mund nicht mehr auf. Es hätte sowieso nichts genützt, denn ein anderer Typ schob mich unsanft zur Seite, gab mir einen Tritt in die Beine, und ich taumelte über die Stufen. Mit letzter

Kraft drückte ich mich in eine Ecke und rappelte mich taumelnd an der Wand wieder hoch. Auch Raab versuchte wieder aufzustehen, und in diesem Moment schritt Marlene an uns vorbei, tief vermummt wie eine Haremsdame. Geführt von einem anderen Leibwächter und zwei weiteren dieser liebenswürdigen und freundlichen Gesellen am Ende des Geleitzuges. Tja, auch das ist Hollywood, dachte ich mir und humpelte vorbei an einem Häuflein von Dietrich-Fans.

Nun gab es noch eine winzigkleine Chance, ach, vielleicht war auch diese schon vorbei. Marlene im Hotel. Es könnte sein, dass Jungermann mehr Glück haben würde als ich. Ich bretterte mit meinem Auto dorthin, wo mich Jimmy, mit seinem Brieflein in der Hand, erwartungsvoll begrüßte. »Du humpelst ja«, staunte er zugleich.

»Oh ja, sei vorsichtig,« stieß ich hervor. »Pass auf, dass du nicht auch einen Tritt bekommst. Von ihren so über-liebenswerten Leibwächtern.«

Jungermann hatte im Hotel längst Erkundigungen über Marlene eingezogen. Die würdigen Herren am Empfang hatten erklärt, sie wüssten gar nicht, dass sie hier wohne. Sie rieten ihm, es in einem anderen Hotel zu versuchen.

Wir ahnten, dass die ganze Tarnung, die falschen Spuren, und die Absicherung durch die Bodyguards amerikanisch perfekt waren. Sollten wir in dem verschlungenen Hotel nach Marlenes Suite suchen? Wir würden sie nicht finden. Plötzlich ein Riesenwirbel. Mehrere Männer, die mir bekannt vorkamen und finster dreinblickten. Der Lift. Die Haremsdame, tief vermummt. Zwei Bewacher, die im Foyer zurückblieben. Alles in Bruchteilen von Sekunden. Jetzt wussten wir endgültig, wir waren ohne jede Chance. Marlenes Sicherheit stand über allem. Und auf der ganzen, umjubelten Deutschlandtournee nach so vielen, vielen Jahren, gab es auch keinen einzigen Zwischenfall, keine Demo und keine Angriffe mehr.

Wir saßen noch viele Stunden zusammen. Desillusioniert. Abgestürzt. Wir fühlten, es hatte keinen Sinn. Sie hatten eine Mauer errichtet. Der Film war gerissen, Marlene aus der Rille gefallen.

Und dennoch. Ein Hauch Hollywood, Bel Air, Zauber- und Zelluloid-Magie hatte uns gestreift. Ein Hauch Krimi und Kismet. Wir waren nicht ganz so schlecht gewesen. Aber Marlene und ihre Bodyguards waren einfach besser.

Jungermanns Plattensammlung blieb für immer verschollen. Aber er blieb Marlenes Fan und liebte seine Göttin so wie ich.

Liebe ist stärker als Krieg und Vernichtung. Jimmy unternahm nichts mehr. Eine Göttin kann man nicht verklagen. Eine Göttin kann man nur lieben.

Es war spät geworden. Wir gingen durch die leere Hotelhalle auf die Straße hinaus, um in meinem etwas entfernt geparkten Wagen wegzufahren. Jungermann blieb stehen.

»Weißt du«, sagte er plötzlich. »Dass sie trotz der ganzen Angriffe in Berlin ihre Tournee machte, das ist schon großartig. Sie ist auch in Hollywood Berlinerin geblieben. Es ist ganz anders, einen Künstler auf der Bühne zu erleben, viel größer, als nur von der Platte. Als sie sang ›... über Gräber weht der Wind ...‹, das ging wirklich unter die Haut.«

Ich meinte, ich hätte es genauso empfunden. Marlene hätte uns so unendlich viel gegeben an diesem Abend – sogar den Gedanken an unser Ende. Über Gräber weht der Wind. Wir hätten eine Erinnerung.

»Wir können nichts behalten«, meinte Jungermann. »Mehr als diese Erinnerung, die sie uns heut schenkte, können wir nicht verlangen von ihr. Vielleicht ist es egal, wer meine Sammlung hat. ... Alles ist nur geliehen.«

Er wirkte immer noch ergriffen. Ich öffnete die Autotüre. Die Nebel auf der Straße waren stärker geworden. Er stieg nicht ein und ging ohne ein Wort allein nach Hause.

# Vom Umgang mit Reptilien, Zweiflern und Gutmenschen

*Ein Nachwort*

Diese Zeilen über den Umgang mit Journalisten beziehen sich auf die Bereiche Politik, Wirtschaft, Kultur, Reportagen, Medien und Lokales, für die Reporter, Redakteure und Kommentatoren und Kritiker in Deutschland tätig sind. Ausgeschlossen bleibt hier die Würdigung der so genannten »Jubel-Journalisten« vorwiegend aus Sport, Auto, Gastronomie, Reisen und Mode. Hier handelt es sich um eine ganz spezielle Schreiberkaste, die sich meist kritiklos mit ihren Themen befasst, ja, diese überschwänglich und kaum noch verständlich bejubelt und in allerhöchste Höhen erhebt. Statt kritischer Produktwürdigung im Interesse der Verbraucher panegyrische Dauerhymnen!

Journalismus hat immer nicht nur mit Darstellung, sondern auch mit Kritik zu tun. Der wichtigste Denkansatz für Journalisten ist der Zweifel.

Wir befassen uns hier also nur mit der Form von Journalismus, die aktuell, sachlich, kritisch, unabhängig und überparteilich berichtet, darstellt und kommentiert.

Ignoranz und Uninformiertheit sind die größten Geißeln der Menschheit. Sie können ganze Völker ins Unglück stürzen. Wir erleben dies Woche für Woche beim Ausbruch neuer Kriege und sonstiger kämpferischer Auseinandersetzungen. »Wir alle handeln auf der Basis unvollkommenen Verstehens. Unsere Handlungen haben unbeabsichtigte Folgen«, sagt der Geld- und Börsen-Guru Georges Soros. Er weiß, wovon er redet. Durch seinen intimen, der Zeit weit vorauseilenden Wissensvorsprung hat er

Aktienkurse hochgetrieben oder ganze Währungen ruiniert und dabei unfassbare Gewinne gemacht.

Es ist nicht leicht, die Wissensmacht von Soros auch nur annähernd zu erreichen, aber sicher zeichnet ihn eines aus: Er weiß, wie man das Geld- und Medien-Klavier spielt. Hat seine Medien-Connections weltweit!

Gehen Sie deshalb im positiven Sinne mit den Medienleuten um. Ergreifen Sie die Hand des Journalisten, auch wenn er eine Giftspritze, Handgranate oder einen Dolch darin verborgen hat. Allein ein Gespräch führt schon weiter. Klärt. Es kann das Verstehen fördern. Ein Journalist kann Ihr Todfeind sein, aber er könnte Ihr Partner werden.

Normalbürger haben freilich selten oder nie mit Medienleuten zu tun. Höchstens mal bei einem Kriminalfall, einem Verkehrsunfall, oder wenn Hochwasser im Haus steht.

Große Unternehmen dagegen unterhalten zum Teil umfangreiche Werbe- und PR-Abteilungen für ihre Medienkontakte. Man kann sie in zwei Gruppen aufteilen. Die einen haben die Aufgabe, durch positive Darstellungen Sympathien und Anhänger zu gewinnen und die Ziele des Unternehmens zu definieren und zu interpretieren. Andere tun sonst nichts, als vor der Öffentlichkeit alles zu verbergen und sich nach außen abzuschotten. Dieser Weg kann falsch sein. Der Leitgedanke sollte heißen OPEN HOUSE. Aufeinander zugehen und diskutieren.

Denn sobald Reporter fühlen, sie sollen ausgetrickst werden, entsteht Misstrauen und sie beginnen, erst recht zu recherchieren.

Offenheit, ständiger Kontakt und Suche nach Verständnis für die eigenen Ziele ist langfristig immer eine gute Medienhaltung. Auch wenn Keynes meinte: Langfristig sind wir alle tot.

Erwarten Sie nicht, Journalisten für Ihre Pläne als Parteigänger zu gewinnen. Der Kontakt soll transparent und locker sein. Verhalten Sie sich nicht wie etwa Frank Sinatra. Er, der den Medien so unendlich viel zu verdanken hat, ja vielleicht sogar seine ganze Karriere mitsamt seiner Milliarden, gab sich lebenslang gehässig.

Seine Forderung: »Haltet mir die Presse-Reptilien vom Leib. Und wenn sie zu gewalttätig sind, gibt's Hiebe.« Nur wenn er dann positiv in der Zeitung stand, war alles gut. Kritik war ihm verhasst. Und nicht nur ihm.

Liebe, Verfolgung, Hass und Gemeinheit sind Grundelemente der Gesellschaft. Journalisten sind Herdentiere. Journalisten schreiben oft, was Journalisten schreiben. Sie kochen Themen hoch, die gerade sowieso überall hochgekocht werden.

Die Themen des Jahres 1998 etwa waren die folgenden: Der Euro. Die Kinds-Entführer und Mörder. (Es war ein umfangreiches Thema, obwohl in dieser Zeit nicht mehr Kinder entführt und ermordet worden waren als zu anderen Zeiten). Es folgten: die Unfähigkeit und das Desinteresse deutscher Arbeitsloser für die Spargelernte. Viagra und seine Folgen. Die verstrahlten Castortransporte. Das ICE-Unglück von Eschede. Der Reformstau. Die Fußballweltmeisterschaft und das brutale Auftreten deutscher Hooligans. Schließlich der Bundestagswahlkampf mit dem Erfolg von Rot-Grün und das anschließende Totalchaos.

Diese Mega-Themen beherrschten im Schnitt jeweils 4 bis 6 Wochen die Schlagzeilen. Der Wechsel erfolgt in immer rascherem Tempo. Gegen Medienlawinen Platz in Medien zu erobern, wird immer schwerer. Es wird getrickst und manipuliert.

In einer Zeit allgemeiner deutscher Immobilität, in der kaum noch große Themen gelöst werden, sind auch Medienleute oft von der großen Stagnation erfasst.

Um sie zu Terminen zu locken, sind enorme Anstrengungen erforderlich. Ich kann mich noch gut an meine Anfangszeit als Redakteur erinnern, als noch bis Samstag, 14.00 Uhr, in der Redaktion gearbeitet wurde und am Sonntag der Redaktionsbetrieb um 11.00 Uhr mittags schon wieder auf vollen Touren lief. Heute meldet sich vielfach nur noch der Anrufbeantworter. Wir gingen meistens nachts nach zwölf Uhr aus dem Haus. Oft erst am frühen Morgen. In Zeiten, in denen von der 25-Stunden-Woche die Rede ist, hat auch der Gedanke der Arbeitszeitverkürzung in den Redaktionsstuben Einzug gehalten.

Ich kenne Beispiele, wo von Köln aus von einer Medienagentur in München eine Pressekonferenz angesetzt worden war. Als keinerlei Anmeldungen dafür eingingen, blieb den Kölnern nichts anderes übrig, als den Termin wieder abzusetzen. Zum Gastspiel von Käthe Reichel vom Berliner Ensemble am Bayerischen Staatsschauspiel erschien kein Kritiker. Worüber nicht berichtet wird, das ist auch nicht passiert.

Befreundete Buchverleger berichten immer öfter, sie hätten zu Pressekonferenzen eingeladen. Gekommen sei niemand. War's ein Fußballspiel, das die »Schreib-Reptile« abhielt? Herrlicher Tiefschnee in Kitzbühel? Oder sonniges Biergartenwetter? Das wird man wohl nie erfahren.

Um am Ende des Jahrtausends Journalisten für ein Thema zu begeistern, sind Mega-Anstrengungen angesagt.

Trotz der allgemein ausgebrochenen deutschen Bequemlichkeit gibt es dennoch sehr viele Super-Nasen, die ganz schön lästig fallen können. Unbarmherzige Jäger. Ein Fernsehreporter verfolgte den von den Medien beispiellos hochgepuschten Sanges-Großmeister Guildo Horn eine Woche lang erbarmungslos, um ihn bei irgendeiner Untat zu erwischen. Der »Meister« verlor die Geduld und verprügelte den Mann.

Eine andere, fast genauso schlimme Form der Belästigung sind gezielte Falschmeldungen, absichtlich schädigende Schlagzeilen, böse, unsachliche Kritiken oder eine schwere Beleidigung.

Hier ergeben sich mehrere Wege, damit fertig zu werden. Es gibt nach dem Pressegesetz Anspruch auf eine Gegendarstellung. Aber niemand soll glauben, damit Begeisterung in der Redaktion oder beim Verlag auszulösen. Man wird alles den Hausanwälten übergeben, und damit beginnt ein langer, teurer und aufreibender Juristenkrieg.

Die Zeitung wird mit allen Mitteln eine rasche Lösung verhindern, um Gras drüber wachsen zu lassen. Journalisten sind nachtragend. Sie lauern – sollte denn die Berichtigung bei Gericht erreicht sein – auf eine neue Chance, dem Kläger, der auf seinem vermeintlich guten Recht besteht, eins reinzuwürgen und doch noch Recht zu bekommen.

Man kann auch einen weniger kostspieligen Weg gehen. Das

Gespräch mit der Redaktion. Erklären Sie die Fakten. Ist dies gelungen, können beide Seiten durchatmen. Die Redaktion entgeht der ungeliebten »Gegendarstellung«, und Sie können vielleicht mit der Zusage nach Hause gehen, bei einer passenden Gelegenheit richtig und gut dargestellt zu werden, was Sie natürlich schriftlich vereinbaren müssen. Ein neuer Artikel, ein neues Glück. Teure Anwälte bleiben außen vor.

Eine weitere wichtige Waffe im Medienkrieg haben Sie mit dem »Leserbrief« in der Hand. Jeder Leserbrief wird freilich vorher von den leitenden Redakteuren genauestens geprüft und unter die Lupe genommen. Platz ist knapp. Fassen Sie sich daher kurz. So steigt die Chance einer Veröffentlichung!

Berühmt geworden ist mittlerweile der »Berichtigungskrieg« zwischen der BUNTEN in München und Prinzessin Caroline von Monaco. Die Münchner Illustrierte musste sogar auf der Titelseite eine Gegendarstellung veröffentlichen und enorme Beträge als Schmerzensgeld berappen. Matthias Prinz ist eben Experte für ganz große Plots. Internationale sogar, wie der Fall Caroline von Monaco zeigt.

Es ist ungemütlich, immer in vorderster Linie zu stehen und zu recherchieren. Dies hat der junge Berliner Fotoreporter Christoph Seitz in den USA sehr rasch gecheckt, als er als Paparazzo in Hollywood seine Dollars machte. Von 1996–1997 hechtete er hinter Demi Moore, Leonardo di Caprio, Sharon Stone und anderen Promis hinterher und riss eine ganze Reihe von sensationellen Bildgeschichten auf, die ihm große Summen einbrachten. In seinem Buch »Ich war ein Paparazzo« (vgs-Verlag) berichtete er über seine Schnüffelei nach Stars, die sich nackt zeigen, Männer, die Promis ins Bett zerren, und obskure Drogentreffs in der Nacht. Bald war er angeekelt von diesem Beruf. Nach dem Tod von Lady Diana hängte er seinen lukrativen Job an den Nagel und schrieb sein Buch.

Ein Beispiel für andere: Journalisten verlieren Jahr für Jahr durch ihren Job ihr Leben. Das hat der Kosovo-Krieg erneut gezeigt. Immer ganz vorne sein. Immer die neuesten News.

Der Zuschauer oder Leser zu Hause genießt die Sensationen.

Aber es gibt kein bisschen Dank für Reporter, die zwischen allen Fronten stehen. Hier der Verlag. Da die Redaktion. Und da die Facts.

Dass von Zeitungen und Verlagen selbst große Dinge bewegt werden, wird nur allzu leicht übersehen. Journalisten sind auch Gutmenschen: Da ist der kleine Achmed, der dringend eine Spenderniere braucht, um zu überleben. Die Zeitung sammelt das Geld dafür durch Spendenaufrufe ein. An der Kreuzung im Süden der Stadt kracht es ständig. Die Journalisten weisen auf den Missstand hin und erreichen eine Neuregelung.

Die alte Dame soll mit ihren beiden Hunden aus der Wohnung ausziehen, weil das dem Vermieter nicht mehr passt. Journalisten besorgen eine neue Wohnung. Regierungen können stürzen, weil Journalisten einen Skandal aufgedeckt haben.

Bis in die 70er Jahre hinein herrschte in München höchste Wohnungsnot. Ich weiß nicht, wie vielen Familien und Alleinstehenden armen Menschen wir damals halfen, wieder ein Zuhause zu finden. Sehr vielen! In den Jahren nach dem Krieg mussten Tausende von Ausgebombten wieder in die Stadt zurückgeführt werden. Auch dabei wirkten die Medien mit. In allen deutschen Städten. Der »Adventskalender« der »Süddeutschen Zeitung« besteht seit Jahrzehnten und hat Millionen in Not Freude und Hilfe gebracht aus Spenden. Der »Alte Peter«, eines der bekanntesten Wahrzeichen Münchens, kam durch die Initiative von Felix Buttersack, dem Herausgeber des »Münchner Merkur«, wieder zu seiner alten baulichen Schönheit.

Dies alles ist bedeutsam und höchst dankenswert. Was mich bei all den großen Engagements bis heute stört, ist ein Widerspruch. Auf der einen Seite Einsatz der Medien für gute und menschlich hilfreiche Zwecke. Auf der anderen die Journalisten ohne Hilfe oder Engagement für sich selbst. Die Gesellschaft hat ihnen zu danken. Aber niemand will dafür etwas tun, und Journalisten tun es für sich selbst auch höchst selten. Das ist aus meiner Sicht eine Tragik dieses Berufes.

Nur ein paar Dutzend sind hoch bezahlt in Deutschland. Während Vertreter aus Politik und Wirtschaft horrende Gagen,

Tantiemen und Vergünstigungen beziehen, die »Zahnarztflotten« immer weiter wachsen, stehen Journalisten höchstens im Mittelfeld oder ziemlich weit hinten in der Einkommenshitparade.

Journalisten loben sich höchst selten auch mal selber oder klopfen sich auf die Schulter. Irgendein Politiker, der selbst gigantisch versorgt ist, verspricht von Zeit zu Zeit eine Verbesserung. Aber dabei bleibt es meist, und obwohl die Medien ja selbst an sämtlichen Publikationshebeln sitzen, hört man nur selten einen Aufschrei. Über ihr oft nicht leichtes eigenes Schicksal. Ihre Stellung in der Gesellschaft. Viele müssen um ihren Arbeitsplatz bangen.

Aber darüber steht nur ganz selten was im Blatt. Vieles steht gar nicht mehr darin.

Statt Dank Dauerkritik und Häme für die Medien! Der Großdichter Peter Handke, dessen Verhalten vor allem während der Kosovo-Krise und dem nachfolgenden Krieg immer schwerer zu entziffern war, spricht gar von den »wüsten Westmedien«. Fußtritte und Prügel. Die Medien sollen lieber jubeln, wenn ein großer Meister Blödsinn absondert.

Der einzige unserer Sozialpolitiker, der wirklich mal ein Fingerchen gekrümmt hat für Journalisten, ist groteskerweise Franz Josef Strauß gewesen.

Als man in Bonn vor Jahrzehnten die Mehrwertsteuer in Deutschland einführte, ließ er ein Brosamen vom großen Milliarden-Subventions- und Verteilungs-Kuchen auf die Journalisten herabfallen. Freudestrahlend erzählte er mir am Rande einer Versammlung von den drei Prozent, die Journalisten in Zukunft bei ihrer Mehrwertsteuer-Erklärung zusätzlich abziehen könnten, wenn sie mehrwertsteuerpflichtig seien. Aber Gehaltsempfänger, und das sind die meisten, haben davon rein gar nichts.

Neuerdings ist sogar die lächerliche Pauschale von ein paar mickrigen tausend Mark, die Gehaltsempfänger bei ihrer Steuer absetzen können, in Gefahr. Der Finanzminister will mit seinem neuen Sparkurs auch diese bescheidene Mini-Vergünstigung abrasieren.

Warum vieles gar nicht in der Zeitung steht, ist die p. c., die »political correctness«, ein politisches Tabu-Denken. Viele Themen, die die Masse des Volkes bewegen, gelten für Medien als »Populismus« oder »Stammtisch-Geschwätz«. Dazu gehören der Sozial- und Steuerstaat, das Ausländer- und Asyl-Problem, Bundeswehreinsätze, die Arbeitslosigkeit, die Macht von Kirche und Gewerkschaften. Diese Bereiche sind sakrosankt, und die p. c. ist die stille, unausgesprochene Übereinstimmung aller Parteien und Gruppen, sie nicht zum Thema zu machen.

Man kann über unseren Sozial- und Steuerstaat durchaus geteilter Meinung sein. Man kann durchaus die Ausländer- und Asylanten-Politik auf den Prüfstand stellen, die Bundeswehreinsätze, die Macht von Kirchen und Gewerkschaften und die Arbeitslosigkeit.

Die Unbeweglichkeit unserer Politik, die wie Mehltau über unserem Land liegt, ist mit durch die p. c. verursacht. Als es beispielsweise im Bundestag um die Kürzung der Zuwendung für abgelehnte Asylbewerber ging, einigte man sich nur auf den untersten Nenner. Ende. Aus. Keine weiteren Debatten.

Tony Blair hat in England bisher schon während seiner Regierungszeit eine Menge alter Zöpfe abgeschnitten. Er will sogar die Bedeutung der Royals einschränken und dazu eine neue Nationalhymne schreiben lassen. Die Anglo-Amerikaner lieben das Risiko. Sie trauen sich mehr. Der abgestürzte Kennedy hatte – wie Forscher herausgefunden haben wollen – das Risiko-Gen seiner Familie. Das haben viele Amerikaner und Briten. Hierzulande stehen Versorgungsdenken und Kleinmut im Vordergrund. In unserem Total-Versorgungsland herrschen Angst und Lüge. Technologie-Feindlichkeit, Angst vor Gentechnik. Unser teurer Angsthasen-Staat.

Was Journalisten wirklich denken, steht nirgendwo geschrieben. In einer immer komplizierter gewordenen Welt gibt es keine Vorgaben. Das ewige Rätselraten der Leser »Ist der Autor links? Rechts? Ein Radikaler? Ein Schwarzer? Ein Grüner?« hat längst Sinn und Inhalt verloren. Seit dem Zusammenbruch der Sowjetunion ist alles anders, der Kommunismus als Irrweg identifiziert.

Vorbei die Zeit, als es noch diese Kategorien gab, als »Links noch gut war« (Willi Winkler).

In den großen Zeitungen gilt immer noch die liberale Grundierung, die einst aus Amerika zu uns kam. Die Freiheit und Unabhängigkeit der Meinung.

In Zeiten, in denen die Konkurrenz durch unzählige TV-Kanäle und Blätter übermächtig wird, kommt es darauf an, Kurs zu halten. Immer wichtiger wird die klare Information und dazu – getrennt davon – der ebenso eindeutige Kommentar. Die Exklusivität die nächste Station. Ganz eigene Geschichten, die sonst niemand hat. Im Mittelpunkt allein der Mensch.

Dahin ist freilich bei der großen Zahl der Blätter noch ein weiter Weg. Immer wieder sieht man überall die gleichen Bilder von einem bestimmten Ereignis. Einem neuen Museum. Einem Fußballspiel. Der große Erfolg der 3. Fernsehprogramme zeigt, dass ein Bedürfnis nach Exklusivem und Besonderem besteht, abseits von Mord und Gewalt. Ein Interview mit einem Museumsführer über die Reaktion der Besucher auf bestimmte Gemälde und Plastiken ist interessanter als das Foto vom neuen Museumseingang.

Es gibt inzwischen neue Info-Welten. Nur die ganz eigene, sehr, sehr teure Info, der kostspielige Hintergrundbericht, der geschliffene Kommentar, schaffen auch neue Zeitungswelten. Heiß diskutiert vor jeder Veröffentlichung.

Ein wenig von der Stimmung einer Redaktionssitzung in einer großen Redaktion ist an Sonntagen beim »Presseclub« der ARD mit Fritz Pleitgen oder Gerhard Fuchs zu studieren. Hier kann man eine Ahnung davon bekommen, wie die Auseinandersetzung über aktuelle Themen geführt wird. Ein Gewinn ist die immer größere Zahl internationaler Journalisten als Gäste. Ich schätze den Presseclub höher als alle Talkshows zusammen. Es ist immer spannend und nie langweilig. Wie borniert man in Serbien denkt, zeigte sich während des Kosovo-Krieges. Es nahm eine serbische Journalistin teil. Rechthaberisch, verkniffen, antiwestlich. Ihr Auftritt völlig unsinnig und verfehlt aus einer für uns unverständlichen Gedankenwelt. Wer so denkt, schießt.

Es ist natürlich in Wirklichkeit viel spannungsreicher, Zeitung zu machen. Auch die Friedlichkeit im Umgang miteinander beim Austausch der Meinungen wirkt bei diesem Club-Disput oft etwas unrealistisch und abgehoben.

In den richtigen Redaktionen herrscht jeden Tag Krieg. Um die Positionen. Die Kürzungen von Manuskript und Sendezeit. Den Platz, den ein Ressort bekommt. Die Inhalte. Zeitungsmacher sind Krieger. Diesen Begriff schätze ich eigentlich nicht. Aber da ist was dran. Er ist von dem spanischen Auto-Manager Ignazio Lopez in unsere Begriffswelt eingeführt worden. Lopez ist gescheitert. Er macht dennoch woanders weiter. Nichts ist klar. Alles bewegt sich. Journalisten sind Krieger. Es knallt. Täglich Krieg in der Redaktion. Nur eines steht ganz sicher auf dem Programm. Das pünktliche Erscheinen der nächsten Ausgabe.

Redaktionsschluss. Den Text meines Manuskripts bereits gescannt und auf Diskette formatiert. Da kam die Einladung für den Festakt am 30. Juli im Münchner Prinzregententheater aus Anlass des 50-jährigen Bestehens der Deutschen Journalistenschule, deren Vorläuferin die Lehrredaktion des Werner Friedmann-Instituts war. Das konnte cool werden!

Ich konnte diesen Event nicht weglassen. Nein, er musste noch ins Buch. Als Nachsatz vom Nachwort. Und wenn ich zu der Metallplatte greifen musste, auf die wir einst »Letzte Meldung« hämmerten. Nach einigem hin und her kam die Zustimmung des Verlegers.

Mehr als 1500 haben die Schule seit dem Anfang im Jahr 1949 besucht. Viele sind Berühmtheiten geworden und bilden ein »Netzwerk« des deutschen Info-Systems, wie zu lesen war.

Zeitungen und Fernsehen berichteten schon Tage voraus von dem medialen Mega-Event. Herbert Riehl-Heyse stellt in der »Süddeutschen Zeitung« seine »Vermutungen über den ›Realisator‹ Werner Friedmann an, der die Schule begründete. Es ging darin um die uralte Frage, ob man den Journalistenberuf überhaupt »lernen« kann. Riehl-Heyse zitiert einen der Grundgedanken Friedmanns. Es kam seiner Meinung nach darauf an, »vorhandene Begabung richtig anzuwenden«. Ja, die Begabung!

Nicht alle haben sie. Denn das Schreiben muss man ja auch noch können. Ach, und am Schluss des Artikels spürte ich ein Würgen. Gerührt, das dürfen Zeitungsleute schon auch mal sein. Bei so einem mächtigen Anlass! Riehl-Heyse meint abschließend: »... und viele Schüler gab es und wird es geben, die dieser Schule einen guten Teil ihres Lebensglücks verdanken. Einen schöneren Nachruf könnte man sich schwerlich wünschen.« Das stimmte und hat allen Anwesenden sehr, sehr gut getan.

Journalisten sind nicht gerade Gefühlsathleten. Und auch nicht nur giftige Verfolger. Das »Gefühl der Anständigkeit«, von dem Hildebrandt in seiner Vorrede spricht, gibt es natürlich. Es schließt in meinem Fall Dankbarkeit für Werner Friedmann ein. Das gibts bei Journalisten doch!

Dichtes Gedränge schon lange vor dem Festakt in den Foyers des Prinzregententheaters. Nicht weniger als 40 Chefredakteure deutscher Zeitungen sind aus der Schule hervorgegangen. Alle waren gekommen. Die Luft flirrt von Begrüßungen voll guter Laune. Mitten im Getümmel der baumlage »Petzi« Petzold, Noch-Chefredakteur von »Hörzu«, und bald beim »Stern«. Er ist an dem Tag für den Sender »Phönix« zugange und interviewt meine Kollegin Ingeborg Münzig aus der ersten Lehrredaktion. Ihr gelang es als einer der ersten Frauen nach dem Krieg in jenen Macho-Zeiten, dennoch Karriere zu machen. Dazwischen Helmut Markwort, ARD-Chef Peter Voss und ZDF-Chef Klaus Bresser.

Udo Flade, ebenfalls von Anfang an dabei, lange Jahre Chefredakteur der »Abendzeitung«, ist heute Berater der »Märkischen Oderzeitung« und Dozent für junge Journalisten im Osten. Wir umarmen uns. Wolf »Hecki« Heckmann im Getriebe und Sportreporter Günther Wolfbauer, der die modernen Fußballer nur noch als Geldroboter sieht. Tiefe, unausgesprochene Übereinstimmung mit allen Kollegen! Niemand weiß, wie herrlich dieses Gefühl ist. Journalisten ganz unter sich!

Glänzend aussehend und total unverändert finden sich alle. Ha!

Eine Groß-Familie, immer gleich jung. Hat Erich Böhme wieder mal in einem ganz anderen Sinne Recht, wenn er feststellt, »Journalisten werden nicht alt«? Ihnen bleibt ja gar nichts anderes übrig, als »jung« zu bleiben. Sie haben das größte Berufsrisiko, das es überhaupt gibt. Nicht mehr ganz vorne mitzumischen. Immer ganz vorne an der Spitze des Zeitzuges sein. Ja, möglichst voraus! Das hält das Hirnkastl ganz oben frisch, wo die Netzwerke online zusammenlaufen. Zeitung hält jung. Forever young. Helmut Schmidt mit über 80 geht voraus als Herausgeber und Schreiber der ZEIT. Schreiben hält jung.

Unser Medienkanzler stand ganz oben als Festredner im Programm. Er schaffte den Termin aber doch nicht. Wieder mal die verflixte Weltpolitik mit der Balkan-Konferenz in Sarajewo! Aber lieb, wie er ist, machte er ein Video mit Alexander von Sobeck als Interviewer. Der »Boulevard ist besser geworden«, hört man aus seinen immer wieder vom Gelächter der Zuschauer unterbrochenen Antworten heraus. Dennoch zufrieden ist Gerhard mit den Medien überhaupt nicht. Zu wenig Rücksichtnahme auf die Privatsphäre der Politiker. Da sind Reformen angebracht. Aber die stehen mit Sicherheit auf der langen Liste weit hinten. Die »Cohiba« ist kalt geworden.

Viele große Namen unter den Absolventen der Schule. Hans Werner Kilz nacheinander Chefredakteur der beiden größten deutschen Blätter. Erst vom »Spiegel« und nun mit Gernot Sittner bei der »Süddeutschen Zeitung«. Günther Jauch, Peter Hausmann, Kohls Pressechef in Bonn. Axel Hacke, Dieter Schröder, heute Herausgeber der »Berliner Zeitung«, Drehbuch-Autor und Privatmedien-Steuermann Manfred Purzer, Fernsehkorrespondent Peter Dudzik, Monique Junker von Pro Sieben.

Drei Promis als Ausnahmen. Sie haben zwar die Prüfung für die Schule bestanden, hüpften dann aber direkt in die verschiedensten Zeitungsjobs. Helmut Karasek, Giovanni di Lorenzo und Christian Ude, der neben mir auf der Rathaus-Pressebank saß.

Ude in seiner Festrede in Hochform. Die Überpointierung. Immer wieder von Beifall unterbrochen spricht er von einem »Geheimorden«, der aus den Absolventen der Schule entstanden sei, über Europa, ja, die ganze Welt verteilt.

Uff, das könnte Wasser auf die Mühlen der Verschwörungstheoretiker sein! Die sich als Opfer eines weltweiten, niederträchtigen Schreib-Verbundes sehen. Gar nicht so verkehrt, denn eines verbindet alle. Ihre mediale Weltsicht. Als Großfamilie. Bestehend aus lauter immer gleich jungen und denkerisch unter Hochspannung stehenden Mega-Genies. Also doch ein Ansatz für die Panikattacken mancher Medienkonsumenten in Politik und Gesellschaft? »Alle brauchen einander«, amüsiert sich Ude. Und die Zuhörer amüsieren sich mit ihm.

Der Vorsitzende des Vorstands der Schule, Dietrich Schwarzkopf, sieht ähnliche Aspekte. Die Liste der Absolventen lese sich wie ein »Gotha des deutschen Journalismus«, der jedoch seine »Nobilitierung« harter Arbeit und nicht ererbten Rechten verdankt. Besessenheit und Leidenschaft gehörten wohl dazu, steht in der Festzeitung. Und ein »gewisser Größenwahn« entstehe in diesem intellektuellen Klima wohl ganz von selbst.

Für die Jubiläums-Festzeitung hatten Wochen vorher zwei Studenten der Schule zwei Kollegen und mich aus der ersten Lehrredaktion zu einem Interview gebeten. Als wir den Spieß umdrehten und die beiden Reporter-Küken interviewten, stellte sich heraus, dass sie keinen einzigen Namen unserer internationalen Journalisten-Lehrer wie Egon Jameson, George Maranz oder Hans Wallenberg kannten. Der Name Hans Habe war ihnen gänzlich unbekannt.

Ich glaube, ich sollte mein Buch dem Gedenken aller Journalisten der vergangenen Jahrzehnte widmen.

Den Lebenden.

Und denen, die in Ausübung ihrs Berufes ihr Leben verloren.

**sammlung zeitgedanken**

In dieser Reihe liegen außerdem vor:

## Golo Mann

**Wir alle sind, was wir gelesen**
Aufsätze und Reden zur Literatur

*282 Seiten*
*Paperback*
*ISBN 3-373-00435-7*

Mit dieser Auswahl von Reden und Aufsätzen zeigt sich der Historiker Golo Mann als ein vertrauter Kenner auch der Literatur. Seine Interpretationen von Werken antiker, mittelalterlicher und neuerer Autoren überraschen durch ihre ganz eigenwillige Betrachtungsweise, fern professioneller Literaturkritik.

## Antje Vollmer

**Die schöne Macht der Vernunft**
Auskünfte über eine Generation

*208 Seiten*
*Paperback*
*ISBN 3-373-00468-3*

Antje Vollmer hat mehrere Jahre als Mitglied der Bundestagsfraktion der GRÜNEN auf der Bonner politischen Bühne gestanden. Mit den Reden, Aufsätzen und Gesprächen dieses Bandes sind erstmals ihre wesentlichen Meinungsäußerungen aus dieser Zeit zusammengefasst. Über den aktuellen Anlass hinaus berichtet sie von der Identitätssuche der '68er Generation, deren Geschichte die Autorin geprägt hat.